# 高校思想政治教育教学改革研究

白燕玲◎著

线装书局

图书在版编目（CIP）数据

高校思想政治教育教学改革研究 / 白燕玲著. -- 北京：线装书局, 2024.2
ISBN 978-7-5120-5988-7

I. ①高… II. ①白… III. ①高等学校－思想政治教育－教学改革－研究－中国 IV. ①G641

中国国家版本馆CIP数据核字(2024)第054448号

# 高校思想政治教育教学改革研究
GAOXIAO SIXIANG ZHENGZHI JIAOYU JIAOXUE GAIGE YANJIU

| 作　　者： | 白燕玲 |
|---|---|
| 责任编辑： | 白　晨 |
| 出版发行： | 线装书局 |
| 地　　址： | 北京市丰台区方庄日月天地大厦B座17层（100078） |
| 电　　话： | 010-58077126（发行部）010-58076938（总编室） |
| 网　　址： | www.zgxzsj.com |
| 经　　销： | 新华书店 |
| 印　　制： | 三河市腾飞印务有限公司 |
| 开　　本： | 787mm×1092mm　　1/16 |
| 印　　张： | 16.5 |
| 字　　数： | 375千字 |
| 印　　次： | 2025年1月第1版第1次印刷 |

线装书局官方微信

定　　价：68.00元

# 前　言

全球化作为经济、政治、文化的整体性甚至带有一体化性质的发展过程，正在越来越深地影响着我们的生活，将我们的思想和行为拖入全球的旋涡。生活在这个世界的人们无论愿意与否，随着经济全球化过程的展开，包括教育等在内的诸多方面都会或多或少呈现出全球化的色彩。具有全球眼光，占有世界信息，具备国际视野，已经成为做好教育研究和实践工作的前提条件。

近年来，高校思想政治教育工作取得了积极进展，大学生思想政治面貌也发生了可喜变化，但随着经济社会的快速发展，大学生成长环境不断变化，生活理念不断更新，传统的思想政治教育理念。制度和方法的弊端日益凸显。对此，需要理顺思想政治教育工作体制，拓宽教育途径，改进教育方法；提高队伍素质，使思想政治教育更具有实效性、科学性。如何通过思想政治教育把科学理论和崇高品德传递给广大学生，使其形成正确的世界观、人生观、价值观，这个问题极为重要。

在教育改革不断深化的时代背景下，高校思想政治教育教学在改革的浪潮中被日益前置。我们应认清高校思想政治教育教学改革的必要性，分析其改革过程中存在的各种问题，坚持以人才培养为中心，突破难题，构建新时代高校思想政治教育教学体系。

本书从当代高校思想政治教育的价值、目标、内涵等方面出发，对当代高校思想政治工作价值与教育管理进行一番探索，以期对高校思想政治教育创新具有理论与现实意义。全书共计八个章节，第一章是高校思想政治教育改革概述，主要内容有思政课教学改革的基本原则、思政课教学改革的基本要求以及思政课教学改革的基本思路；第二章为高校思想政治教育教学的现实困境，主要内容有教学对象研究滞后于学生群体发展、教学实践发展迟慢于教学 理论进步和师资队伍建设落伍于时代环境需要；第三章研究了高校思想政治理论课教学改革创新的时代要求，主要内容有新时代高校思想政治理论课教学改革创新面临的机遇、新时代高校思想政治理论课教学改革创新面临的挑战以及新时代高校思想政治理论课教学改革创新的重要意义；第四章讨论了高校思想政治教育的改革与创新策略，主要内容有高校思想政治教育现状、高校思想政治教育改革创新策略和高校思想政治教育新型教学模式；第五章分析了新时代高校思想政治教育队伍建设研究，主要内容有高校思想政治教育队伍的内涵、高校思想政治教育队伍建设的现状以及加强高校思想政治教育队伍建设创新的策略；第六章是高校辅导员开展思想政治教育工作研究，主要内容有高校辅导员开展思想政治教育工作现状、高校辅导员开展思想政治教育工作中存在的主要问题、高校辅导员开展思想政治教育工作存在的新挑战以及高校辅导员思想政治教育工作创新的策略；第七章为高校思想政治教育的反思，主要内容有学生干部队伍建设的思想政治教育反思、辅导员队伍建设的思想政治教育反思、班主任工作的职责和队伍建设反思和学校整体建设的思想政治教育反思；第八章最后从高校思想政治教育教学改革实践探索入手，主要内容有基于学生需求优化教学设计、瞄准教学过程加强教学互动、守正与创新：依循传统基础革新教学方法、遵照学习投入鼎新教学评价、始于教学实践建设教师团队以及依照教学需求改善教学条件。

本书从多维度审视高校思想政治教育，以改革创新的时代精神，全方位、多维度、深层次推进高校的思想政治教育工作，努力使理论上有创新，理论联系实际上有突破，建立有效、全面、科学的工作机制和研究机制。

为了确保研究内容的丰富性和多样性，笔者在写作过程中参考了大量理论与研究文献，在此向相关的专家学者表示衷心的感谢。

最后，因笔者水平有限，本书难免存在一些疏漏及不足之处，恳请同行专家和读者朋友批评指正！

## 编委会

张丁月　王　猛　谢胜旺
张　浪　陈莹莹　张翔宇
薛　丹　薛金侠　苑丽娟
季　辉　曲　光

# 内容简介

本书主要围绕新时代高校思想政治理论课教学改革现状和当代大学生特点，结合新时代发展新形势新要求，注重理论与实践的结合，在相关学科理论的基础上进行调查研究。主要内容为新时代高校思想政治理论课教学改革创新的内涵构成及理论基础、高校思想政治理论课教学改革创新的时代要求、高校思想政治理论课教学改革创新的现状、高校思想政治理论课教学改革创新的指导依据和基本原则，以及新时代高校思想政治理论课教学改革创新的机制构建等。对于明确新时代高校思想政治理论课教学改革创新的时代要求、探讨新时代高校思想政治理论课教学改革创新的有效路径、构建新时代高校思想政治理论课教学改革创新的有效机制等方面具有一定的理论和现实意义。

# 目 录

第一章 高校思想政治教育改革概述 (1)
  第一节 思政课教学改革的基本原则 (1)
  第二节 思政课教学改革的基本要求 (9)
  第三节 思政课教学改革的基本思路 (15)

第二章 高校思想政治教育教学的现实困境 (20)
  第一节 教学对象研究滞后于学生群体发展 (21)
  第二节 教学实践发展迟慢于教学理论进步 (27)
  第三节 师资队伍建设落伍于时代环境需要 (31)

第三章 高校思想政治理论课教学改革创新的时代要求 (34)
  第一节 新时代高校思想政治理论课教学改革创新面临的机遇 (35)
  第二节 新时代高校思想政治理论课教学改革创新面临的挑战 (39)
  第三节 新时代高校思想政治理论课教学改革创新的重要意义 (53)

第四章 高校思想政治教育的改革与创新策略 (59)
  第一节 高校思想政治教育现状 (59)
  第二节 大学生思政教育改革创新策略 (68)
  第三节 大学生思政教育新型教学模式 (70)

第五章 新时代高校思想政治教育队伍建设研究 (91)
  第一节 高校思想政治教育队伍建设的现状 (91)
  第二节 高校辅导员思想政治教育工作中存在的问题及面临挑战 (99)
  第三节 高校辅导员思想政治教育工作创新的几点思考 (104)

第六章 新时代高校思想政治教育管理队伍建设 (112)
  第一节 新时代高校思想政治教育管理队伍的组织分析 (112)
  第二节 新时代高校思想政治教育管理队伍建设的要素 (131)
  第三节 新时代高校思想政治教育管理队伍建设的路径探索 (144)
  第四节 新时代高校思想政治教育管理队伍建设的模式设计 (154)

## 第七章 高校思想政治教育的反思 ……………………………………（162）
### 第一节 学生干部队伍建设的思想政治教育反思 ………………（162）
### 第二节 辅导员队伍建设的思想政治教育反思 …………………（168）
### 第三节 班主任工作的职责和队伍建设反思 ……………………（178）
### 第四节 学校整体建设的思想政治教育反思 ……………………（182）

## 第八章 高校思想政治教育教学改革实践探索 ……………………（197）
### 第一节 需求与供给：基于学生需求优化教学设计 ……………（199）
### 第二节 组织与技术：瞄准教学过程加强教学互动 ……………（208）
### 第三节 守正与创新：依循传统基础革新教学方法 ……………（216）
### 第四节 成效与评价：遵照学习投入鼎新教学评价 ……………（229）
### 第五节 素养与能力：始于教学实践建设教师团队 ……………（240）
### 第六节 服务与保障：依照教学需求改善教学条件 ……………（246）

## 参考文献 …………………………………………………………………（251）

# 第一章 高校思想政治教育改革概述

历史和现实都告诉我们，青年一代有理想、有担当，国家就有前途，民族就有希望……青年兴则国兴，青年强则国强。青年大学生担负着中华民族伟大复兴的历史重任，决定着中国特色社会主义事业建设的成败。高校承担着人才培养的重要职能，贯彻立德树人根本任务的光荣使命，要引导、培养青年大学生投身中国特色社会主义事业建设的伟业中去，就必须促使青年大学生认同中国、认同社会主义，思政课是高校落实上述职能和使命的主阵地和主渠道。

前文对思政课教学质量进行了实证调查评价，论述了其中存在的主要问题，并剖析了问题的原因。这还远远不够，发现问题不等于解决问题。为此，我们要从理论和实践各个层面进行相应的教学改革，否则，问题只能停留于问题层面。面向未来，本章将尝试从解决当前思政课教学问题的角度出发，以课程评价为视角，尝试性地提出思政课教学改革的原则、思路、要求。

## 第一节 思政课教学改革的基本原则

推动高校思政课教学改革既是师生共同诉求，也是时势环境发展和教学质量建设的基本要求。教师主导、学生主体和教育环境影响是高等教育教学过程的三大基本要素，这三者之间也形成了一个三角循环的逻辑关系，它们之间相互作用、相互影响、相互制约，成为贯穿高等教育始终的教学三要素理论。高校开展思政课教学改革要紧密围绕教学三大基本要素，坚持立德树人根本任务，为培养德智体美劳全面发展的社会主义合格建设者和接班人服务。

### 一、坚守政治立场

思政课是高校培养大学生正确政治观的主要途径，是培养大学生政治素质的主要平台。高校必须始终坚持思政课的政治属性，立足思政课的政治内涵，坚守思政课的政治导向，引导和巩固大学生坚定政治立场。

### （一）坚持思政课的政治属性

政治性是思政课的第一属性，是思政课的本质所在。教师开展思政课教学，首先是传递马克思主义及其世界观、方法论，教育引导大学生学习马克思主义及其中国化的理论成果和实践经验，不断树立正确的世界观、人生观和价值观，学会运用马克思主义的唯物辩证法和方法论去理解和看待当前社会现象和问题。其次是引导大学生正确认识中国特色社会主义。中国特色社会主义是中国人民在中国共产党和几代领导人的带领下，不断努力、奋斗、实践所总结、提炼和发展出来的理论与实践成果，是马克思主义中国化的历史硕果，有必要将这些成果传授给当代大学生，使其更加清晰认知今日中国来之不易，未来中国更加值得期待。最后思政课是大学生政治生活的重要内容，思政课要为大学生提供丰富的政治营养、生动的政治案例、深刻的政治理论，丰富其政治生活，助力其政治成长，为党培养新兴政治力量。

### （二）立足思政课的政治内涵

思政课是开展大学生政治教育的主渠道。思政课具有丰富的政治内涵，需要充分挖掘、阐发，供大学生汲取、助大学生成长。社会主义核心价值观是当前和未来思政课的核心内涵，是中国社会价值观的主导价值体系，是中国社会广大人民群众共同认可的价值判断，是大学生未来融入社会、贡献自我的思想和行为的价值基础。高校思政课必须将社会主义核心价值观讲授清楚，引导大学生开展具体实践，提高大学生的认知水平、深刻领会其内涵，才能促使大学生真学、真懂、真信、真用。马克思主义是思政课的理论基础和根基所在，马克思主义是世界观、方法论，是引领大学生走向政治成熟的关键。大学生普遍经过高考的洗礼，对马克思主义的经典理论和主要观点谙熟于心，但对于马克思主义的实践运用尚待提高，需要思政课发挥人才培养的重要功能，引导大学生运用马克思主义投身社会实践。"形势与政策"是思政课的发展契机。"形势与政策"是思政课的重要组成，体现了马克思主义在当代中国的最新实践，帮助大学生认清世界局势、中国发展，教育引导大学生全面认识、正确理解党和国家路线、方针、政策，具有非常强的时代性、实践性和综合性。"思想道德与法律修养"是思政课的社会接口。思政课归根结底要为政治生活和社会生活服务，"思修"课就是思政课与社会的接口，是为大学生提供社会生活基本道德标准、守则和法律意识、法治精神的教育阵地，通过"思修"课，大学生可以接受到更为深刻的道德训练和法治教育，从而更好进入社会、融入社会生活。

### （三）坚守思政课的政治导向

思政课要培养可靠接班人，是未来接班人的练兵场。这块练兵场，必须政治过硬，必须坚守底线，必须姓马（马克思主义）、认社（社会主义）、信党（中国共产党）。思政课是党和国家开展政治教育的主渠道，是高校宣传党和国家重要政治决定的主要平台，是夯实党的执政基石的重要法宝，只有将思政课建设好，大学生才能更加认同社会主义，更好认知党和国家的基本路线、方针和政策，更加认可中国共产党的领导。思政课要为地方发展和稳定夯实基础。思政课是国家的，也是地方的，思政课除了国家政治属性，还应该有非常强的地本属性。地本资源应该成为思政课的重要课程资源并融入课程之中，为大学生提供丰富的精神营养。区域发展和稳定需要地方大学生的认可和支持，大学生认可地方发展方向、参与地方事业发展、贡献个人智慧力量，必会推进地方经济社会更好、更快发展。思政课要引导大学生树立信仰。培养和巩固大学生的政治立场，是思政课存在的核心价值。通过马克思主义、社会主义、中国近现代史、"思修"等为主要内容的思政课的教育引导，大学生的政治意识、精神必将得到强化，政治立场将更加坚实。

## 二、培养大学生政治信仰

有政治立场是前提，立政治信仰是关键。引导和培育大学生坚定政治立场是帮助其树立政治信仰的前提，是支撑其政治信仰从新生、发展到稳固的关键。培养大学生的政治信仰是思政课的目标和未来。

### （一）大学生有政治信仰条件

大学生走过少年时的懵懂，进入青年的觉醒时期，个人的世界观、人生观和价值观初步形成，信仰基础逐步形成，具体表现：一是大学生心理基本成熟。进入青年时期，大学生身体发育进入稳定和成熟阶段，心理也随着身体的发育进入基本成熟时期。二是大学生政治价值观逐渐稳定。经过十多年的学校和社会教育，大学生开始拥有比较扎实的政治理论知识和基本的社会实践经验，能够比较深刻地理解政治价值及其意义，比较客观地看待政治生活中的不同状态和问题，能够相对客观和公正地认识和处理政治问题，这体现大学生通过多年的政治生活实践开始形成比较成熟的政治价值观，能够运用政治价值观指导自己的政治生活和信仰建设。三是大学生政治信仰基础扎实。大学生从小接受爱党、爱国、爱社会主义的教育和熏陶，普遍都拥有少先队、共青团的政治经历，对共产主义信仰不陌生，对社会主义实践也有理解。这一方面说明大学生接受过相当长时期、比较系统的马克思主义的教育熏陶，并在一定程度上接受和认可；另一方面大学生拥有在这条信仰道路上继续前行的条件，未来可以成为马克思主义的信仰者。不少大学生通过几年的努力，经历积极分子、预备党员的历练最终成为一名中共党员，这都说明大学生在前期的政治学习中形成了扎实的政治信仰基础。

### （二）培养大学生政治信仰

培养大学生的政治信仰是思政课的主要目标和关键使命。

1.为大学生提供政治信仰营养

思政课是核心是政治课，关键是要把政治理论、基本方法、核心价值观传授给大学生，并指导大学生运用这些理论、方法和观点开展实践。马克思主义、毛泽东思想、邓小平理论、"三个代表"重要思想、科学发展观、习近平新时代中国特色社会主义思想等是思政课的核心内涵，是大学生开展政治学习和培育政治信仰的核心养料，思政课要将这些养料深入浅出地传授给大学生，帮助他们理解、吃透、弄懂、会用。

2.引领大学生树立政治信仰

为大学生提供政治信仰养料，主要目的还是引导大学生树立共产主义信仰。要引导大学生树立政治信仰，就必须在课堂内外密切运用理论与实践经验，指导大学生开展政治思考，提高政治意识，增强政治修养，引导大学生深刻思考马克思主义的核心价值观与方法论，使其成为大学生的思想和行为指导，将马克思主义内化于心外化于行，真真正正地以马克思主义为其根本信仰。

3.巩固大学生政治信仰

信仰来而固之，则根深也。有了政治信仰，必须通过行动加以巩固，才能使其成为终身信仰。期初需要引导大学生增强使用马克思主义的世界观和方法论来认知和理解世界的能力，之后需要更加深度推动大学生开展广泛深入的社会实践增强对现实世界的认知和领悟，还要加强实践与理论的互动发展，最终成为奠定信仰的基石。有步骤、分阶段是大学生信仰发展的基本规律，高校要充分掌握和遵循这一基本规律，有针对性地开展各类教育实践活动，帮助大学生巩固政治信仰。

## 三、发展政治力量

### （一）中国发展进入新时代

这既是近代以来中国发展的最好时代，也是实现中华民族伟大复兴的关键时代。在这个时代中，广大青年既拥有广阔发展空间，也承载着伟大时代使命。大学生是青年的先进代表，要努力成为实现中华民族伟大复兴的生力军，肩负起国家和民族的希望，这是最大的人生际遇和考验。对于党和国家来说，培育优秀大学生加入中国共产党，成为党的生力军和新鲜血液，最终成长成为社会主义事业的合格建设者和可靠接班人，是高等教育的重要使命和关键任务。

### （二）培养优秀大学生

"三个代表"重要思想认为中国共产党始终代表中国先进生产力的发展要求、中国先进文化的前进方向、中国最广大人民的根本利益，是党的立党之本、执政之基、力量之源。这说明三个问题：第一，共产党是先进的。先进的人才能加入中国共产党。大学生要成长成才，成为思想成熟、政治过硬、素质较高的优秀青年，才有可能成为党发展和吸收的对象。同时，大学生也要自动自发，努力成才，才有可能不断成长、更加优秀，成为党的未来力量，并为党永葆青春、永葆先进性奠定基础。第二，共产党是需要生力军和预备队的。任何一个政党都需要生力军和预备队，为党的事业发展、生命持续奠定基础。党要发展生力军和预备队，就必须从优秀青年中寻找和培养潜在对象，大学生是优秀青年的集聚群体，从大学生中选拔、培养优秀青年作为党的生力军和预备队是关键。第三，大学生有成长发展需要。马克思主义认为人的全面发展是人的基本需要，大学生主观上追求全面发展，希望实现自己的人生价值。培养大学生成长成才是高校的主要职能之一，既满足学生个体成才需求，又满足社会人才需要，既能帮助大学生实现人生价值，又能使其具备实现社会价值的基本能力。

### （三）发展优秀大学生党员

优秀大学生有自己的政治追求，在众多的政治选项中，共产党无疑是最能够代表中国人民利益和未来的，也是最能够帮助优秀大学生实现人生价值和社会价值的。第一，入党是优秀大学生的普遍追求。在高校，优秀大学生积极申请加入中国共产党是普遍追求。大学生希望在大学期间认真学习、努力表现，不断提升自我综合素养和政治素质，以拉近自身与党之间的距离，争取在大学期间实现入党梦想。优秀大学生在自我提升和相互竞争中，不断接近梦想，有的成为入党积极分子，有的成为预备党员，有的甚至成为正式党员，虽然比例渐次降低，但质量越来越高，牵引力越来越大，足以说明入党已经成为优秀大学生的普遍追求。第二，优秀大学生是未来希望。优秀大学生是各个政党都在争取和发展的对象，只有不断发展和吸收优秀大学生成为政党的新鲜血液，才能永葆政党的青春和事业的发达。中国共产党需要新鲜血液，需要优秀大学生作为新鲜血液入党。中国共产党可以借助普及化的思政课来传输马克思主义的基本原理、方法和观点，吸引优秀大学生关注和浸入其中，使其成为马克思主义的忠实信徒。通过思政课的教育引导，中国共产党就可以拥有更多追随者，可以吸收更优质的大学生，为将来事业发展奠定人才基础。第三，优秀大学生可以成为优秀共产党员。优秀大学生通过自身努力，可以从积极分子、预备党员进一步成长为正式中共党员，投身党和国家的伟大事业，实现人生价值的同时成长成一名优秀的共产党人。这一过程既能成就自我，也能增强党的政治影响力，发展党的政治力量，推动党的进步和事业的发展。

**四、巩固执政基础**

执政是奋斗的结果，是历史的选择，也是光荣的使命。近代以来的中国，因为有了中国共产党才有了革命的胜利、国家的独立、民主的确立和经济社会的发展，人民才得以当家作主。因此，执政是革命起航时的目标，也是永续事业的基础。党要实现执政追求、永葆执政活力，就必须获得优秀大学生的支持、汲取优秀大学生的能量、发挥优秀大学生的作用，使其成为党执政之基。

**（一）争取大学生支持**

（1）大学生处于朝气蓬勃的年龄，精力充沛，思维灵活，反应迅速，爱好广泛，生理发展基本成熟，心理进入快速成长发展阶段，有非常强的可塑性，教育引导得好，会成为党的坚定信仰者，反之则可能会受到其他思想影响走上其他信仰之路。

（2）大学生开始思想独立，不再是过去的单一顺从、听教，而是带有一定的理解和批判来对待课程教学的内容。这就需要思政课教师进行更加周密的备课、更加精深的讲解、更加个性的引导，以获得大学生的认可，使大学生接受思政课的教学内容，即党的思想政治教育。这样才有可能赢得大学生发自内心的支持。

**（二）汲取大学生能量**

（1）大学生是青年生力军，具有强大的能量，争取大学生支持，汲取大学生能量，是我们党未来发展的关键。汲取大学生群体能量，人多力量大，群众的力量是无穷的。

（2）大学生作为当今中国非常重要的一个群体，有鲜明的群体属性，年龄上陆续进入可以承担和履行政治权利的阶段，知识扎实已经具备着手解决基础性、源头性甚至战略性的问题，追求崇高成为推动社会进步发展的强大力量。党可以通过教育引导大学生，使其将内在能量发挥在支撑党和国家的建设事业之上，发挥在巩固党的执政基础之上，这样的能量才会有比较重大的意义和价值。

**（三）发挥大学生作用**

虽然大学生尚未走进社会，未承担社会劳动，但已经成为预备队，开始开展社会实践，了解国情、社情和民情，并在这个过程中受教育、长才干、作贡献。

（1）可以发挥他们的经济作用，一方面，他们是消费群体，可以为国家的内需消费贡献力量；另一方面，他们是未来劳动力，受过高等教育的大学生将来走上工作岗位可以创造更多的社会价值。

（2）可以发挥他们的政治作用，大学生是社会群体中的活跃力量分子，可以通过思政课教学教育引导他们在履行政治权利、肩负政治义务的实践中服务党和国家的事业大局，做党和国家各类政策、方针的宣传者、实践者和开路先锋。

（3）可以发挥他们的社会作用，对于社会矛盾集聚，疏导不畅、沟通不对称是主要原因之一，大学生可以作为调解员、疏导员、宣传员走上街头巷尾、站在矛盾场上，解决社会问题。

这些经济作用、政治作用和社会作用的发挥，都需要思政课助力，需要在课堂上开展有针对性的教育引导，让他们掌握理论、学会方法、敢于前进，在不断的实践和发展中认可党、认可共产主义信仰，发挥大学生作用。

### 五、形式内容兼备原则

"00后"大学生成长于我国经济高速发展时期，物质生活条件较其父辈乃至"80后""90后"都有更大改善。有经济基础作为保障，其享受的教育资源、接受的教育形式、学到的文化知识都比以往有着较大的发展，学习目标和要求也在不断提升。这就要求高校在推进思政课教学改革时充分注意到"00后"的变化、特点与诉求。

#### （一）发展教学内容是关键

教学内容是影响思政课教学成效的关键，如果课程内容与学生需求密切相关，那么学生的关注度、投入度、满意度均会得到一定提升，反之学生则会忽视甚至会放弃课程。发展教学内容是学生需要，更是学校和政府需要，政府通过更新内容将自己的执政理念、价值判断和相关政策等传递给学生，学生也希望在课堂上听到更多关乎自己未来的内容。发展教学内容，要注重三个方面：

1.注重对学生的日常生活指导

这既是通过课程来呼应的人文关切，更是聚焦信仰育成的生活实践。关注学生的日常生活，如对学生的舍友关系、恋爱交友、旅游娱乐甚至沉迷网游等生活领域进行呼应、指导，使课程更加生活化、更有灵动感、更能接地气，更有人文气息才能获得学生更多认可、更加吸引学生关注和促进学生主动学习。

2.社会的时事热点响应

当前社会网络技术发达，信息无缝传递，一些突发事件会瞬间爆发，真假参半，反复无常，反响各异，大学生辨别意识相对较弱，思政课教师应及时补位挖掘分析相关事件的核心原因，引导学生有序思维，增强学生主观分析能力，帮助学生正确理解和看待相关问题。

### 3. 政治内容的具体表达

思政课教师必须将教材体系向教学体系转化，用浅显易懂的案例来讲解生涩的政治理论，使理论内容简单化、易懂化，由浅入深、融会贯通。

## （二）发展教学形式

### 1. 针对"00后"学生性格特点变革教学

与"80后"独生子女、"90后"个性张扬有所不同，"00后"从小成长在"421"阵型的家庭之中，是中心的中心，习惯了所有人围着自己转，自我中心主义尤其突出，教学过程中要多留给他们表达和输出自我的空间，使他们感受到自己被尊重、有认可、受赏识。

### 2. 针对"00后"成长背景设计教学

"00后"是网络原住民，网络生活时间占比大、网络活动形式丰富、网络活动频次较高，生活需求通过网络解决。因此，要发挥网络的积极作用，适当通过网络来实施教学，分享教学资料、开展微信讨论，甚至多开发些MOOC满足学生多类别的需要。

### 3. 针对课程内容来设计教学

教学活动中有多个要素，但教育对象和教学内容是核心，连接这两个核心的关键就是教学形式。一方面要根据教学对象的情况，如上述"00后"特点及成长经历，另一方面要根据实际的教学内容来设计教学形式，运用适当的教学形式可以将教学内容及其目标落到实处。

## 六、突出实践性原则

实践是检验真理的唯一标准。突出实践性，是高校检验大学生学习、促进大学生成长的重要教学原则。突出实践性，重点在于理论的实践性、实践的真实性。

## （一）理论的实践性

（1）理论要指导实践，用学习到的理论去分析、解读甚至运用于实践，学生在实践中感知理论、理解理论、发展理论。这一过程是理论与实践的互动过程，是理论的具体化、可视化、体验化的过程，学生在此过程中可以进一步感受理论的深度、厚度。

（2）理论的生活化实践，理论不能挂在墙上，理论应该是可以用来生活化实践的，这个实践要有比较强的针对性和朴素性，易懂、易接受。

## （二）实践的真实性

当前思政课的实践环节，依旧存在着理论占比高、实践质量低的问题，形式大于内容，真实性有待商榷。强调实践的真实性，要重视以下两个方面：

1.要实事求是

实践教学要引导学生走向实践,实践环节多数会涉及校外考察的联络、实践环境的设计等,相对课堂理论教学,繁杂程度可见一斑。虽然难度大,但是必须坚持实事求是的基本原则开展实践教学,否则就会变成形式主义或者作假,负面效果显著。

2.要追求实效

实践在于设计,这是一种导向,但实践不应只是设计,更重要的是实效,如果实践停留在精心设计层面而忽视了实效,这个实践将失去意义,实效是实践的核心价值所在。

## 第二节 思政课教学改革的基本要求

高校推动思政课教学改革创新,要不断增强思政课的思想性、理论性和亲和力、针对性。研究认为,思政课是高校第一课,是立德树人的关键课程,开展思政课教学改革必须从以下五个方面着手:第一,必须遵循教育的基本规律和大学生思想政治教育的基本规律,必须按照学生成长发展的基本特点来开展教学实践;第二,必须坚持以学生为中心,满足学生成长发展需求才能获得学生认可、接受;第三,必须发展教学方法,教学方法使用好坏直接影响师生关系及教学质量;第四,必须体现时代发展需要,这既是国家对教育的期望,也是提高人才培养质量,建设教育强国的重要前提;第五,必须培养可靠人才,思政课的是落实立德树人根本任务的关键课程,必须以培养可靠人才为基本导向和终极目标。

### 一、遵循教育规律

教育规律包括外部关系规律和内部关系规律,教育的内外部关系规律是潘懋元先生提出并得到教育界广泛认可的一种观点。教育的外部关系规律是教育这个社会的子系统与其他社会的子系统之间的关系,教育内部的基本规律是指教育系统内部诸因素之间的关系,教育的外部规律制约教育的内部规律,教育的外部规律必须通过内部规律来实现。

#### (一)教育的外部关系规律

教育的外部关系规律是指教育与经济、政治、文化的关系,即教育必须与社会发展相适应。这表明教育会受到社会的经济、政治、文化、科技等外系统因素的制约,要为社会的经济、政治、文化、科技服务,其中与经济的关系是最基本的。高等教育受政治制约,主要体现在受政治体制的制约,我国是社会主义政治,高校就要遵循社会主义办学方向，坚持扎根中国大地办大学、办人民满意的大学，不能把大学办成为其他国家、政治主体服务的大学。高等教育要为政治服务，在思想政治教育领域尤为显著，思政课是高校开展大学生思政教育、服务政治建设的主要渠道。高等教育受经济制约，经济发展为高等教育发展提供物质基础，中国高等教育高校数量、学生规模都得到迅速发展，这是以经济高速发展为基础的。此外，经济高速发展会促进产业发展，产业发展会带动就业，这需要高校培养更多的高素质劳动者，反之如果经济发展迟滞就会消解就业，造成失业，从而迫使高校缩减招生、降低办学规模。高等教育服务经济发展，主要是因为"她是一种未来生产力，在教育实施后的一定时期内，培养的劳动主体（高素质劳动者）投身劳动（包括科技创新和普通劳动）产生生产力、促进生产力发展"。高等教育受科技文化发展制约。主要体现在教育实施受到科技发展水平的直接影响，比如，多媒体、智慧教室等教育科技的发展极大地推进了教学革新，提高了教学质量；各种文化理论和实践的发展，为教育理念的进步提供内涵和理论支撑，极大地推动了教育思想、理论的进步与发展。高等教育必须为科技文化服务，如高等教育的关键任务就是科学文化知识的传承和创新，各种人类科技文化成果在高等教育体系中代代相传，以传承、守正、批判、发展、创新等多种形式体现。

**（二）教育的内部关系规律**

教育内部的因素较多，关系复杂，因此表述教育内部关系的基本规律相对较难，但在社会主义教育体系内，可以表述为社会主义教育必须培养全面发展的人，即必须通过德育、智育、体育、美育、劳育等协同培养全面发展的社会主义事业的合格建设者和可靠接班人。德育是社会主义教育的基本特征。在中国的高等教育中，德育与思想政治教育核心内涵同质，使用时可以互换。思政课是高校开展大学生德育（思想政治教育）的主渠道，思政课教学质量的好坏，直接影响大学生德育实效。智育是专业教育的关键，是培养学生掌握投身社会生产的知识、技能的关键，是学生实现人生价值的关键。体育是学生全面发展的基础，是教会学生强身健体的技能、引导学生塑造健康的身心，为投身各项社会生产提供健康保障。美育是学生发展人生志趣的基本需要。引导大学生学会发现美感受美，拥有审美能力、欣赏能力，能够为大学生的成长发展提供更多养分，使学生的生命更加丰富多彩、更加有意义。劳育是培养学生劳动精神的重要途径，劳育既是劳动教育，培养劳动技能，也是职业道德教育，培养劳动精神。人的全面发展理论是马克思主义的基本观点，是社会主义教育的基本规律，高等教育必须遵循这条规律，开展思政课教育教学也必须以这条规律为基础，大学生需要德智体美劳全面发展以实现人生和社会价值，同时社会也需要全面发展的大学生，这样的大学生是高素质的劳动者，会极大地促进和发展社会生产力。

## 二、满足学生需求

思政课教学的主要目标是推动人的全面发展，培养建设者和接班人。学生有成才需求，有就业需求，有实现人生和社会价值的需求，学生在不同阶段也会有不同的需求，可以是大的思想问题亟待解惑，也可能是小的生活矛盾需要疏导，所有与思想政治有关的需求，都应该得到重视。

### （一）解答学生思想困惑

思政课作为主渠道，教育引导大学生坚定理想信念是基础，服务大学生成长成才是关键，还要解答学生的思想困惑。一方面，大学生是正在成长的思想者，处于人生发展的关键时期，容易受到各类思潮和文化价值观的影响，思政课教师必须及时响应，解答大学生心头疑惑、信仰矛盾，不管是在课堂内外都必须时刻关注学生动态、以学生为本、为学生引航，这样才能体现思政课的存在价值；另一方面，思政课是大学生的信仰锚地，核心的价值取向问题、思想问题、信仰问题都可以在思政课中寻找答案、建立基地，即思政课应该在这个信仰的建设过程中起到非常重要的锚定作用，为大学生的信仰发展提供坚实的价值基础。

### （二）响应学生发展诉求

学生的发展诉求多样，有专业学习诉求，有政治进步诉求，也有职业发展诉求，有些是以专业核心竞争力为中心的，有些是以未来学习深造为目标的，有些是以入团、入党等政治进步为核心的。虽然诉求的核心要素有所不同，但关键基础却是共同的，那就是信仰。信仰是人生基石，是解决一切矛盾、克服一切困难、追求一切进步的制胜法宝。有信仰指引，大学生可以更加坚定地确立价值判断、做出关键抉择，可以更加精准地厘清诉求关键、寻找解决路径，可以更加科学地明确追求方向、制定人生规划。思政课教学应该关注和帮助学生夯实信仰基石、构筑价值体系、做出方向选择、制定人生规划，并引导其走上正确的人生道路。

### （三）关怀学生生活需要

当代大学生日常生活元素多种多样，生活需求也更加丰富。在生活实践中，学习是主体，占据大部分时间和精力，学习的好坏直接影响学业的成就、未来的职业发展。交友是必需，交友是基于人的社会属性与社交需要。大学生有友情和爱情的实际需要，愿意为其付出精力、收获感情。娱乐是调味剂，是业余文化生活的重要组成部分，K歌、电子游戏、看短视频等是大学生丰富业余生活的主要形式。在生活中经常会发生一些矛盾，比如，恋爱问题、舍友矛盾、学习困难、沉迷游戏等，思政课教师可以与专业人员一起开展有针对性的教育引导，关怀学生课堂内外的学习生活，帮助学生走向成才之路。

### 三、发展教学方法

思政课的教学方法种类上与其他课程没有太大差别，基本包括课堂教学、现场实践教学、自学指导、科研实践训练、学业成效检查与评定等，具体的方法有更多种，如发现教学法、问题教学法、翻转课堂法、对分课堂教学法、案例教学法等。多数教学方法都不是思政课所独有、独用、独创，但皆可为思政课教学所有、所用。因此，发展教学方法的关键在于如何运用不同的教学方法开展内容教学使得教学质量最优化。

#### （一）传承优秀教学方法

现代高等教育发展历程中，创立和传承了许多不同种类的教学方法，这些教学方法有其存在的历史基础和现实需要，在过去创造过很多成就，为高等教育的人才培养贡献过许多力量。不过经过历史的浪潮拍打，许多教学方法已经被淘汰，还有一些是沿用至今并依旧有效的教学方法。比如，课堂讲授法，其可以比较清晰地讲解知识点，为大学生构建比较完整的知识体系。同样还有更多的教学方法应该加以传承、合理使用，使其重新焕发风采，教育引领更多大学生成长成才。当然在这一过程中，还会有一些不适合当前教育实际、不满足师生需要的教学方法会在历史的检验中被淘汰。

#### （二）创新发展教学方法

传承是一种接续，将优秀的、适用的保存下来继续使用，创新发展则是在传承的基础上，对传统教学方法加以改良创新，使其在新时代发挥新功效，同时还将运用新技术、新手段，呼应新理念、新需要，创造发展新方法，以便针对教学新问题提出解决新路径。创新发展教学方法的关键，一是满足学生新需要，随着时代的发展，高等教育及其对象也会发生重大变化，当前"00后"逐渐进入大学并将成为主力军，这就是高等教育对象发生重大变化，"00后"会对思政课等各类课程提出新需求，教学方法就必须做出应有的转变，否则就会被现实淘汰。二是体现新理念，新理念是育人理念的转变，比如，从"大水漫灌"到"精准滴灌"，既是教育方法的转变，也是教育理念的发展。新理念还需要新技术、新手段作为支撑，比如，推动新媒体教学在课堂上的运用，就是以新技术提升课堂吸引力。

#### （三）灵活使用教学方法

不管是传承优秀教学方法，还是创新发展教学方法，其目的都是提高思政课教学质量，培养德智体美劳全面发展的人才。教学方法使用得当才能达到预期教学效果，使用不当，好方法也会低效甚至无效。这就要求思政课教师在课程设计初期就应同步启动教学方法的选择和设计，即在不同教学阶段、针对不同教学内容和不同学习对象灵活恰当使用不同教学方法，才能真正做到"因事而化、因时而进、因势而新"。

### 四、体现时代发展

中国特色社会主义进入新时代，高等教育发展也进入新阶段，思政课的教育使命和任务也将面临新局面，学生的价值体现必将发生更大变化。

**（一）思政课服务新时代政治发展**

教师要强化思政课的政治属性，将全面建设小康社会、"两个一百年"奋斗目标、五大发展理念、中国特色社会主义理论体系、伟大复兴的中国梦思想等核心政治思想全面融入思政课教育教学体系，深刻阐发新时代的新内涵，阐发社会主义核心价值观，阐发不同课程要素支撑新时代发展，服务新时代走向更加光明的未来。

**（二）思政课要服务新时代高等教育高质量发展**

经过多年的扩招，高等学校的办学规模不断扩大，高等教育质量却在滑坡。国家及教育主管部门高度重视，正式启动了高等教育质量建设工程。思政课是质量建设工程中重要一环，是学生思想、价值培育的重要阵地，建设高质量的思政课程是适应新时代高等教育高质量发展的现实需要。

**（三）思政课教学要为学生成长和价值实现服务**

学生的未来，一定是在新时代成就人生价值和社会价值，价值实现形式与内容可能与当前相仿，也可能更具时代性。新时代大学生要求更加个性的呈现，要求更加解放的思想，要求更加宽阔的舞台，追求更加崇高的信仰。思政课需要帮助大学生探求自身的价值、引领大学生确立马克思主义信仰，并在新时代里不断发展。

### 五、培养可靠人才

可靠人才首先是政治可靠，其次才是智力、体力等方面的合格。没有政治可靠，其他领域再优秀只会产生不同层次的负面影响。因此培育政治素质过硬的人才是思政课必须直面和承担的任务。

**（一）培育政治素质过硬的人才**

政治素质过硬是人才培养最重要的目标，政治素质过硬是党和国家对人才培养的基本要求。思政课要加强对大学生的政治教育，一是要提高大学生政治认知水平。大学生拥有一定的政治认知能力和水平，基础理论知识也已经初步掌握，不足的是对一些政治内涵认知理解的深度和准度不够，需要思政课加强教学，精准引领。二是要提高大学生政治参与能力水平。大学生绝大多数都已经满18周岁，开始拥有政治权利、可以履行政治义务，思政课要及时跟上，教育帮助大学生深刻认知政治权利和义务，掌握履职路径和方法，提升履职能力和水平，这样才能为以后的政治生活做好铺垫。三是要引导大学生参与实践检验。教师可以通过思政课开展各类模拟练习，并在课程实践环节落实落地，帮助大学生检验所学，切实提高政治意识，培育政治素质过硬的人才。培养大学生政治素质要注意导向性与发展性相结合，科学性与实用性相结合，全面性和层次性相结合，注重"知、情、意、信、行"教育有机统一，师生双主体共同实施等方法和路径的结合。

### （二）培育善用马克思主义方法论的人才

马克思主义哲学方法论是人类文明史上最伟大的方法论。马克思主义方法论可以为大学生提供丰富的方法论逻辑、思维和方法。一是唯物论部分的方法论。有生活中经常提及的实事求是的方法论、调查研究方法论、矛盾分析方法论，也有全局性的方法论如全面、历史地看问题的方法论，系统方法论。二是认识论部分。包括辩证思维方法论、创造思维方法论、价值评判方法论等，其中辩证思维方法论常被提及和运用，而创造思维方法论、价值评判方法论则使用较少，需要在教学中加强。三是历史唯物主义部分。其中包括社会分析方法论、人的分析方法论、群众路线方法论等。群众路线是中国共产党最常提及、使用和强调的方法论，这要求学生要经常深入社会、了解国情民情，在社会实践中熟练运用群众路线方法论，实现受教育、长才干、做贡献。此外，还必须呼唤一种"存在论的解释学"，或者"非理论方法的解释学"，即是"生活决定意识"的马克思主义方法论。在这种方法论中，"生活经验本身就是可理解的，就在解释着"这种方法非常强调生活性，这也是大学生学习马克思主义哲学方法论的基本需要。

### （三）培育具有科学价值判断能力的人才

科学价值判断的关键指向是为谁培养人的问题。科学价值判断能力主要指三个方面：一是是非判断能力。通常意义的是非对错是生活化的，思政课所需要面对和解决的是政治信仰和政治立场等领域的是非判断，要引领学生在上述问题建立是非观，提高是非判断能力。这里针对的是各类思潮、多元价值观以及时政热点领域可能出现的是非问题挑战，思政课应该因势利导、加以因应。二是质量判断能力。是非是单选题，而质量则是多项式。质量判断一方面在于学识及理解能力，对一个问题理解和思考程度，另一方面在于事物的实际情况，应该处于一个什么样的质量层次。只有两方面相互印证、统一，才是比较科学的质量判断。

## 第三节 思政课教学改革的基本思路

要结合时代的基本背景和国家人才培养的基本要求,遵循教育教学的基本规律,针对学校、师生的基本情况来设计、实施和评估课程教学改革。因此,课程教学改革有其基本范式和导向。研究认为,开展思政课教学改革,需要以系统思维为基础,深刻把握课程教学各个阶段特征,再结合相关的教育方法变革、教学质量评价来整体推进思政课教学改革。以系统思维为基础,就是将教学作为一个整体,从前、中、后和质量评价等四个阶段来分析教学改革的必要性和着力点;结合相关教学方法,就是要充分运用和发挥各种教学方法在不同阶段的作用,提高教育教学质量。

### 一、前段推进教学规划与设计

所谓前段,就是指在课程教学实施之前,是课程规划、设计,师资团队组织、建设等课程教学的前期阶段。万事开头难。一方面,课程实施之前的规划与设计是决定课程成败的关键。课程设计需要关注整个课程的目标、体系、内容、对象及其需求、方法、评价、诊断、反馈等各个环节,需要将不同环节链接起来推演,是基于系统思维、在系统实施前的系统设计,这个规划设计要求对整个课程教学有方案、有预案、有预判。另一方面,课程教学的师资团队建设,是课程教学实施的基础。组建课程教学团队可以弥补个体的不足和局限,有利于整合和优化课程教学资源,培养提升教师创新素养,提高课程品质和效率。高校可以通过课程教学师资队伍建设、制度建设、教研能力建设等几个方面大力开展课程教学团队建设。

#### (一)加强课程教学规划与设计

1.注重方案系统的设计

即确立并锁定课程的目标,将课程内容、教学方法、组织实施、评价反馈等一系列环节集成一体,充分考虑需求供给均衡协同,形成系统化的教学方案,为后续教学的开展奠定基础。

2.制订应急预案

教学方案的实施会因教师、学生等主体对象的变化而变化,会因教室、设施、时间等变化而变化,会因政策、考核等变化而变化,进而使得原先的系统方案遭遇挑战,这就需要有相应的应急预案来解决,课程设计时要推演、思考周全,将可能发生的一些应急情况考虑在内,妥善处置。

### 3.整体把握，科学预判

制订系统方案、应急预案，就是为了能够科学预判，这个预判一方面是预判课程教学能够形成的基本概况、成效，另一方面是对可能出现的计划外情况及其影响也能够有比较合理的预判。

#### （二）提高课程教学团队建设

1.加强课程教学师资队伍建设

好的教学团队，应该由学科带头人、教学骨干、研究队伍和基础教学团队等组成，在学科上强调交叉、年龄上强调以老带新、职称上强调梯队。前有带头人，后有接班人，这样的团队才有生气、有生机、有生命力。

2.建立健全师资建设制度

有好的师资才能产出好的课程，好的师资需要重点培养，其中培养体系和制度是关键。学校需要建立诸如培训制度、访学制度、会议制度、学历深造制度等，帮助和引导老师加强学习、提升素养，通过制度支撑和要求教师学习。

3.推进师资教研一体化能力建设

教学、科研孰轻孰重一直有争议，但教学科研不可或缺是共识。推进教学、科研一体化的能力建设，有利于提高教师教学、科研联动水平，能够推动产出更好的教学质量和科研成果。

## 二、中段发展教学内容与方法

所谓中段，是指教学的实施过程，是在课程规划设计之后、课程总结评价反馈之前的教学阶段。中段之所以重要，是因为它是提高学生认识的过程、促进学生发展的过程，是教学内容实施的主要过程，是师生互动的主要通道，是对教学规划与设计的落地落实，其关键在于教学方式和内容的拓展。教学方式是教学内容的输送形式，是师生互动的关键载体，好的教学方式会显著提升教学质量。教学内容是思政课的主要构成，也是实现思政课教学目标的关键。

#### （一）创新教学内容

内容为王，任何课程都必须有其核心内容和价值导向，这是课程存在的价值和意义所在。思政课具有扎实的内容基础，所有的教材都汇聚了资深专家的心血，由国家审定，权威性、准确性、客观性都非常强。当然，课本教材也存在着更新慢等问题。创新思政课内容，可以从三个方面着手：

1.整合优化

思政课是一个整体，各门课程之间具有很强的关联性，日常的教学中各门课均是独立实施，造成了一定的割裂，如果能将相关课程的内容进行整合优化，必将提升思政课的吸引力。这种整合可以马克思主义为基础，以社会主义核心价值观为统领，依据课程的功能和教学目的或者大学生的思想特点和接收方式来整合优化。

2.丰富内容

思政课具有显著的时代性特征，课程内容应该紧扣时代脉搏、呼应时代需求，引领大学生提高认知水平。不同历史阶段、不同省市区域、不同高等学校，都会有丰富的教育教学资源和时事案例可以深挖，并转化为教学内容，这些教学内容具有显著的时代性、地方性、校本特色，例如，中国梦之于国家民族、上海四行仓库之于城市记忆、纺织科学之于东华大学，都是非常好的案例，对于学生而言，贴切、紧密、易于接受，是教学内容丰富和发展的重要方向。

3.改造内容

相对于传承、发展，改造的难度最大。很多传统价值观、行为模式都具有相当的惯性，很难改变、改造。正是因为如此才必须变革，不然新的理念、思想、方法就没法树立。因此，在实际教学过程中，要针对一些旧有的、不适应时代发展的、阻碍社会和教育进步的内容加以改造，使其成为与新时代和谐共振的新内涵。

**（二）发展教学方法**

通过多年来的积淀和创新，思政课教学法不断获得发展、丰富，课程教学质量有一定改变、提升。随着时代发展，学生需求逐步发生变化，教学方法需要与时俱进。可以从以下两个方面着手：

1.要传承优秀的传统教学法

课程的本质是师生间的互动教学，师生的特点和需求虽然在不断发展变化，但其本质需要并没有太大改变，依旧需要沟通、依旧有求知欲、依旧呈现一些成长发展规律。传统的课程教学依旧有其生命力，教师讲、学生听、适当互动依然可以在课堂上发挥重要育人作用，教师依然可以将道理说明白、学生还是可以将思想听进去，师生关系还是可以呈现良好的互动。

2.要创新教学方法

创新是时代特征，也是现实需要。一方面，新时代引领教育理念发生重大变化，教师主体论发展成为学生主体论或者双主体论，学习知识发展成为学习方法、学会学习等，这需要将教学方法做适当调整；另一方面，新科技引领教学组织形式创新。既往有新媒体运用普遍进入课堂教学，当下有智慧教室正在革新教学方法，未来还会有更多的新技术被运用到思政课教学实践中去，指导并革新教学形式和方法。

### 三、后段力推教学实践与体验

所谓后段,是指在教学后程,课堂教学结束之后,学生开始进入实践阶段。实践教学强调实践性和体验性,要求学生将所学知识运用于实践、接受实践检验,还强调思政课与其他课程、课堂上下、校内外的结合,最终内化于心外化于行,使教学内容真正被学生所掌握。深推思政课实践教学,需从内容、形式、主题、范围等几个方面入手。

#### (一)内容要活

课堂教学中,课本是主要内容,思政课教师的发挥空间不大。实践教学领域,思政课教师的灵活性就非常大,可以选择不同的主题开展教学实践。比如,请学生思考如何改进校园秩序及其管理模式、如何学习身边榜样、如何挖掘校内特色资源等,主题亲切、学习便捷、互动性强,可以很好地吸引大学生参与。

#### (二)形式要多

实践教学不再拘泥于课堂之上,环境、条件可以有更多的变化,这就为实践教学提供了更多的选择空间。微电影、志愿者活动、社会调研、辩论赛等都可以成为实践教学的理想形式,这些形式使得课程内容灵动起来,学生的参与感、体验感得以增强,获得感也会显著提升。

#### (三)主题要明

实践课最大的困难在于不好把控,容易跑偏。所以在设计实践教学课程时,必须设定明确的主题,要求学生在一定的主题框架下完成内容,做到"形散而神聚",所有的体验、思考和收获都是在主题的范围内进行的。明确主题一方面可以让学生有所聚焦,学会完整地看待和处理问题,另一方面也可以方便教师指导,形成明确的教学结论。

#### (四)范围要广

实践教学的主题设置范围要适当广泛,针对不同的小组、不同的学生特点,设置不同的主题,同时各个小组的实践形式也可以多种多样、场地可以根据实际情况调整。比如,开展社会调研了解真实社会、考察革命遗迹弘扬革命精神、开展公益活动帮扶弱势群体等校外主题实践活动,培养大学生的服务意识、担当意识、创业意识和奉献意识,有效提高大学生的思想理论素养。

### 四、总结发挥课程评价功效

课程总结可以对整个课程的实施效果进行总评,其中可以包括一些发展性评价内容、总结性评价内容。课程评价的指向是选拔、诊断、改进和确定教育需要等，为了下一轮课程实施得更好，更加符合现实、学生需要。

### (一) 发展性评价是调试剂

发展性评价的关键在于理念系统建设，重在梳理建设目标、价值、方法、问题等四个方面的思维体系，可以在课程教学的不同阶段开展评价，可以是过程的诊断，也可以是周期性的诊断，是及时修正课程教学的重要方式。发展性评价的目的是更好地、及时地改进，这有利于不断调试课程教学，以达到预期教学目的。

### (二) 总结性评价是闭幕词

总结性评价是对整个课程教学的整体性评价，是在课程教学结束后的全过程评价，具有整体性、系统性特征。一方面，总结性评价可以整体性评价课程教学，把课程教学作为一个整体，联系教师、课程内容、课程实施、学习成效评价等各个部分开展整体评价，比较容易找出问题的关键节点并加以修订改正；另一方面，总结性评价可以系统地评价课程教学，可以从系统论的观点，评价攸关课程质量的目标、内容、方法、路径等各个环节的问题，并为后期的改进提供依据。

总之，思政课教学改革意义深远、责任重大，必须制定适宜的原则，参照一定的要求，设计改革思路。思政课教学改革是有现实需要的，是"来源于问题发现，回归于问题解决"的。笔者认为，既往思政课教学存在的现象级问题，以及现在和未来仍可能面对的教学对象、课堂教学与时代环境变化之困，都是未来开展思政课教学改革的重要动力。高校必须进一步坚持政治立场、培养大学生政治信仰、发展政治力量、巩固执政基础、兼顾形式内容、注重实践教学等原则，按照教育规律、满足学生要求、发展教学方法、体现时代发展、培养可靠人才的要求，按照前、中、后及总结四个阶段设计推进思政课教学改革，为赢得未来奠定坚实基础。

# 第二章　高校思想政治教育教学的现实困境

习近平提出做大学生思想政治工作要"因事而化、因时而进、因势而新",强调了思政教育工作的关键,即做思政工作要在观照对象的基础上,与"事、时、势"结合,既要关注变化性,又要强调发展性。思政课教学面临新形势、新问题,要寻求新发展,就必须认真研究分析思政课教学对象,关注教学的"事、时、势"。

本研究认为,对思政课的教学评价,参照的标准和依据既要注意到学生的需求,也要基于教育教学规律,当前教育教学理论的新成果和进步也应在思政课中得到体现,同时,教师队伍也需因应当今时代提出的新要求。这三个方面,即学生、教学实践、教师构成了课程评价的主体、教学与对象等三个核心要素。与本研究观点相似,余双好认为影响思想政治理论课堂教学效果的主要因素是个人对课程兴趣和课堂教学本身因素,课程以外因素是次要因素。其同样强调主体、教学和课外因素,内涵上稍有差异,但指向一致。因此,本章将对这三个要素进行分别论述,即从课程评价的角度,尝试剖析变化之未来与未来之变化可能会对思政课教学质量建设发展所带来的隐忧与挑战。

根据前文研究观点,思政课教学质量受到人口统计学因素和课程价值与认知、教学内容与方法、教学互动与组织、学习投入与支持、学习成效与评价、教师团队建设、教学条件保障等非人口统计学变量的直接影响。从调研和访谈情况来看,思政课教学未来可能面对的挑战有三个方面:一是教学对象的发展挑战。其中尤以"00后"大学生群体研究及其教学对策研究因应不足;二是课堂教学的变化挑战,尤其是教学内容与方法、教学互动与组织等领域的发展变化迅速;三是环境和时代的变化挑战,尤其是不能满足政治教育高质量发展要求、经济全球化进程要求、信息科技高速发展挑战等。面对这些正在发生的变化和挑战,思政课教学出现了一些现象级问题,并可能还会出现新的问题,必须予以充分研究。

通过研究发现,造成上述困境和挑战的成因是多方面的,包括教学对象研究滞后于学生发展、教学实践发展滞后于教学理论进步、师资建设落后于时代需要等三个方面。上述三个方面的变化与挑战是思政课必须面对和解决的问题，只有以面向未来的审思与远见，精准分析教学对象特点及其需求，精准因应内外部环境和时代变化要求，精准补强师资队伍建设，才有可能较好地应对思政课教学的系列变化，进而推动思政课教学改革，贯彻落实立德树人根本任务，为培养德智体美劳全面发展的社会主义合格建设者和可靠接班人筑牢阵地。

## 第一节 教学对象研究滞后于学生群体发展

根据质性访谈和实证研究结论，透过思政课教学质量的影响因素分析，结合思政课教学所面临的系列变化，本研究认为未来可能会对思政课教学质量造成重大影响的领域，主要集中在三个层面：一是教学领域，二是对象领域，三是动力领域。

### 一、教学领域影响占主导

#### （一）教学主体动力因素

思政课教学活动中，教师是施教主体，是课堂教学活动的主导者；学生是学习主体，是学习活动的行为人，这是教学基础，未来不会呈现太大变化。师生参与思政课教学活动的动力是影响教学效果的主要因素之一。过去，教师动力不足主要表现在职业倦怠感有所增强、职业价值感有所下降，教学效果好坏既不能为其带来成就感，也不能给其带去挫败感，教学成为谋生的手段，而不是追求理想、实现价值的路径。学生动力不足主要表现在学习积极性不高、创造性不佳，不重视学习成效和获得感，认为思政课是副课，实用性不强。未来要加强师生动力研究，加强激励引导，增强教学动力，为新时代思政课的教学质量提升奠定基础。

#### （二）教学技术创新因素

技术与方法具有强关联性，技术进步对于方法创新具有重要的推动作用，在未来技术与方法的结合将会有更大空间。以往教育技术创新不够，对教学方法创新和灵活运用造成极大的影响。具体表现为新技术教学运用不够和教学技术创新不足两个方面。以即时答题互动设备等为代表的新技术在思政课教学中运用有限，以智慧教室为代表的教学技术在思政课教学中建设不足等，凸显出思政课教学方法创新不力、教学互动路径匮乏、教学组织形式呆板等一系列问题。未来，高校应该加强技术引进、技术运用，为教学插上技术的翅膀，提高教学效率的同时支撑教学质量的建设发展。

### (三) 教学管理水平因素

推进改革必须以管理改革为先行。教学管理涉及思政课教学制度建设、队伍管理、教学组织、教学过程管控等各个方面，对思政课教学质量影响显著。制度建设是加强教学管理规范、提高教学服务水平的基础条件；师资队伍管理，尤其是教学纪律、绩效考核是规范教师行为、转变教师作风的重要法宝；教学组织与实施的管控，是维护课堂秩序、提升教学效果的前提保障；教学过程管控是维护和保障教学顺利完成的主要举措。在以往思政课教学中，制度成摆设、教风不积极、课堂"低头族"无人管、教学过程无序等现象屡见不鲜，极大地制约思政课教学效果的提升。未来，要加强思政课教学管理体系建设，使其成为质量保障体系的重要组成部分，为提高思政课教学质量打牢制度基础。

### (四) 教学条件保障不力

教学保障条件包括直接条件和间接条件两个方面。直接条件包括教学经费投入、教学基础设施建设、教学基地建设等方面，间接条件包括教学政策、社会思潮及社会参与等方面。直接条件是开展教学的先决条件，教学经费、基础设施和实践基地是思政课教学开展的前提保障，经费投入多寡直接影响教学运行进展、师资队伍建设水平、教学科研联动质量，基础设施好坏直接影响教学运行形式、教学方法创新质量、供给需求结构平衡，教学基地有无直接决定教学运行路径。间接条件是提高教学实效的重要支撑，教学政策是保障和激发师生动力的基础，社会参与是丰富教学资源的方式。保障是桶底，没有桶底，筑再高的桶壁终究还是存不住水。可见，教学条件保障与教育主管部门及其他利益相关者关系密切，经费投入、设施建设、基地建设离不开主管部门的支持，政策、社会思潮与社会参与离不开其他利益相关者的参与。未来，加强教学条件保障要推动利益相关者参与其中，加强保障，为思政课教学提供物质基础。

教学主体动力不足、教学技术创新不够、教学管理水平不高和教学条件保障不力共同限制了思政课教学质量的建设发展，共同导致了思政课教学质量的徘徊不前。要改变这一现状，就必须充分考虑思政课教学的环境变化，坚持理论与实践相结合，通过教学设计、教学方法、教学互动、教学组织和教学条件的发展和改革来推动思政课教学的整体改革，以改革促发展，以发展提质量，以高质量的思政课教学来推动高质量的人才培养。

## 二、教学对象研究是关键

### (一) 学生研究应更深刻

"00后"成为大学生主力军，是不可逆转的、已然发生的现实潮流。"00后"

进入大学校园，极大地改变了高校学生的整体结构、课堂对象结构，给新时代思政课教学提出了新要求。

1.针对教学对象研究

"00后"大学生身上有许多鲜明的时代印记、个性特征和群体特点，应按照"因事而化、因时而进、因势而新"的原则推进"00后"大学生的研究和教学。如前文所述，当前关于"00后"大学生的研究成果较少，不能满足教育发展的要求。加强教学对象研究，一要关注"00后"大学生的心理特征。对"00后"大学生心理健康状况、心理成熟度、心理成长路径等需要密切关注，其心理健康与成长发展息息相关，其心理成熟度与认知、理解问题息息相关，心理成长路径与"00后"大学生教学建构、设计息息相关，此外"00后"大学生的心理特征还与其日常生活息息相关，思政课应该关照和呼应其日常生活，响应其心理发展需求。二要关注"00后"大学生的思想行为特征。思想行为是知行合一的关键，了解他们思想行为的发展情况，就是为他们构建理想信念做准备，便于开展有针对性的教育引导、思辨启发、内化外延等工作。三要关注"00后"大学生的价值取向。普遍而言，"00后"大学生更加以自我为中心，他们是"421"家庭结构的当事人，从小受到6位家长的关爱，成为家庭中心。"421"家庭结构普遍影响了"00后"大学生的价值体系建构，一定程度上出现了先己后人、拈轻怕重、先易后难的价值取向。心理、思想行为和价值取向是当前研究的短板，缺少深度的研究，导致实践层面上问题频出。

2.把握教学供需均衡

"00后"大学生普遍个性张扬、颇具主见、敢于表达，对于课程有明确的关注、诉求和期望，如无法得到满足，会放弃课程，从"学习者"成为一名"旁观者"。"00后"大学生的需求多元，有形式认可需求者，即需要在课堂上下获得表达和展示机会；有内容认可需求者，即需要表达自己的观点，要在辩论中寻找答案，而不是教师给予的现成结论；有尊重需求者，即需要关注、需要尊重、需要被重视，愿与教师加强互动，有主观能动性；有解惑需求者，即需要解决学习生活实践中的困惑问题，期望得到教师的响应、指导。教师必须关注和呼应"00后"大学生的主体需求，以有针对性的教学供给来实现教学双主体之间的供需匹配均衡。

**（二）评价实践应更精准**

理论与实践之间的差距在教学评价领域体现得尤为显著。在课程评价理论发展迅速，但在实践层面却明显滞后。未来应该在评价实践领域加大投入、推进力度，以实现理论上的教学诊断与改进。

1.优化评价实践模式

访谈发现,绝大多数高校的教学评价模式基本一样,都是由学生评教、同行评教、督导评教、领导评教等方面构成。学生评教主要以答题卡式的问卷评教为主,评价大体分为两个部分:一是对教师教学满意度打分,二是对教学建议打分。同行评教主要指课程教师之间的相互听课、相互建议、相互评价。督导评教主要是指学校、学院聘任专门的教学督导人员进班听课、评价。领导评教主要指校领导、中层干部等进班听课、评价。上述四个方面的评价基本都是针对教师教态、教学法运用、教学内容输出、教学互动、课堂组织实施等情况,目标是评价教师课堂教学,提出改进意见,借以提高教学质量。各校有所不同的,一是评教的占比各有不同,主要是学生评教占比高低不同,50%—70%居多,剩余部分为同行评教、督导评教、领导评教。学生评教具有一定的主观性、情绪化,占比太高容易造成教师过于顾忌学生评教,导致教学主导权、话语权消解,占比太低容易造成教师忽略学生感受。二是评教结果用途不同,大部分高校评教结果的主要目的是鉴定、诊断、改进,是帮助教师提高教学能力和质量,但是由于缺乏相应的激励措施,导致这种评教的实际作用难以发挥,不能引起教师重视。于是,不少高校开始推进绩效工资,将评教结果与绩效工资挂钩,评教好坏直接影响工资收入,这就提高了教师对教学的重视程度。不过因为评教结果有一定的主观性,故在实际的实施过程中,各校都会遇到一定的阻力,教师的接受度不高。主要原因,一是学生评教公正性最难实现。虽然有研究认为学生评价的最终结果能对教师的教学能力和教学效果做出比较客观和公正的评价,但实际中做到这一点非常之难。教师教学要求严格容易使学生反感,评教成绩难以提高,教学要求宽松短期内会受到学生欢迎,评教成绩也会比较高。二是同行评教,人情难免。评教会倾向于打高分、说好话、做好人,使得评教真实性存疑。三是督导评教易偏。由于督导听课范围广,各种专业课程都听,表面上看能够掌握教学的普遍情况,但实际上这些评教偏于教态、教学法、教学互动等形式上的东西,对于教学的专业知识进程及其讲解程度理解并不深刻,并不能确定教师教学的核心内容是否精准、高效。四是领导评教频次低。高校会制定干部听课制度,一般每人每学期必须听2节课以上,100—200位中层以上干部,总计听课量也就在200—400个课时,这个课时量对于全校的总课时量而言微不足道,所能听到并给予一定专业评价的概率就很低,对于教学整体改进而言,效果甚微。

上述评价模式在既往实践中所展现出来的问题与不足,必须在未来的评价实践中给予优化。具体到思政课评价领域,一要加强思政课教学的针对性评价体系的建设,二要优化思政课教学评价的实践环节,尽可能避免上述问题的反复,三是要解决思政课教学评价的反馈与使用问题,真正发挥评价的改进功能。

## 2.提高教学经费投入

以往思政课教学经费投入普遍不足，主要体现在以下几个方面：一是教师薪资收入普遍偏低。思政课教师收入偏低的主要原因有两方面：一方面是学校绩效分配因素，专业学院绩效水平普遍高于马克思主义学院；另一方面是教师科研经费偏低。思政课教师的科研课题数量、经费水平、科研收入普遍低于理工经管等学科教师。需要政府和高校加大投入、提高思政课教师收入，以激励思政课教师的教学积极性和创造性。二是能力培养经费投入不足。思政课教师参加国内外访学、攻读更高学历、参加专业培训、出席学术会议，以及各种沙龙、拓展活动等方面的经费支持显著不足，不能满足教师成长发展的基本需求。其中尤以教师参加国内外访学和攻读更高学历方面的资金支持力度不够问题突出，主要原因有两个：一方面经费总量限制，满足率比较低；另一方面师资数量本就紧张，大大限制了出访深造的人数空间，不少学校实施的绩效工资政策限制了教师的工作总量，即便超工作量，收入也不会同比增加，极大地影响了在职教师的积极性。外出学习受到限制，内部学习活动同样受限，教学沙龙、学术沙龙等方面的活动组织开展也频繁受到经费限制，极大地降低了教师主动成长的积极性。三是教学经费投入不足。以上海高校为例，不少高校思政课的生均教学经费是40—60元（部分内地高校生均20元），这个经费基本只够课堂教学使用，没法满足实践类课程的需要。思政课经费投入不够极大地限制了教学创新，使得实践教学活动区域多被限制在校内、活动主题多以第二课堂为主、活动形式多以调研或者公益活动为主，无法真正发挥实践教学的关键作用：推动学生走上社会，提高课程体验感，增强学习获得感。不少学校将思政课第一课堂与第二课堂相融合，开展一些寓教于乐的文艺汇演活动，小部分人组织设计汇演，大部分人作为观众。虽然汇演这种形式是一种创新，但终究受到经费投入的限制，没法开展普遍的、广泛的社会实践。大量的统计数据非常具体地显示了学校经费投入与建设成效间的正比关系。投入越少，则成效越不显著。

可见，未来提高思政课教学投入，必须在思政课教师收入、能力培养经费、教学经费等三方面予以改善。提高教师收入是保障教师基本权利、调动教师工作积极性的主要方式，增加能力培养经费是提高教师工作水平、拓展教师综合能力的重要方式，增加教学经费是丰富教学形式、发展教学内容的关键支撑。有教学经费的持续投入，才能更好保障思政课教学高效有序开展。

## 三、教学动力激发是重点

### （一）呼应学生认知建构发展

一方面，学生认知结构发生巨大变化，包括认知背景和认知基础等，其中高考改革是主要诱因之一，使得学生区分类越来越难。从原先的文理科区分，变为是否选考政治课；另一方面，学生认知建构路径发生显著变化。高中阶段的学习认知路径是听说读写练，进入大学后学生更加喜欢体验式、互动式的学习方式，认知建构的路径、方式发生显著变化。按照思想政治教育的"知情意行"基本规律，当学生认知建构基础和方式发生变化时，思政课的教育教学方式也应该做适当的调整。未来，思政课教学要更加关注和呼应教学对象的认知结构变化与发展，开展有针对性的教学调整。

### （二）更新课程教学建构理念

思政课的课程建构，尤其是教学建构和学生认知建构之间存在巨大沟壑。思政课教学建构理念陈旧，过于强调课程本位，要求以课程为中心建构教学法、教学组织、教师团队、教学评价体系，这与新时代"以本为本""以学生为中心"的教育理念不相符合。课程建构偏离学生中心，容易出现为课程而教学、为任务而教学的情况，学生需求得不到关注，学习积极性被压制。未来应该树立以学生为中心的教育教学理念，必须以学生为中心建构教学体系，根据学生的认知基础、取向和特征设计课程教学，以引导学生建构知识体系，并通过知识体系的建构加强信仰体系的建设。

### （三）协同课程需求供给匹配

访谈发现，课程供给与需求不匹配是造成课程均衡价值难以实现的主要因素之一。课程均衡价值是在师生供给与需求得以平衡的基础上实现的，开展课程教学供给必须先研究教学对象的需求，重点参考教学对象的认知背景、取向和发展需求来设计思政课教学供给。当前，教学对象研究不够是普遍现象，课程供给与需求不匹配，学生的主体性未得到充分体现。教师课程供给无法满足学生成长发展需求，无法解答学习生活困惑，无法巩固理想信念。未来思政课教学必须协同需求供给匹配，引导和支撑学生从接收到接受、理解到相信、相信到信仰、信仰到行动，进而实现课程均衡价值。

总体看来，思政课教学质量提升必须坚持"以学生为中心"的教育理念，着力研究学生认知基础、建构方式，提升课程建构的针对性，推动教学供给与学生需求之间的精准对接。同时加强和改进教学设计、课程价值认知与目标、教学内容与方法、教学互动与组织、学习投入与支持、学习成效与评价等，使之成为促进思政课教学质量提升的重要支撑力量，为建设思政课"金课"奠定基础。

## 第二节　教学实践发展迟慢于教学理论进步

"理想很丰满，现实很骨感"，思政课教学处于一种矛盾状态。从访谈结果和文献综述的情况来看，思政课教学的理论与实践差距表现在两个方面：一是理论发展与实践推进的差距，二是点上创新与面上普及的差距。

### 一、理论发展与实践推进差距显著

理论和理念的发展领先于实践的推进与变革，这是一个普遍的现象。不同的是，在思政课教学领域，教学设计理念、教学改革理论、课程评价理论发展迅速，不断有学者提出新思想、新理论、新方法，也有在一定范围内试行的，但新的理论、理念被广大教育工作者理解、消化、接受过程缓慢，实践推进就会迟慢更多。

#### （一）思政课教学设计理论发展超前

何克抗认为，传统的教学设计内容和步骤包括七个方面，具体为确立教学目标、分析学生特征、确定教学内容、确定教学起点、制定教学策略、设计教学媒体、进行教学评价等，他认为教学设计已发展成为具有较完整、严密的理论方法体系和很强可操作性的独立学科。新的建构主义教学和学习设计应该按照教学目标分析、情境创设、信息资源涉及、自主学习设计、协作环境设计、学习效果评价设计、强化练习设计等七个环节。新的教学设计理念应该从"教"中心转向"学"中心，强调"情境"教学，强调"协作学习"，强调学习环境设计，强调学习信息支撑，强调目的的意义建构。这是基于建构主义的教学设计理念，该文自1997年刊出以来已有20多年，今日讨论依然继续。虽然"教"中心转向"学"中心的理念逐渐深入人心，但实践中教师满堂讲、学生低头听的现象依然普遍存在，教学互动频率和形式依旧不足，教学实践改革进程相当缓慢。再如"协作学习"形式上似乎有些进步，思政课教师开始分组、分项目推进实践教学，并设置教学班长指导、推进各个教学实践项目组长加强项目学习实践，但受到大班额和组织管理水平影响，协作学习收效甚微。这是建构主义教学、学习的理念，还有其他的一些学习理念、理论均有此类问题。

#### （二）教学改革理论探索成效显著

教学改革理论是指导教学改革实践的基础。随着时代的发展，教学改革理论发展出了多元智力（智能）理论、教学结构理论、学习共同体理论、建构主义理论、需求分析理论、人本主义理论等多种教学改革理论。不同的教学改革理论的主张和侧重点不同，主要目的是解决传统教学的一些弊病。即按照不同的理论、从不同的视角、运用不同的方法来设计教学改革。多元智力理论是由美国学者加德纳提出的，他认为人的智力主要包括语言智力、数理逻辑智力、空间智力、人际交往智力等八种不同的类型。按照多元智力理论的建议，教学改革应该充分发展不同类型智力的专题教学，指导学生利用自己的优势智力开展学习，将多元智力当作更广阔的教学路径，这样可以发挥不同学生各自智力优势开展学习，提升教学实效。建构主义学习理论强调以学生为中心，认为学生是认知的主体，是知识意义的主动建构者。这就要求教学实践由教师中心转向学生中心，由侧重教师教学主体转向学生认知主体。建构主义理论认为要提高学生的知识建构能力，以达到更好的学习效果。需求分析则是为了更好地实现某一目标，对其要满足的条件进行分析，弄清问题或目标的具体要求，制定切实可行的实施计划。需求分析理论认为教学改革必须充分研究学生学习需求和社会需求，凸显了学生的学习主体地位，要求教师关注、呼应、满足学生学习需求，这对于提高思政课教学质量作用显著。具体是指在教学中要对学生学习需求和社会需求进行分析，获取有效数据，在此基础上设定教学目标、采取教学策略、实施教学活动，最终满足学生需求，提高教学效能。

上述多种教学理论的发展，对于思政课教学实践的改革具有重要的指导意义，其中需求分析理论就与本研究中引入的需求供给理论有极为相近之处，即坚持学生中心、突出学生主体地位、重视学生需求满足。不同理论拥有不同价值导向和实践方法论，思政课教学可以在实际教学中，灵活使用不同理论指导教学实践，追求实践效益最大化。

**（三）课程评价理论发展日渐成熟**

根据前文综述可知，课程评价研究，历经测验与测量时期、描述时期、判断时期、建构时期等四个主要历史发展阶段，相关理论日渐成熟，陆续发展出多种评价模式，且都有一定现实意义。只是各个评价模式也各有一定优缺点。伴随着评价发展的四个时期，评价理念也在发展，从最初的测量、证明、选拔，逐渐发展为诊断、改进、确定教育需要等。理念的发展得到教育界的普遍认可，但实践推进中评价设计与实施比较复杂，评价客观性难以把握，评价结果的运用效果不够等问题比较突出，迫切需要加强评价理论的实践。

**（四）教学改革实践进程缓慢**

以教学评价改革为代表的改革实践推进缓慢、落后于理论发展是常态。在实践层面上，高校教学评价改革阻力重重，首先表现在教师心理上的排斥，认为教学评价是一种监控，认为评价公正性不够、主观性太强。其次表现在实施部门的排斥，教学评价工作量巨大，实际收效并不显著，评价工作的口碑不佳，容易引起矛盾，因而造到了不少组织实施部门工作人员的排斥。再次是学生的排斥，学生评教的主要方式就是填写答题卡式问卷表，统一格式、统一内容、个性化不足，不能满足以"00后"为代表的新学生群体表达自我、客观评教的要求。同时，学生评教带有极大的随意性、主观性、不稳定性。最后是经济、技术阻力，经济阻力主要是指评价经费的支撑上，需要加强投入，技术阻力主要是指实现评价的技术及其配套设备发展缓慢，成本高昂。教学主要利益相关者均对评价有一定程度的排斥，导致了推进课程评价改革的工作屡屡搁浅。此外，教学设计与教学改革在理论探索上各有成果，在实践推进中均遭遇了不同程度的阻力。在教师传统观念中教案深入人心，认为开展教学设计徒增工作量；习惯于从上到下的教学改革，从下到上的"自我变革"动力不强。因此教学设计、教学改革、教学评价等多个方面均存在着理论与实践相脱节的现象，高校要在后续改革推进中加强投入，开展针对性的改革。

## 二、点上创新与面上普及差距显著

思政课教学是一个使命重大、涉及面广、教育人多、影响深远的教育教学活动，高校大学生都要接受思政课教育。因此，教育部、省市教育主管部门以及高校都非常重视思政课教学，在教学理念研究、教学方法创新、教学组织实施创新、实践教学创新等各个部分都有新探索，有些领域已经取得了一些成绩。但是受到量大面广、师资短缺、投入限制等方面限制，点上创新在面上的普及力度还不够。

### （一）教学方法点上创新多面上普及难

教学方法创新是思政课教学实践创新的关键环节，优秀教学方法会极大改善师生关系、推动师生互动、提高教学质量、提高教师成就感。近年来涌现出一些新的教学法如MOOC、翻转课堂、对分课堂等，在点上产生了一些示范性、典型性案例。比如，复旦大学张学新教授提出对分课堂教学法，该教学法包括讲授、内化吸收、讨论三个环节，教师让出部分课堂时间，交给学生掌控、主导，形成师生"对分"课堂的格局。讲授环节，教师不穷尽教材内容，只需把握基本框架和重难点，内化吸收环节，学生根据自己的个人特点和具体情况，完成内化吸收，讨论环节内化吸收之后，学生再回到课堂交流，与全班师生深入互动。讲授强调充分而不过分的引导，精讲留白；内化吸收强调独立思考，个人理解形成见解；讨论强调小组化，解决低层次问题，凝练高层次问题，与教师对话解决高层次问题。这种教学法从时间分配、谈论讲授、教法学法、输入输出、主动被动、传承创新等多个方面强调对分，让思政课为学生所用、为学生服务。对分课堂提出三年多来，逐渐发挥其简单易用的优势，在部分高校内引起强烈反响。部分高校思政课教师开始在课堂上使用对分课堂教学法，"我现在着重点放在对分课堂上，让学生能自己内化学习"。课堂活跃度和学生感受度明显提升。

不过，因为新教学方法在面上推广难度大、速度慢，加上各种教学方法都存在一定使用范围和短板，导致新教学方法的普及率低。例如，对分课堂法，一是受限于班额，小班额效果比较好，大班额效果相对差一些，而思政课多数为大班额；二是受限于课堂时间，教师精讲留白、学生讨论互动看似很合理，但两方面的时间都很局促，没办法充分展开，也会反作用于教学质量；三是受限于课堂组织，大课堂、小团队、选代表是基本组织形式，课堂层级多了，容易出现效应递减，发言的学生代表积极踊跃，不发言的学生表现相对懈怠，对比显著。

## （二）教学组织实施短期易长效难

教学组织形式是影响教学质量、教学互动、学习投入的重要因素，主要有课堂教学、实践教学等两种，在课堂教学里面有大班额、中班额、小班额、小组化教学，还有团队化、课题化组织形式等，在实践教学里面还有项目化、小分队等实践形式，在教学推进方面有分层分类的情况，即省市、高校、学院等不同层级对教学组织形式的创新。比如，2017年，北京市教工委为落实教育部"高校思政课教学质量年"工作要求，坚持聚焦问题、精准发力，建立"市级示范+校级协同+校内集中"三位一体的教师备课新机制，统筹推进课程、教学和教师队伍建设。北京市选拔近百位思政课教学名师，到全市各个高校开展巡讲，主要以报告形式、专题形式、百人以上课堂形式为主，这些名师发挥各自特长开展思政课教学，有案例，有深度，有吸引力，获得了师生的普遍好评。还有天津试点选拔优秀学生走上思政课讲坛，由千余名大学生自组团队，自主选题、备课，从自己的视角探讨、解答同龄人"成长的烦恼"，由此一是增强了学生团队的参与感和主动性，二是朋辈教学的形式使得课堂的亲切指数上升，获得了学生们的普遍好评。这两种教学组织形式的创新在全国范围内有一定示范性和影响力，不少地区、高校也在试点相关做法，名师进课堂、学生上讲坛成为常见现象。

当前的教学组织实施创新也存在一些问题，短期、机动特征明显，长期、高频、持续性不够。比如，名师进课堂多以活动式、间歇式推进，并不能形成常态，且教学深度、专业度不够；学生上讲坛多以代表式、互动式、活动式推进，教学系统性、客观性不够，需要教师加强教学指导。此外，课堂组织随网络技术的发展产生变化，虚拟组织得以出现，并对教学产生越来越大的影响，应该得到教师的积极关注和引导。

### （三）实践教学形式创新易实效难

实践教学是思政课教学的重要组成部分，也是学生学习自由度最大、体验感最好、互动性最强的思政课教学形式。实践教学中出现了许多值得借鉴的案例，比如，湖南某高校采用期末汇演的方式，展示实践教学成果。其中舞台设计、剧本创作、演出排练等各个环节由学生分工协作、组织，思政课教师全程指导，不少节目是一个学期的实践调研项目的总结性汇演，以歌曲、舞蹈、小品、话剧等多种形式呈现。这种实践模式激发了学生的参与热情，增强了学生的主体体验感，一定程度上提升了实践教学的整体质量。另一些高校充分挖掘本地区、本校的实践资源，通过参观科普教育基地、爱国主义教育基地等社会实践基地，引导学生深入社会，了解民情、社情、国情，将课程理论与实践相结合，改变思考问题的角度，拓宽看待问题的视野，增强相关问题的理解力。此外，还有一些高校充分运用寒暑假，将课程实践带入日常生活，开展生活化的思想政治活动实践，诸如志愿者活动、社会调查活动、人物访谈活动、传统节日纪念活动，等等，使得活动内容丰富多元，学生学习实效显著。

不过，实践教学还存在如下一些不足：一是经费保障不足。部分高校还停留在20元的生均思政课教学经费，可用于实践环节的就更加少，学生活动的交通、宣传、道具、设备等各类项目需要的费用很难一一满足，受到高校财务制度改革影响，购买物品得使用教师公务卡，给学生组织活动带来更多不便。二是实践教学系统性不够。实践教学的主题、内容、环节等方面的系统性不够，与理论知识的连接不够紧密，使得实践教学过度偏于活动组织与实施、形式与感受，忽略了与课程本身的联动、联系和联合，导致整个实践教学部分的系统性不足。三是实践教学的针对性不强。主要体现在不同课程的实践教学安排往往具有很强的同质性，没有设计有针对性的实践安排。比如，"原理"课的实践教学方面，应该观照"原理"课教学目标、内容、等方面的特殊性，针对课程抽象化、理解难度高的特点，需要教师设计一些"读书会+答辩会"、辩论会、兴趣沙龙等形式的实践活动，以更加精准地契合"原理"课的特殊性，提高学生的理论理解能力。

## 第三节　师资队伍建设落伍于时代环境需要

2018年5月2日，习近平在北京大学师生座谈会上指出：人才培养，关键在教师，教师队伍素质直接决定着大学办学能力和水平。可见，教师与教学质量休戚相关，与学生成长休戚相关。回望过去，高校思政课教学质量不佳，师资队伍建设滞后于时代发展需要是关键因素之一，展望未来，高校应该高度重视思政课教师团队建设，扭转滞后格局。

## 一、教师团队建设力度有待加强

2014年教师节前夕，习近平在同北京大学师生座谈会上指出，百年大计，教育为本；教育大计，教师为本。努力培养造就一大批一流教师，不断提高教师队伍整体素质，是当前和今后一段时间我国教育事业发展的紧迫任务。可见，国家高度重视教师队伍建设，将其视为"我国教育事业发展的紧迫任务"的表态也足以说明加强教师队伍建设的重要性和迫切性。

### （一）师资队伍数量有待增加

随着我国高等教育进入大众化阶段，学校规模扩张和学生数量增长显著，高校不断招揽人才以便增加师资数量，总体呈现比较快速的增长态势。但师资增量被内化到马克思主义学院的不多，数量增加有限。通过对全国20余校的访谈了解到，各校都存在着思政课教师队伍数量不足的情况，不少高校生师比超过350∶1的标准值，有些高校超过了500∶1。这导致三个现象普遍：一是课堂班额大，以100—150人中大型课堂居多；二是课堂教学粗放，限于课堂条件，粗放式教学情况普遍，严重影响教学质量；三是兼职师资队伍多，不少是非专业教师转聘或兼职。

### （二）教师团队结构有待优化

思政课教师构成相对复杂，专业非专业并存、新老并存，学科建设不足、教师学历偏低、队伍被边缘化。现有教师群体中，老教师群体上课经验丰富、上课实效性整体较好，但老教师长期浸淫在教学之中，处于舒适区，进取心和教学动力已经不足，求稳心态占据主导地位。新晋教师一般学历较高，绝大部分都拥有博士学历，研究能力普遍较强，但新晋教师普遍是从课堂到课堂、从学校到学校，教学实践经验相对贫乏，整体教学效果不佳。转聘教师专业素养、教学能力相对偏弱。教学团队与结构领域也存在一些问题：一是团队建设多限于集体备课方面，教学研究和协作机制不够；二是传帮带制度不健全，老带新、传帮带的压力较大；新晋教师教学经验不足直接影响思政课教学质量；三是转聘教师进步空间小，教学动力不足；四是教师结构比例有待进一步优化，使之成为教学改革的重要支撑力量。

## 二、师资队伍发展滞后于需求

教师是课堂的主导者，是教学质量的主要保障者，是推进教育教学发展变革的主要力量。当前师资队伍建设发展存在着许多与现实需求不相适应的地方，亟待改变。

## （一）师资教学研究水平有待提升

师资水平，即师资教学能力、研究能力以及两者结合的创新能力。高校思政课缺少领军人物、专家和优秀教师，培养力度有限，教师进步缓慢。究其原因，一是教师教学能力不强。教学能力不强，非专业出身是重要因素之一。据调研，某高校马克思主义学院30余位教师中专业学科出身的仅有10位，其他都是地理等非专业领域的教师。二是教师研究能力偏弱。访谈显示，思政课教师开展科研工作的人少，主持省部级以上教研教改课题的人数更少，教师研究能力和研究动力都不强，使得教师研究能力水平整体不高。三是教师结构分布不合理。教师年龄梯队两头大、中间小，中青年骨干教师数量少，流转教师较多、新晋博士较多。有高校正高职称比例局限在7%以内，在职高级职称人员更新缓慢，使得大批教师停在中级、副高职称，向上晋升通道狭窄，严重影响思政课教师工作主动性和积极性。

## （二）教师责任感有待加强

教学是一个互动过程，教学质量受教师、学生双重影响：一是教学对象更有挑战性。"00后"大学生进入大学校园，意味着思政课教学对象的思想、行为、观念，以及学习态度、逻辑、方法等都已发生巨大变化，尤其是"'00后'大学生个性更强、更加敢于发言"，教师上课要有充分的准备、知识阅历要有更加厚实的积淀，才能在课堂上应对自如、引领得当，反之很容易引起学生的不满，从而进入一种怠学状态，教师的成就感会受到直接影响，责任感随之下降。二是教师激励政策不到位。教师开展教学改革需要投入巨量的时间、精力来设计、试验、实施教学改革方案，但学生的响应度不高，教师受到的关注、支撑并不显著，因而许多教师开始懈怠，停留在教学舒适区，不再思考教学变革与发展事宜，造成责任感缺失。三是向上空间被限制。高级职称比例限制，有些学校"80%教师是讲师，学校不培养发展、却处处设限"，极大地损伤了教师的积极性，教师失去晋升、发展的动力，教学处于疲于应付、完成基本工作量的状态。还有一些高校存在着生师比严重失调的情况，教师每日苦于应付教学，根本无暇顾及科研，开展教学质量、教学创新的积极性很弱。这些问题堆积逐渐消解了教师的责任感。

总体而言，以往思政课教学质量欠佳，教学活动陷入困境，是多重因素造成的。研究认为，必须改变教学对象研究滞后于学生群体发展、教学实践发展滞后于教学理论进步、师资建设落后于时代需要的现状，为思政课教学改革赢得空间。面向未来，高校要进一步巩固思政课育人主渠道、主阵地的地位，假以时日、研究和投入，逐步解决学生发展需求问题、教学实践发展问题、师资队伍建设问题，从需求供给分析着手，运用课程评价技术，遵循教学改革的基本原则、要求和思路的基础，就一定能推动思政课教学改革，提升思政课教学质量。

# 第三章　高校思想政治理论课教学改革创新的时代要求

高校思想政治理论课教学一直在不断进行改革创新，在不同的历史时期具有不同的特点，也面临着不同的情况。高校思想政治理论课教学改革的过程，是一个阶段性和连续性相统一、前进性与曲折性相统一的辩证发展过程，并随着时代的发展变化而变化。

改革开放以前，高校思想政治理论课教学属于初建与探索阶段，这期间也经历过无序与停滞时期。改革开放以后，高校思想政治理论课教学得以恢复和重建，随着社会的发展而不断规范与发展，并在此基础上不断进行改革与创新。进入21世纪以后，国际国内形势发生了新变化，社会主义发展具有新特点。在改革开放和社会主义现代化建设进一步推进的历史时期，特别是党的十九大以来，高校思想政治理论课教学改革创新面临着更多的新情况新问题，其中包括我国高等教育的改革、人才培养新要求的提出、当代大学生思想政治状况新特点的出现，等等。因而只有明确时代要求，把握现实情况，有针对性地进行高校思想政治理论课教学改革创新，才能切实提高高校思想政治理论课教学成效。

高校思想政治理论课作为开展思想政治教育的重要课程，体现了党和国家的意志，离不开一定的时代背景条件。高校思想政治理论课教学的改革创新，始终要正确认识和科学判断国际国内形势特点，按照时代发展新要求，结合党和国家的政治路线和方针政策来构建和改革高校思想政治理论课教学方法体系。进入新时代，我国的国内和国际环境发生广泛而深刻的变化，当前我们处于实现中华民族伟大复兴的战略全局和世界百年未有之大变局这"两个大局"中，这给思想理论教育教学工作带来新的机遇和挑战，给高等学校思想政治理论课教育教学提出了新的任务和要求。当今时代是世界多极化和经济全球化的时代，科技革命日新月异，国与国之间的联系更加紧密，国与国之间的竞争也日趋激烈。当今时代也是信息化网络化的时代，各种思想文化相互激荡，西方各种思潮涌入我国。信息传播的快速、信息接收的方便快捷，使得人们受到各种思潮的冲击。新时代，如何对大学生进行正确引导是高校思想政治理论课教育教学面临的新问题。高校思想政治理论课教学改革创新要注重对大学生正确认识当今世界错综复杂形势、把握国际局势发展变化的引导，注重对大学生正确认识国情和社会主义建设客观规律、增强投身社会主义建设自觉性的引导，等等。新时代高校思想政治理论课教学改革创新要结合时代发展要求来进行，明确新形势新特点。只有正视国内外形势带来的机遇和挑战，明确新时代发展形势对高校思想政治理论课的新要求，高校思想政治理论课教学改革创新才能取得实效。

## 第一节　新时代高校思想政治理论课教学改革创新面临的机遇

新时代，国际国内社会各方面都取得了较大的发展。时代的发展给高校思想政治理论课教学改革创新带来了机遇，具体包括党和国家的高度重视、社会的快速发展、高等教育的改革发展等几个方面。新时代高校思想政治理论课教学改革创新面临的机遇为高校开展思想政治理论课教学改革创新创设了良好的条件。高校开展思想政治理论课教学改革创新要注意抓住时代机遇，把握发展契机，提高改革成效。

### 一、党和国家的高度重视为高校思想政治理论课教学改革创新创设机遇

一方面，党和国家高度重视教育事业，重视人才培养。党和国家注重实施科教兴国战略、人才强国战略、创新驱动战略等，注重充分发挥人才的作用。新时代是知识经济的时代，也是人才竞争的时代。科教兴国战略、人才强国战略与创新驱动战略的提出，深刻反映了中国共产党对教育所处历史方位的科学把握，这为高校思想政治理论课教学改革创新提供了正确导向。当今世界各国的经济和科技竞争，是各国间综合国力的较量，但归根结底是人才的竞争。1995年我国颁布《中共中央、国务院关于加速科学技术进步的决定》，首次提出在全国实施"科教兴国"战略。自此以来，"科教兴国"战略就不断深入推进。

进入新时代，国际国内形势又有了新变化，人才问题显得更加重要。2021年，习近平总书记在中央人才工作会议上发表重要讲话，强调要坚持党管人才，坚持面向世界科技前沿、面向经济主战场、面向国家重大需求、面向人民生命健康，深入实施新时代人才强国战略，全方位培养、引进、用好人才，加快建设世界重要人才中心和创新高地，为2035年基本实现社会主义现代化提供人才支撑，为2050年全面建成社会主义现代化强国打好人才基础。新时代，随着经济全球化深入发展，科技进步突飞猛进，综合国力竞争日益激烈，人才资源成为国家竞争力

的重要影响因素。当前我国正处于加快推进社会主义现代化的关键时期，人才培养过程中存在人才机构不合理，人才管理体制、运行机制与市场经济体制不相适应等问题。

新时代进一步实施人才强国战略、提升人才培养的质量和水平，具有重要性和必要性。新时代，要进一步全面推进社会主义经济建设、政治建设、文化建设、社会建设、生态文明建设等各方面的建设，就迫切需要培养更多适合时代发展要求的人才，迫切需要高校充分发挥在人才培养、科学研究、社会服务等方面的功能，不断促进教育发展、人才培养。高校必须高举中国特色社会主义伟大旗帜，牢牢把握马克思主义在意识形态领域的主导权，在内部形成更加强大的凝聚力，对社会形成更加广泛的影响力，必须发展社会主义先进文化，大力弘扬时代精神、爱国精神、科学精神、人文精神等精神，培育和践行社会主义核心价值观，充实和创新高校思想政治理论课教育教学内容，发挥高校思想政治理论课的教育引导作用。

另一方面，党和国家高度重视思想政治理论课建设。历年来，党和国家都对思想政治理论课教学的成效和质量十分关注与重视，在社会发展过程中相继出台关于思想政治理论课教学的诸多文件，发布了一系列关于加强思想政治理论课建设、加强思想政治理论课教师队伍建设、加强马克思主义学院及学科建设等内容相关的政策。党和国家对思想政治理论课的重视有力地推动了思想政治理论课建设向前发展，加强了思想政治理论课改革创新的合力，促使思想政治理论课改革创新深入进行。

进入新时代，党和国家更加高度重视思想政治理论课教学改革创新，同时也对高校思想政治理论课教学成果提出了更高的要求。2019年3月18日，习近平总书记主持召开学校思想政治理论课教师座谈会并发表重要讲话。会上，习近平总书记阐明了开好思想政治理论课的长远意义，分析了课程改革创新和教师队伍建设的关键等问题。习近平总书记的重要讲话为推进高校思想政治理论课教学改革创新指明了前进方向、提供了根本遵循。新时代，党和国家进一步强调了高校思想政治理论课的重要地位，进一步提出了高校思想政治理论课教学改革的时代要求，这为高校思想政治理论课教学改革创新创设了时代机遇。

## 二、社会的快速发展为高校思想政治理论课教学改革创新创设机遇

新时代，我国社会发展进入了新的历史阶段，经济、政治、文化等各方面都取得较大的进展，这为高校思想政治理论课教学方法改革创新提供了强大动力。一方面，改革开放带来的巨大成就具有说服力、感染力。改革开放四十多年来，我国经济、政治等各方面都取得了较快的发展。通过改革开放，我国更深入地融

入国际社会之中。在与国际社会联系紧密的同时，我国积极利用国际社会发展的有利条件，不断加强我国自身的改革创新，不断推动社会向前发展，在多方面特别是经济方面取得了较大的成就。通过改革开放，我国利用经济全球化提供的良好外部环境积极参与到世界经济贸易的竞争与合作中。

我国改革开放四十多年的发展历史证明，改革开放是决定当代中国命运的正确选择，是发展中国特色社会主义、实现中华民族伟大复兴的必由之路，是推动我国社会主义事业向前发展的关键。我国改革开放的巨大成就增强了思想政治教育内容的说服力和感染力，对坚定大学生的理想与信念产生极大的促进作用。同时，中国改革开放的巨大成就也带来了我国安定团结的政治局面，这为高校思想政治理论课教学改革提供了和谐稳定的环境。另外，新时代要求进一步全面深化改革，我国的改革开放是全面的、全方位的改革开放，是顺应了时代发展潮流的改革开放，这为高校思想政治理论课教学改革创新提供了强大动力。在中国共产党成立100周年之际，我国取得了全面建成小康社会的巨大成就，更加显示了我国社会主义制度的优越性和强大的生命力，也为思想政治教育和高校思想政治理论课教学改革提供了强大的物质基础和安定团结的政治环境。

另一方面，知识经济的迅速发展带来了改革契机。知识经济是与农业经济、工业经济相对应的一个概念，是一种新型的富有生命力的经济形态，是以知识为基础的经济。创新是知识经济发展的动力，教育、文化和研究是知识经济时代最主要的部门，知识和高素质的人才资源是最为重要的资源。

关于"知识经济"的思想，很多学者都作了探讨。英国伟大的哲学家弗朗西斯·培根指出："人类知识和人类权力归于一；因为凡不知原因时即不能产生结果。要支配自然就须服从自然；而凡在思辨中为原因者在动作中则为法则。"由此可见，知识是认识自然利用自然的条件，是人类完善自身的重要手段，是人们治理国家和进行社会变革的力量。马克思认为："固定资本的发展表明，一般的社会知识、学问，已经在多大的程度上变成了直接生产力，从而使社会生活过程的条件本身已经在多么大的程度上受到一般知识的控制并根据此种知识而进行改造。"德国经济学家熊彼特指出，资本主义发展的根本原因不是资本和劳动力，而是来自内部自身的创造性及创新。创新的关键则是知识和信息的生产、传播和使用。未来学家约翰·奈斯彼特认为："知识是我们经济社会的驱动力。"等等。

综合学者们的观点可以得出，知识具有十分重要的作用，知识对于人自身的发展、社会的发展变革都十分重要，人的素质和技能是知识经济实现的先决条件。改革开放以来，邓小平强调要尊重劳动、尊重知识、尊重人才，提出了"科学技术是第一生产力"的论断。2010年，中共中央、国务院印发的《国家中长期教育改革和发展规划纲要（2010—2020年）》指出，我国高等教育的功能是培养高级专门人才、发展科学技术文化、促进社会主义现代化建设。提高科学文化水平正在成为全民族的自觉意识，年轻一代对享受优质高等教育资源的愿望更为迫切，这就为高等教育的改革、发展提供了良好的舆论环境和需求动力。知识经济时代，是知识、技术与经济结合得更紧密的时代。知识经济的核心是科技，关键是人才，基础是教育。重视教育、重视学习是知识经济时代重要的特征。高校作为人才培养的重要阵地，要不断进行教学改革，构建创造性教育模式，充分挖掘受教育者潜在的创造力，从而不断培养出适合时代发展要求的人才。知识经济的快速发展为高校思想政治理论课教学改革创新提供了机遇。

为了适应社会的发展要求，高校必须吸纳先进的教育理念，不断推进办学模式和人才培养模式的改革。大学生是学校生存和发展的决定性力量，在信息化网络化发展的时代，传统的课堂教学受到挑战，只有不断改革教学模式，创新人才培养方式，才能满足社会发展对人才培养的要求。高校思想政治理论课教学改革创新要更加注重把课堂教学同帮助大学生掌握最新知识结合起来，要将思想道德培养与哲学、政治经济学、科学社会主义等各学科知识培养结合起来。同时，当代大学生要积极主动掌握基本理论知识，提高专业素养，增强创新能力，提高自己的综合素质。

## 三、高等教育的改革发展为高校思想政治理论课教学改革创设机遇

为了更好地适应人才培养的要求，我国高等教育也在不断进行改革。高等教育改革主要指的是高校在开展教育的过程中，在教育管理体制机制、学科专业设置、培养门类分级、招生就业定位等方面进行的改革，是针对我国高等教育单位各环节各因素的调整和变革。随着我国高校招生规模的不断扩大，高等教育也需要不断进行改革。20世纪与21世纪之交，我国新一轮教育改革启动。我国高等教育改革的目的在于促进我国高等教育办学模式向着适应社会主义市场经济体制的方向转变，适应新时代发展对于高等教育人才培养的要求。

我国新时代高等教育改革主要分为以下四个方面，并取得了不少进展：

第一，深化高等教育管理体制改革。高等教育改革过程中，通过教育管理体制的改革来优化教育资源配置，对于我国高等教育事业的发展具有深远的战略意义。中央和省级政府两级管理、以省级政府管理为主的高等教育管理新体制逐步形成。新体制调动了地方政府和社会各方面发展高等教育的积极性，密切了高校与区域经济社会发展的联系。同时，在高校管理体制上加强学校的自主权，允许学校在完成主管部门下达的计划并保证学校教学、生活条件的前提下，走联合办学的道路，多渠道筹集资金。同时，学校在聘任和晋升人员方面也有更多的自主权。

第二，深化高等学校内部管理体制和机制改革。目前，各高校在遵循"转换机制、优化结构、增强活力、提高效益"的原则下，不断转变职能，改革学校内部管理模式，改革和调整学校教学、科研管理的组织方式，深化人事制度改革，并逐步建立适合教师特点的分配制度、激励机制和约束机制。高校内部管理体制机制的科学改革有利于提升高校的办学效益。

第三，深化高校毕业生就业制度改革。高校毕业生就业制度的改革促进了毕业生就业的积极性、竞争性，提高了就业质量。毕业生就业过程中，实行用人单位与毕业生的"双向选择"，逐步建立起市场导向、政府调控、学校推荐、大学生和用人单位双向选择的毕业生就业体制机制。

第四，深化高校后勤社会化改革。近年来，高校不断深化后勤社会化改革。通过改革改善高校后勤保障条件，突出高校学生社区育人的作用，推动高等教育办学模式与办学观念的转变，促进了高等教育的可持续发展。高等教育改革和发展为高校教育教学改革，特别是高校思想政治理论课教学改革提供了历史性机遇。

## 第二节 新时代高校思想政治理论课教学改革创新面临的挑战

新时代，面对新形势新变化，高校在开展思想政治理论课教学的过程中存在着一系列有待解决的问题，比如，学科建设基础薄弱、课程内容丰富性不足、教学方式方法单一、教师队伍数量素质有待提升等问题。高校思想政治理论课教学改革在面对机遇的同时也面临挑战，高校要勇于面对挑战，有针对性地开展思想政治理论课教学改革创新。当今时代，高校思想政治理论课教学改革创新面临的挑战主要包括以下五个方面：

### 一、经济全球化对高校思想政治理论课教学改革创新带来挑战

经济全球化是历史发展不可抗拒的趋势，是当今社会发展过程中必然出现的社会潮流。经济全球化是一个资本扩张增值的过程，也是一个文化激荡碰撞的过程，以资本主义的扩展为背景。新时代高校思想政治理论课教学改革离不开经济全球化的社会大环境，受到所处现实环境的影响。

#### （一）经济全球化的多重效应

全球化是在西方国家的主导下推动的，包括经济、政治、文化等各方面的"全球化"。全球化发端于欧洲，起源于工业化，是劳动分工和生产专业化扩张的产物，是现代化的必然结果。全球化首先是经济运行的全球性，也即是经济全球化。经济全球化给社会带来了多重的效应，具体体现在：

一方面，经济全球化使得各国间的联系越发紧密。马克思指出："资产阶级，由于开拓了世界市场，使一切国家的生产和消费都成为世界性的了。"经济全球化是一种历史进程，工业化的发展使得全球范围的经济得以转换，生产、消费、分配等经济环节实现了跨国家跨地区运行，现代国家体系得以形成。西方学者乌·贝克、尤尔根·哈贝马斯也指出："世界市场不再是一个欧洲共同体市场，而是一个几乎包括整个世界的市场。"可见，经济全球化时代下的各国都处于世界大市场的运作当中，国与国之间都处于紧密的联系当中。经济全球化加速了社会上资本、人口等的流动，加强了全球中各国间的社会性联系。在全球化时代背景下，各国经济、政治、文化等方面的联系越来越紧密，各国在经济、政治、文化等方面的发展受其他国家的影响越来越大。马克思指出："单是大工业建立了世界市场这一点，就把全球各国的人民，尤其是各文明国家的人民，彼此紧紧地联系起来，以致每一个国家的人民都受到另一个国家发生的事情的影响。"在这里，马克思指出了工业化时代，世界市场建立之后，国与国之间的紧密联系和相互影响程度的提升。

另一方面，经济全球化使得各国面临不同文化的融合与应对。经济全球化时代背景下，各国在经济、政治、文化等各方面的联系不可避免地越发紧密，国与国之间在发展的过程中需要与其他国家发生各种各样的关系。由于各国的历史和国情不同，各国在与他国联系交往的过程中，也面临着各种政治文化方面的融合与应对的问题。马克思指出："每一历史时代的经济生活以及必然由此产生的社会结构，是该时代政治的和精神的基础；因此（从原始土地公有制解体以来）全部历史都是阶级斗争的历史。"在全球化的时代背景下，各民族都处在相互交往的大时代中，但各国由于经济情况、社会结构的不同，在全球化过程特别是经济全球化过程中表现出不同的政治、文化态度。在社会发展的过程中，当面对着一些社会问题，发达国家与发展中国家由于自身国家情况的不同，包括具体国情、文化传统等方面的差异，各个国家基于不同的国家利益会具有不同的反应。经济全球化过程中，需要各国在交往过程中注重国家间不同国情的融合，注重对相关问题的合理应对。

同时，由于全球化是由西方国家发起的。在全球化的过程中，西方国家一方面进行着资本的扩张，另一方面也加强对其他国家政治、文化等方面的渗透，凭借其经济优势进行西方意识形态的渗透和价值观的引导。西方国家在经济全球化的同时，除了期待在经济上起到主导作用，也期待在政治、文化等方面进行扩张影响，进而实现其价值观的引导认同。在全球化的过程中，国与国之间在多方面都相互影响，各国都会受到本国之外的其他国家的相关因素所制约。在全球化大背景下，一个国家的经济、政治、文化等各方面都面临着融入国际大背景的境遇，能否维持本土特色,能否维持对本国的认同,不同国家都面临着一些现实挑战。

### (二) 经济全球化与高校思想政治理论课教学改革创新

经济全球化的过程,是一个国与国之间联系更加紧密的过程,是一个各国间联系融合的过程。经济全球化对于高校思想政治理论课教学改革带来了挑战。

经济全球化使得高校思想政治理论课教学改革创新面临困难。因为经济全球化使得国家间的联系更加紧密,可能引发大学生对国家、民族等的认同危机,这不利于高校思想政治理论课教学的开展。伴随着经济全球化的发展,国家间在经济、政治、文化等各个方面相互联系、相互交融,在各领域的联系越来越紧密。在各国联系更加紧密的情况下,国与国之间的相互对比、相互借鉴就更加明显与普遍。在通过与一些发达国家进行对比而看到其他国家某方面优越性的情况下,结合国内发展过程中存在的一些问题,大学生容易产生国家认同差异,容易因为看到其他国家的有利方面而对我国的社会主义道路、制度等方面降低认可度。高校思想政治理论课教学改革创新旨在通过对思想政治理论课教学的改革创新来提高教学成效,从而达到对大学生进行思想道德引领的目的,教育引导大学生以党和国家的要求为指引,树立践行正确的理想信念。而经济全球化过程中,国家间相互依存更加紧密,国家发展过程中面临的问题也来越多,大学生对于国家的看法、对于自身理想信念的树立受到很多因素的影响。经济全球化的过程中,社会成员看到的更多是西方国家的发达情况,是西方国家的一些优势。经济全球化的过程中,除了经济领域,各国在政治、文化、社会等方面的相互影响越来越大,西方国家的各方面情况都对人们产生较大的影响。生活于当今时代的大学生,深受西方发达国家发展情况的影响,在对西方国家的经济、政治、文化等方面情况进一步了解和接触之后,价值观念也会受到西方思潮的影响,有的甚至比较认同西方一些思想观念,这对于高校思想政治理论课教学改革创新的推动是一种挑战。

## 二、市场经济的特点对高校思想政治理论课教学改革创新带来挑战

### (一) 市场经济的现实特点

社会主义市场经济具有一般市场经济的共性。经济体制改革的核心问题是如何处理政府与市场的关系,如何使得市场在资源配置中起到决定性作用和更好地发挥政府作用的问题。市场决定资源配置是市场经济的一般规律,健全社会主义市场经济体制必须遵循这条规律,着力解决市场体系不完善、政府干预过多和监管不到位问题。我国社会主义市场经济制度正是遵循价值规律要求,适应供求关系的变化而采取的适合现实需要的经济制度,是一种针对原来的计划经济体制进行的改革。一般而言,改革过程涉及社会成员利益的方方面面,是一个利益调整

的过程。市场经济背景下的当今时代，社会成员情况各异，社会成员的利益需求具有广泛性、多样性和复杂性，人们多数会根据自身利益的实现程度来决定是否拥护相应的改革，把利益特别是个人利益的获取成效作为评判改革是否有效的根本标准。市场经济时代，利益市场化是当今社会的特点。市场经济作为现代社会的经济运行方式，其利益市场化对大学生是否接纳与参与高校思想政治理论课教学改革创新产生较大的影响。

现代社会是一种基于市场经济运作之上的社会，市场经济是现代化的重要表征之一。以利益为导向的市场经济，是一种以市场为主导的经济调控方式，也是一种以利益为衡量标准的经济运作模式。市场经济条件下，人们更加追求自身的利益，人们正确价值观念的形成更加受到挑战。现代市场经济条件下的社会，生产过程中更多的是立足利益需求，注重追求市场效益，追求物质利益最大化，以利益获取为根本衡量标准是市场经济的重要特点。现代市场经济条件下，人们的价值观念受到现实考量，在看待分析事物的时候，人们更多是以自我价值的认定为基准，以自我的利益为衡量依据。德国著名社会学家、哲学家尤尔根·哈贝马斯指出："神话消除之后兴起的第二种合理化动力激发了一种现代意识，其关键特征在于，具有各种不同特征的文化价值领域发生了分化。价值领域分化所导致的结果是信仰和知识的主观化。"受到市场经济的影响，人们对于客观事物价值的评价更多立足自我利益的主观评价，受利益至上运作逻辑的影响，在市场运作、利益为先的市场经济时代，人们正确价值观念的形成受到挑战。

**（二）市场经济与高校思想政治理论课教学改革创新**

社会主义市场经济体制的实行对高校思想政治理论课教学改革创新带来变化和挑战。社会主义市场经济体制体现了利益市场化的特点，利益市场化这一现实情况对大学生价值观念的形成产生了较大的影响。在当今市场经济条件下，大学生要注重结合国家发展实际，处理好集体利益和个人利益的关系，树立和践行正确的思想道德观念，端正自身对高校思想政治理论课教学改革创新的看法，主动参与高校思想政治理论课教学改革创新。

在市场经济为主导的现代社会，社会运作以市场资源配置为特征，注重利益的获取，人们正确思想观念的形成受到不利影响。一方面，社会主义核心价值体系影响力受到冲击。市场化的现代社会，人们更多的是追求自我价值的实现，更多的是从自我出发去思考问题，从社会集体的角度去看待问题的相对较少。另一方面，集体道德观念减弱。市场化的现代社会，宣扬的是个人自我价值，更多的是强调自我的利益与权利。现代社会中，集体道德观念日益淡薄。在现代化进程这样的境域下，社会更多的是注重利益性，对生活中事物的评判更多是立足自我利益的获取和自我价值实现的程度。在这样的社会境域下，大学生理性认知的形成受到不小挑战。社会主义集体主义是高校思想政治理论课需要培养大学生树立的正确价值观。

在市场经济环境下，个人利益逐渐凸显，市场经济与个人利益存在着一种内在的联系。社会主义市场经济背景下，市场经济中的竞争以个人利益为驱动力，个人利益的实现与否以及实现程度如何，也将通过市场竞争得以体现。在市场经济这种环境下，大学生要考虑的问题是如何增强自己在学校和未来在社会上的竞争力，更多地会注重自身的专业能力而忽视内在的精神素养和综合素养，缺乏对他人、对社会的责任感。在面对问题的时候，大学生更多的是立足自身利益而缺少立足国家、集体利益。利益市场化影响了大学生理性认知的形成，对大学生正确思想观念的形成产生了挑战。这使得高校思想政治理论课一直倡导的马克思主义世界观、人生观、价值观和社会主义的道德观等正确观念受到极大的挑战。高校思想政治理论课需要在教育教学改革的过程中引导大学生培育、践行社会主义核心价值观，引导大学生解放思想、更新观念，以一种良好的心态，在学习中成长和发展。

### 三、价值多元化对高校思想政治理论课教学改革创新带来挑战

当今时代，是各种思潮相互交织的时代，是价值多元化的时代。价值多元化是当今时代发展的特点，具有必然性和客观性。英国哲学家约翰·洛克指出："由于真理只有一个，通往天堂的路只有一条，而每一个宗教信仰对自身而言都是真的和正统的，所以别的宗教就都是假的和异端。这里存在着不可克服的矛盾，唯一的办法就是宽容。"约翰·洛克指出了价值多元的协调功能，指出了在不同宗教信仰并存的前提下，只有通过价值多元的方式才能得以协调。以赛亚·伯林认为："自由的根本意义是摆脱枷锁、囚禁与他人奴役的自由。其余的意义都是这个意义的扩展或某种隐喻。为自由奋斗就是试图清除障碍；为个人自由而奋斗就是试图抑制那些人的干涉、剥削、奴役，他们的目标是他们自己的，而不是被干涉者的。"以赛亚·伯林指出了自由的意义所在，指出了人们对于自由的追求。英国哲学家、心理学家约翰·密尔也指出："唯一名副其实的自由，就是只要我们不试图剥夺他人的这种自由，不妨碍他们获得这种自由的努力，就可以按照我们自己的方式追求我们自身利益的自由。无论是身体的健康，还是智力和精神的健康，每个人是其自身健康的恰当保卫者。人们如果容忍各自按照自己认为是好的方式去生活，那要比强迫每人都按照其余的人们认为是好的方式去生活，所获更大。"约翰·密尔指出了自由的意义以及取得自由的合理方式。可见，以赛亚·伯林和约翰·密尔都从自由的角度对于价值多元进行了阐释，指出了价值多元的现实性和

客观性。在现代社会中，价值多元是客观存在的事实，是当今多元社会的客观而普遍的现象。生活于新时代社会中的人们，其价值观念的形成越来越多元化。

社会上各种思潮并存，人们的思想观念具有多样性，价值多元化是当今时代的特点。当今社会，西方国家的各种思想存在于社会当中，社会思想呈现出价值多元的现实特点。新时代大学生生活的时代是价值多元化的时代，各种价值观念交织并存，各种思想交流碰撞，这对高校思想政治理论课教学改革创新带来了挑战。

### （一）价值多元化的现实剖析

#### 1.价值多元化的现实特征

当今时代，是价值多元化的时代。生活于价值多元化时代下的人们，其思想观念具有多元的现实特征。马克思、恩格斯指出："生产的不断变革，一切社会状况不停地动荡，永远的不安定和变动，这就是资产阶级时代不同于过去一切时代的地方。一切固定的僵化的关系以及与之相适应的素被尊崇的观念和见解都被消除了，一切新形成的关系等不到固定下来就陈旧了。一切等级的和固定的东西都烟消云散了，一切神圣的东西都被亵渎了。人们终于不得不用冷静的眼光来看他们的生活地位、他们的相互关系。"随着社会生产的发展，社会关系也不断变化发展，人们的价值观念表现出多元化。社会存在决定社会意识，随着社会的变化发展，人与人之间关系发生变化，集体关系越来越弱化。加拿大哲学家查尔斯·泰勒指出："一个分裂的社会是一个其成员越来越难以将自己与作为一个共同体的政治社会关联起来的社会。这种认同之缺乏可能反映了一种个人利益至上主义的观念，而依此观念，人们终将纯粹工具性地看待社会。"在现代社会中，人们越来越多的是强调自我利益的实现，人们的思想更加趋于自我化和去传统化，人们间的集体关系越来越弱化，人们的价值观念也呈现出价值多元的特点，主要表现为以下两个方面：第一，集体观念越来越淡漠化。在现代社会中，人们的集体观念比较弱，对于集体的思考比较少，更多的是关注自我，强调个体与自我，更多的人把个体放在首位。第二，人际关系越来越个体化。现代社会，社会个体成员与组织的关系日益分化，个体成员与组织的关系不再像传统社会一样紧密，个体与外部社会体系之间越发分离，人与人之间更强调个体化。

#### 2.价值多元的产生原因

价值多元化是现代社会发展的现实特点，其形成有着多方面的原因，具体表现为以下两个方面：第一，现代社会中身份的多元导致了价值的多元。经济全球化的时代，人们作为公民的身份也出现了多重现象，双重国籍或是多重国籍的公民不在少数，人们拥有多元的身份。英国著名学者马歇尔指出："今天的公民已被

'剥夺了公民权'。"全球化时代下的人们，具有了世界公民、国家公民、地区公民、联邦组织公民等多重身份，不同的身份使得人们具有多重的角色定位。而生活在现代社会中的人们，他们的思想、价值观念都是基于利益尤其是自身利益来考虑而形成的。由于多元的身份，人们思考问题的立足点也基于不同的身份具有多元化，不同的身份有不同的利益追求，呈现利益多元的特点。当今利益多元的时代下，利益的多元引发了价值的多元，人们的价值观念也更加多元化。

第二，现代社会的分化导致了价值的多元。价值多元化是现代社会分化的结果。在全球化的当今时代，社会越来越分化，各种跨国组织普遍存在，而且各种跨国组织的数量越来越多，国与国之间的联系越来越紧密，在各个领域的相互接触越来越多。德国哲学家尼采指出："人们受传统的约束越小，他们的种种内在动机也就越发蠢蠢欲动，因此他们的外在的骚动不安、他们相互间的交往和融合以及他们的种种努力的多重影响也就日益增强。"全球化时代下各国间的联系与竞争给人们价值观念的形成提供了多元的参考依据，人们的思想观念也受到价值多元的影响。随着社会的分化，人们的价值观念更加多元化。德国著名社会学家马克斯·韦伯在关于社会的研究中指出："所有这些领域均可按照完全不同的终极价值和目的取向来加以理性化。"在传统社会不断发展的情况下，现代社会呈现的是社会越来越分化，社会价值越发多元化的现象。可见，随着现代社会中人们身份的多元与社会的不断分化，人们价值观念也体现了多元化的特点。

**（二）价值多元化与高校思想政治理论课教学改革创新**

价值多元化的社会对大学生价值观念的形成产生了较大的影响，这对高校思想政治理论课教学改革创新的进行形成了挑战。高校开展思想政治理论课教学改革创新，要结合大学生思想特点来进行，教育引导大学生树立正确的思想道德观念。

价值多元化影响着当代大学生的理性认知，高校思想政治理论课教学改革创新是立足提升大学生思想道德观念的改革创新。价值多元化带来的负面影响使得高校在开展思想政治理论课教学改革创新的过程中面临挑战。一方面，价值多元化容易导致大学生对党和国家相关政策产生认同差异。价值多元化使得大学生思考问题的立场具有多元性，对于国家各项事业的评价标准具有多样性，容易产生对于党和国家相关政策的认同差异。大学生作为社会个体，有着不同的个体利益需求，在多元价值观念的引领下，对于党和国家各项事业的成就评判各异，对于党和国家各项政策的认可程度不一。大学生作为社会个体，其利益需求具有广泛性和多元性，思想上容易受到多元价值观念的影响。同时，在对事物进行选择评判的过程中，处在价值多元化的现代社会，大学生接触着各种思维观念，接触到社会上的各种观点看法，在面对各国、各地区、各领域的不同发展情况时，大学生在评判的过程中容易受社会上多元思想观念的影响而产生不科学的片面评判，容易把国内情况与西方国家某些方面进行不科学的对比，从而产生片面将其他国家发展成就作为评判本国国内改革成效的标准的情况。这样的不科学评判不利于大学生正确思想道德观念的生成。

另一方面，马克思主义的理论和信仰受到价值多元化的挑战。高校思想政治理论课的理论教育功能和思想政治教育功能就在于教育引导大学生掌握马克思主义的理论和思想，确定马克思主义理想信念。而改革开放以来，我国社会利益关系呈现出一些新特点，比如，利益主体多元化、利益差距扩大化等。在我国改革开放新时期，经济、社会及阶层结构、利益群体都产生不小的变化，多层次的利益主体有着不同的利益诉求，社会思潮呈现多元、多变的特点，各种价值观念交织并存于现实中。与此同时，随着经济全球化和信息化的发展，加上国家间交往的日益频繁，国际社会上各种社会思潮比如，拜金主义、个人主义等也涌入我国并影响着人们价值观念的形成。马克思指出："如果从观念上来考察，那么一定的意识形式的解体足以使整个时代覆亡。"美国学者道格拉斯·诺斯也指出："意识形态是种节约机制，通过它，人们认识了他们所处环境，并被一种'世界观'导引，从而使决策过程简单明了。"可见，意识形态具有十分重大的作用，要重视对大学生进行主流意识形态的教育引导。

随着改革开放的深入、现代科技的普及，高校在地理空间、信息交流、文化传播等方面与社会各界的联系都更加紧密。高校是社会变革、政治思想、学术思潮的集散地，是各种信息的密集地，也是发展科学文化的重要园地。信息来源的日益广泛，极大地拓展了大学生的视野。价值多元化给高校思想政治理论课教学改革创新带来了挑战。高校思想政治理论课教学改革创新要审视价值多元的必然性和客观性，采取适合有效的措施来进行改革创新。当然，在价值多元化的社会中，高校思想政治理论课教学改革创新的有效进行，需要党和国家提供经济、政治等各方面的条件，提供得以开展的平台。

## 四、信息化网络化对高校思想政治理论课教学改革创新带来挑战

信息化时代，大众传播媒体作为媒介工具在人们的生活中发挥重要作用，具有重要的地位，对人们的日常生活产生深入的影响。作为思想政治理论课教学的重要媒介，对信息化时代下大众传播媒体的作用进行审视，是考量高校思想政治理论课教学改革创新问题不可缺少的方面。信息化时代，除了传统的传播媒体，更有微信、微博、多媒体网络等新媒体，信息化时代下的这些大众传播媒体都深刻地影响人们的日常生活，影响人们思想的形成。

### (一) 大众传媒的特点与作用

**1.大众传媒的鲜明特点**

大众传媒作为一种传播媒介，既具有一般媒介工具的特点，也具有自身特殊功能性特点，具体包括以下三个方面：

第一，大众传媒具有广泛性。在大众传媒体信息传播的过程中，广泛性体现在其影响范围、影响内容、影响手段等方面。"媒体便利跨越时空的互动、影响各人用来代理他人的方式、影响个人对他人作出回应的方式以及影响个人在接收过程中行动和互动的方式。"大众传媒影响着人们生活的方方面面，深入到社会大众当中，生活于现代社会的人们均深受影响。大众传媒影响范围大，涉及面广，具有广泛性。

第二，大众传媒具有迅速性。随着技术水平的不断提高，在科技发达的现代社会，大众传媒的信息传播很迅速，各种信息都能很快被传达。在大众传媒信息传播的过程中，迅速是其最突出的特点。信息传播的快速和信息传播的及时是新时代媒体的重要特点。信息传播的过程中，大众传媒快速地将各种信息向生活在世界各地的人们进行传播，使人们能够第一时间接触和了解信息。

第三，大众传媒具有引导性。大众传媒的引导性，既包括政治的引导也包括文化的引导。一方面，大众传媒具有政治引导性。大众传媒在信息传播的过程中会为社会主导阶级所控制，运行过程中会与政治相连，具有社会意识倾向性。大众传媒具有导向性的特点，起到导向的作用，在信息传播的过程中，往往隐含着某种政治倾向、价值导向，会对社会成员的思想产生引导作用，影响社会成员思想观念的形成。另一方面，大众传媒具有文化引导性。大众传媒在各种信息传播的过程中会产生文化影响，对人们思维方式、价值观念的形成等方面都产生影响。大众传媒在信息传播的过程会形成一种信息文化氛围，通过各种信息的传达和各种形象的展现，赋予了文化的信息，影响着人们价值观点、思想观念的形成。

**2.大众传媒的重要作用**

大众传媒作为一种信息传播中介对于信息的传播起到重要的作用，在不同时期，以不同的形式对人们的生活、学习、工作等方面产生影响。特别是在信息化网络化的现代社会，网络媒体已经成为现代人们生活不可缺少的一部分，其信息传播影响力远远高于传统媒介。现代网络媒体、手机等媒介的普及，微信、微博、QQ等平台的运用，无时不在，无处不有，渗透人们生活的方方面面。美国学者凯尔纳指出，"媒介文化"的广泛使用，"意味着我们的文化是一种媒体文化，说明媒体已经拓殖了文化，表明媒体是文化的发行和散播的基本载体，揭示了大众传播的媒体已经排挤掉了诸如书籍或口语等这样旧的文化模式，证明我们是生活在一个由媒体主宰了休闲和文化的世界里。因而，媒体文化是新时代社会中的文化的主导性形式和场所"。当今时代是信息化的时代,大众传媒对个人和社会都会产生诸多影响。同时,大众传媒作为一种公共管理的重要媒介,是人们接收和反馈信息的重要载体,在政治调控、舆论导向等方面起到了重要作用。

**(二) 信息时代化与高校思想政治理论课教学改革创新**

在信息化时代的社会中,作为社会民众的重要成员,大学生的生活受到大众传媒的影响,大学生价值观念的形成也受到大众传媒深刻制约。信息化时代,大众传媒作为信息传播的媒介,对高校思想政治理论课教学改革创新带来了挑战。新时代大学生要注重合理利用大众传媒这一工具,发挥大众传媒的优势,端正自身的看法,科学看待思想政治理论课教学改革创新,积极主动参与改革创新,树立和践行正确的思想道德观念。

信息时代的大众传媒使得大学生思想容易受各种思潮影响而波动不定,影响其正确思想观念的形成,影响其对高校思想政治理论课教学改革创新的认可与参与。"在全球互联网时代,网络信息中的政治文化渗透不断冲击着青少年的世界观和人生观。青少年鉴别'精华'和'糟粕'的思维能力尚未完全成熟,思想观念正处于可塑期。他们深受全球网络传媒的影响,同时又受到不同社会群体或种族文化思想的影响。"一方面,大众传媒的工具性特点不利于大学生理性认知的形成。信息时代的大众传媒更多的是体现其工具性的一面,引导大学生形成理性认知的作用则相对较弱。大众传媒作为一种传播工具具有商业化倾向的特点,有时候还存在低俗化取向等情况,这些都对大学生正确思想认知的形成产生不利影响。另一方面,大众传媒传播的迅速性与多渠道性等特点影响大学生正确认知。大众传媒具有传播速度快、传播渠道广泛等特点。在市场经济条件下,大众传媒更多的是去满足社会大众多样多变的各种需求,传递易变、流动的信息,一些传播媒介在主流价值引导的关注度方面存在不足。"在廉价的纸张、印刷、普及识字、交流便捷的时代,会出现各种意识形态,争取我们的认同。创造和宣传这些意识形态的,往往是一些比民族主义预言家们有更高的文化水平和宣传才能的人。"

在商业化市场化时代,大众传媒更多的是关注各种新奇信息,有些网络媒体缺少对主流信息的传播,这对大学生的思想观念教育引导产生冲击,不利于对大学生树立践行正确思想道德观念教育引导的开展。同时,大众传媒的低俗化取向也影响大学生的价值判断,影响大学生正确思想道德观念的形成。另外,大众传媒信息传播迅速、便利的特点也为不法分子开展反面引导提供了条件。社会上一些不法分子通过利用大众传媒来传播一些不正确的信息、不正确的价值理念,这些都不利于大学生正确思想观念的形成。在信息化时代,一些负面信息会通过大众传媒的传播充斥大学生的思想,从而影响大学生的科学认识,影响大学生正确思想道德观念的形成。另外，大众传媒的运作使得信息传播无边界，全球信息呈现共享性，使得大学生容易接触到来自国内、国际等各方面的信息。信息化时代，各种社会思潮充斥于人们的生活当中，大学生也受到来自社会上各种信息的影响，大学生正确思想观念的形成存在一定难度。

基于以上信息时代的特点，高校思想政治理论课教学在改革创新过程中，对于大学生正确思想观念的教育培养面临的挑战表现为：其一，社会主义核心价值体系的培育与践行受到挑战。富强、民主、文明、和谐，自由、平等、公正、法治，爱国、敬业、诚信、友善是我们倡导的社会主义核心价值观。构建社会主义核心价值体系，是社会主义意识形态的本质体现，决定着中国特色社会主义的发展方向。高校思想政治理论课正是通过对大学生进行系统的马克思主义理论教育，帮助和引导大学生坚持社会主义核心价值体系、培育和践行社会主义核心价值观。而在信息化的时代，不同的意识形态交织，爱国主义精神受到全球意识的挑战，社会主义文化受到西方文化侵蚀。随着经济全球化的深入发展，国与国之间的联系越来越紧密，超越国家和民族界限的全球性问题日益突出。西方国家也借此大力宣扬西方的各种思想。美国学者罗伯特·莱克指出："我们正在经历一场变革，这场变革将重新安排即将到来的世界经济和政治——每一个国家的基本政治使命将是应付全球经济的离心力，这种力量正在拆散把公民联系在一起的纽带。"而美国历来都宣扬自己的价值观，力图渗透到各国中去，这使得高校思想政治理论课作用的充分发挥受到了挑战。

其二，我国文化的传承受到挑战。全球化的进程，也是各国文化交锋、交融的过程。作为传承、创新文化的重要场所，高校有着推动文化发展的优势。高校思想政治理论课教学的重要任务就在于致力于民族文化的发展，增强民族凝聚力，培养大学生高度的文化自觉和文化自信，增强大学生对我国优秀文化的认同感。学者冯友兰指出："西洋文化之所以是优越底，并不是因为它是西洋底，而是因为它是近代或现代底。我们近百年来之所以到处吃亏，并不是因为我们的文化是中国底，而是因为我们的文化是中古底。"对待中西方文化，我们既要吸收西方优秀文化成果，又要继承和弘扬中华民族优秀传统文化，尊重文化在思想政治理论课教学中的地位，要引导教育大学生树立一种开放的文化心态和全球性的文化意识，自觉把民族意识与全球意识结合起来，把民族精神和时代精神统一起来，提高大学生文化创新的能力。

在全球竞争中，实现中华民族伟大复兴一直是我们的目标。信息化时代，网络综合了报纸、广播、电视、图书等媒体的优势，汇集了世界各国的政治、经济、科技、文化等各方面的信息，这些信息都容易被大学生在日常学习生活中所接触，大学生能随时随地获知各种信息。针对大学生中出现的国家意识淡薄、否定民族文化价值等现象，高校思想政治理论课教学改革创新要注重培育大学生的民族自尊心、自信心和自豪感，培养大学生树立为祖国的繁荣昌盛不懈奋斗的决心和使命感。

### 五、大学生成长的新变化对高校思想政治理论课教学改革创新带来挑战

当代大学生所生活的时代，是"百年未有之大变局"的新时代。作为充满年轻活力的新一代，其生活环境和思想特点都有了新变化。大学生成长的新变化和新特点，既给高校思想政治理论课教学方法带来了新机遇，又给思想政治理论课教学改革创新提出了新挑战。大学生在建设中国特色社会主义和实现中华民族伟大复兴中国梦过程中发挥着重要作用。教育引导大学生树立正确的思想道德观念，对他们进行理想信念教育具有重要性和必要性。

#### （一）大学生成长的新变化

1.成长环境的变化

新时代大学生成长环境具有新特点。当前国际国内形势正发生深刻变化，生活于新时代的大学生，其理想信念的坚定树立受到了严峻的挑战。新时代是经济全球化、价值多元化、信息化、网络化的时代，大学生的思想关注点日趋宽泛，思想文化需求日趋多样。同时，网络已成为大学生获取信息的重要途径，社会上各种社会思潮交织并存并影响着大学生的思想，一些不法分子甚至煽动大学生反对中国共产党的领导，这都对大学生正确思想的形成产生不利影响。

第一，网络新媒体环境。当今时代是信息化、网络化时代，网络新媒体的出现成为人们接收、传播、获取知识和信息的重要途径。互联网具有覆盖范围广、使用方便快捷、时空限制小等特点，迅速成为人们首选的社交手段和信息获取渠道。与此同时，由于互联网信息传播规模大、速度快、来源多，各种各样的网络信息充斥人们的视野。生活在当今时代的大学生也深受互联网影响，学习生活过程中离不开对网络新媒体的依赖，这都对高校思想政治理论课教学形成了挑战。一方面，大学生获取信息的渠道大大拓展。作为年轻一代，大学生更热衷接受新事物，更容易接受网络新媒体，在生活学习过程中，对于网络新媒体的使用频率更高。微信、微博、QQ以及各种网络社交软件已经成为当前大学生学习生活中必不可少的社交手段和信息获取工具。另一方面，大学生甄别信息的能力有待提升。大学生是年轻的一代，身心并没有完全成熟，由于社会经验不足、评判标准不全面等原因，导致他们信息辨别力有限，在信息的甄别过程中容易受到一些不良思想影响。对于社会热点、敏感问题以及党和国家的大政方针，网络上会出现造谣者捏造、歪曲事实，制造网络谣言的情况，甚至发表不当言论，这都对大学生正

确认识社会问题产生负面影响。

第二，多元文化环境。当今时代是价值多元化的时代，世界范围内各种思想文化交流交融交锋更加频繁。思想政治理论课如何发挥正能量，增强对重大理论和现实问题的阐释力，在多元中确立主导，都是面对多元文化环境所必须考虑的问题。多元文化环境有利也有弊，一方面，多元文化环境有利于各国文化的相互借鉴，增强对世界各国文化的学习；另一方面，多元文化环境下国外各种社会思潮都相互交织，在优秀文化涌入我国的同时腐朽文化也随着涌入。多元文化环境使得西方资产阶级腐朽文化渗入我国，有些甚至污蔑我国优秀传统文化，诋毁我国社会制度，这对我国主流文化和主流意识形态带来了不同程度的冲击，影响大学生思想认识，不利于高校对大学生思想政治教育的开展。多元文化环境下，大学生更加具有独立意识、自我意识，在知识学习上更加注重主观能动性的发挥，而不倾向于被动接受理论知识传授。同时，由于受多元文化生态的负面影响，大学生对我国主流文化和主流意识形态情感上的认同度会减弱。

2.身心特点的变化

新时代的大学生作为年轻的一代，具有身心新特点，这对高校思想政治理论课教学改革创新提出了挑战。新时代，社会环境更加复杂，时代发展带来了很多新问题新情况。当代大学生处于变化发展的新时代，更处于人生成长的关键期，具有鲜明的身心特点。一方面，大学生具有自我意识强烈、灵活性创造性强、情感丰富等优点；另一方面，大学生又存在易受影响、经验不足、认识问题不全面等不足。当代大学生在面对问题的时候倾向于独立思考，不乐于接受他人的理论说教。而随着高等教育大众化进程的加快，当前高校的大学生群体规模日益扩大，大学生数量多、来源广，大学生群体的思想政治观念越来越多样。大学生身心特点新变化具体表现为：

第一，思想多元且易受影响。由于生活在当代社会，大学生通过互联网接收到来自四面八方的信息，受各国社会思潮所影响。作为年轻一代，大学生正处于身心发展关键期，思想更加前卫更加时代化，受信息多元的社会所影响思想也呈现多元化。我国的优秀传统文化和西方国家的思想文化都对大学生的思想产生影响。当代大学生具有好奇心大、易于接受新事物等特点，同时大学生的接受能力和学习能力都较强，但由于社会阅历和生活经验的不足等原因，大学生的思想容易受影响，对于事物的接受程度也不尽相同。在当前价值多元化的时代，大学生容易受到不良思潮或网络不良思想影响，对于错误的思潮难以做出正确的判断，对于正确思想难以做出抉择，有的甚至存在对党和国家相关方针政策的认同危机。因此高校思想政治理论课教学改革创新要重视加强对大学生的思想引导。

第二，追求发展却缺乏动力。自新中国成立以来特别是改革开放以来，我国经济、政治、文化、社会等各方面都取得了较大的发展。生活在新时代的大学生，一直享受着生活的美好。当前大多数大学生，更多注重自我实现，注重追求自身的全面发展。但由于当代大学生生活经验不足、抗挫能力不强，在追求自身发展的同时又缺乏奋斗的动力。有些大学生自尊心强但意志薄弱，心理承受能力、抗压能力、耐挫能力不强，踏实努力的劲头不足，碰到困难的时候容易退缩。另外，由于当前社会是市场经济的社会，有些大学生容易受社会环境所影响而出现急功近利、追求眼前利益等情况，没有踏实求学的心态，难以静下心去好好学习，更没有为国家为社会的使命担当意识。

### （二）大学生成长的新变化与高校思想政治理论课教学改革创新

当代大学生是高校思想政治理论课教学的对象，其成长的新变化对高校思想政治理论课教学改革创新带来了挑战。

一方面，大学生所处环境的新变化给高校思想政治理论课教学改革创新带来了挑战。网络化的时代，大学生可以通过网络新媒体获得很多知识和信息，包括思想政治理论课相关知识。大学生对于知识的获取不再依赖思想政治理论课教学的传授。而网络上一些错误思潮或不当言论对大学生正确认识问题产生负面影响，影响了大学生对思想政治理论课课程内容的认可。同时，多元文化环境影响大学生思想认识，不利于高校对大学生思想政治教育的开展。由于受多元文化生态的负面影响，大学生对我国主流文化和主流意识形态情感上的认同度会减弱。大学生对于高校思想政治理论课的学习兴趣会减弱，对高校思想政治理论课课程内容认可度会降低，学习的积极性主动性不足，这些都对高校思想政治理论课教学改革创新产生冲击。高校思想政治理论课教师只有关注学生需求、改进教学方法、提高课堂吸引力，才能提高大学生课堂学习的兴趣，才能提升教学成效。

另一方面，新时代大学生作为年轻的一代具有自身身心新特点，呈现出思想多元且易受影响、追求发展却缺乏动力等特点，这对高校思想政治理论课教学改革创新提出了挑战。高校思想政治理论课是传播马克思主义理论的核心课程，马克思主义理论涉及诸多学科和领域，具有丰富的知识内容。

而与此同时，当代大学生存在理论知识储备和认知能力不足、对思想政治理论课重视度不足等情况，这对于高校思想政治理论课教学改革创新提出了更高要求。高校要针对大学生成长的新变化有针对性地进行教学改革创新，才能切实取得教学改革创新成效。

高校思想政治理论课教育教学方法的改革，要密切联系国内外形势的发展变化，更要紧密联系当代大学生的思想实际、心理状况、成长特点和生活实践，关注当代大学生的需求，了解当代大学生的特点，帮助大学生解决思想困惑，提高思想认识，正确处理生活中可能遇到的矛盾和问题。只有深入了解大学生的思想实际、心理状况和生活实际，思想政治理论课的教学才有针对性和说服力。高校要用新视野和新思路来推进思想政治教育教学改革，正确认识和处理高校思想政治理论课教学与当代大学生成长发展的关系，应对各种现实挑战，才能取得新的进展和成效。

## 第三节　新时代高校思想政治理论课教学改革创新的重要意义

### 一、有利于稳定社会主义意识形态局势

高校思想政治理论课教学改革创新有利于应对时代变化提出的挑战和问题，关乎社会主义意识形态大局的稳定。高校思想政治理论课教学改革创新，是坚持以马克思主义理论为指导的改革创新，是旨在提高高校思想政治理论课教学成效的改革创新，是立足于完成"立德树人"教育目标的改革创新，致力于提升马克思主义理论教育的针对性与实效性，提升中国特色社会主义话语体系的解释力和传播力，捍卫社会主义主流意识形态阵地，关乎社会主义意识形态大局的稳固。

当今时代，社会主义主流意识形态面临着各种挑战：多元社会思潮交织并存的现实使得马克思主义指导思想面临挑战，市场经济的背景下社会主义核心价值观面临挑战，网络信息化的形势下传统教育方式面临挑战，这些都是高校思想政治理论课教学必须面对和思考的问题。高校思想政治理论课教学改革创新坚持以马克思主义为指导，针对大学生进行马克思主义的理论教育与思想武装，培养大学生正确的理想信念，通过思想政治理论课教学来帮助大学生正确认识当代中国、客观看待外部世界，坚定社会主义理想信念，树立正确的人生观、世界观、价值观。高校思想政治理论课作为推动社会主义主流意识形态的理论发展、话语传播和思想传导的实践活动，是通过教学、科研等途径对大学生开展思想道德观念培养的系统教育。高校思想政治理论课教育主要是通过思想政治理论课教师对大学生教育的开展来促进大学生的思想成熟、理性发展和集体的精神成长，按照党和国家的要求培养大学生，树立坚定的理想信念，教育引导大学生树立并践行正确的思想道德观念，为社会主义现代化建设事业而奋斗。同时，作为社会上年轻的一代，高校大学生在通过系统的理论学习并将所学理论知识进行内化的基础上，通过实践将所学外化于行，学以致用，对社会其他人员思想发展发挥榜样引领作用，这些都有利于巩固国家主流意识形态的安全与稳定。

第一，高校思想政治理论课教学改革创新有利于加强对马列主义、毛泽东思想、中国特色社会主义理论体系、习近平新时代中国特色社会主义思想的宣传和

教育，稳固社会主义意识形态教育。高校思想政治理论课对大学生进行系统的马克思主义理论教育，是对大学生进行思想政治教育的主渠道。高校思想政治理论课作为宣传马克思主义相关理论的重要课程，其教学改革创新会进一步提升思想政治理论课教学的实效性，会促进马克思主义相关理论知识的宣传和教育。我国作为社会主义国家，马克思主义历来是中国共产党的根本指导思想，是指导全党全国为实现共产主义远大理想而奋斗的方向标。毛泽东思想、中国特色社会主义理论体系、习近平新时代中国特色社会主义思想是马克思主义中国化的理论成果，是党的历届领导人将马克思主义基本原理与中国国情相结合的智慧结晶和理论成果，对于我国社会主义伟大事业的建设起到了十分重要的指导作用，是全党全国人民都要坚持的正确的指导思想。高校思想政治理论课教学改革创新有利于充分发挥思想政治理论课的作用，有利于加强对大学生进行马克思列宁主义、毛泽东思想、邓小平理论、"三个代表"重要思想和科学发展观、习近平新时代中国特色社会主义思想等正确理论的教育引导，对于加强社会主义主流意识形态教育起到促进作用。

第二，高校思想政治理论课教学改革创新有利于加强对我国社会主义先进文化的宣传与教育，坚定社会主义主流文化传承。文化作为一种软实力具有凝聚民族、团结大众的重要作用，是凝心聚力的重要源泉，对于增强综合国力竞争力、促进经济社会发展起到十分重要的作用。文化建设是我国"五位一体"总体布局的重要组成部分，是社会主义伟大建设事业的重要环节。社会主义先进文化对于丰富人民精神世界、团结人民共同奋斗起到积极的引领作用。我们必须坚持中国特色社会主义文化发展道路，努力建设社会主义文化强国。

当今时代是世界多极化、经济全球化的时代，各种思想文化相互交锋，西方对我国"西化""分化"等图谋不断在推进，各种"历史虚无主义""非马克思主义""反马克思主义"思潮涌入我国，对传承发展我国社会主义先进文化提出了挑战。与此同时，我国当前处于深化改革开放的攻坚时期，文化领域也发生了广泛而深刻的变革，各种矛盾问题也层出不穷。比如，出现道德失范、诚信缺失、人生观、价值观扭曲等现象。新时代对人们加强马克思主义相关理论教育，加强社会主义核心价值体系引领显得尤为必要。高校思想政治理论课作为学习、宣传社会主义核心价值体系的重要阵地，对于批判和抵制各种非马克思主义、反马克思主义思潮起到重要的作用。高校思想政治理论课作用的发挥，有利于坚持和发展马克思主义，弘扬社会主义先进文化。高校思想政治理论课教学改革创新，有利于加强对大学生的马克思主义理论教育、思想品德教育，用马克思主义中国化最新成果武装教育大学生，有利于更好地推进社会主义核心价值体系建设，指导大学生坚定社会主义文化自信，指导大学生沿着社会主义正确道路不断提升自我，为社会主义伟大建设事业而奋斗。

高校思想政治理论课教学改革创新在于不断改革和创新高校思想政治理论课教学方法，在开展马克思主义理论、党的基本理论、基本路线和方针政策、党和国家发展历史、基本国情和形势与政策等方面教育的时候，要做到理论联系实际，结合学生需求来开展，不断提高高等学校思想政治理论课教育教学的针对性和实效性。

## 二、有利于加强高校思想政治理论课课程学科建设

高校思想政治理论课是高校思想政治教育的重要组成部分。新时代，高校思想政治理论课要不断改革创新才能适应时代的发展需要。高校思想政治理论课教学改革创新，是针对高校思想政治理论课教学的改革创新，加强高校思想政治理论课建设是题中应有之义。高校思想政治理论课教学改革创新的过程中，在突出高校思想政治理论课内容的政治性、思想性的同时，更加注重其科学性、学术性，并集中体现为马克思主义理论发展与运用的统一，课堂理论教学与社会实践教育的统一，等等。

第一，高校思想政治理论课教学改革创新有利于明确高校思想政治理论课发展建设方向。新时代高校思想政治理论课教学改革创新主要是提倡高校思想政治理论课内涵式发展，强调的是思想政治理论课教学质量发展与教学规模扩展的有机统一，有利于推进高校思想政治理论课质量化与集约化发展。新时代高校思想政治理论课教学改革创新立足思想政治理论课课程本身，围绕思想政治理论课课程建设与发展中的现实问题，坚持以内因动力为主、外因动力为辅，坚持形式改革服务于理论教育的需要，大力调动教师与学生的积极性、主动性和创造性，有利于推进高校思想政治理论课建设的针对性与发展的可持续性。新时代高校思想政治理论课教学改革创新的过程中，注重的是高校思想政治理论课内涵式发展，坚持质量与规模的协调发展，注重发挥课程内生动力的作用，注重统筹利用内外部资源形成课程建设合力，在推进课程质量化与可持续发展方面具有明显的优势，代表着新时代课程发展建设的新方向。

第二，高校思想政治理论课教学改革创新丰富和发展了课程建设理论。一方面，加强高校思想政治理论课课程发展规律研究。通过思想政治理论课教学的改革创新，关注课程发展过程中的现实问题，剖析思想政治理论课课程发展中规模增长与效果提升之间的理论难题，总结高校思想政治理论课的发展规律，提出课程发展的有效策略，丰富了高校思想政治理论课程建设的理论内容，推动了思想政治理论课课程建设理论的发展。另一方面，完善高校思想政治理论课教学体系。对高校思想政治理论课教学体系的研究有利于深化高校思想政治理论课的教育教

学改革，提高高校思想政治理论课的教学实效性。高校思想政治理论课教学改革创新，主要是通过改革高校思想政治理论课的教学内容、改进高校思想政治理论课的教学方法、改进高校思想政治理论课的教学评价手段等方面来进行，有利于规范高校思想政治理论课教学，完善高校思想政治理论课教学体系。

第三，高校思想政治理论课教学改革创新有利于推动马克思主义理论研究，推进党的思想理论建设和巩固马克思主义在高等教育中的指导地位，为加强高校思想政治理论课建设、培养思想政治教育工作队伍提供有力的学科支撑。高校思想政治理论课教学改革创新的进一步推进与深化，有助于不断总结学科发展经验，探索马克思主义理论学科发展的规律，努力建设一个研究对象明确、功能定位科学的马克思主义理论学科体系。高校思想政治理论课教学改革创新与高校思想政治理论课学科建设相辅相成、相互促进。

新时代是经济全球化、信息网络化的时代，当代大学生思想政治理论教育面临的形势也越来越严峻。高校思想政治理论课作为大学生思想政治理论教育的主要载体，其教学改革也需要不断深入。新时代高校思想政治理论课教学改革创新要在科学理论的指导下，按照一定的教学目标，充分利用当前的教学资源和教学载体，采取合适的教学形式，通过教学改革来提高教学质量与效果。高校思想政治理论课教学改革要结合国内外热点问题和大学生关注的社会焦点问题及思想实际，通过构建科学的高校思想政治理论课教学方法体系不断促进高校思想政治理论课课程建设、学科体系建设，增强高校思想政治理论课的说服力、感染力，提高思想政治理论课教学实效性，并推动整个马克思主义理论教育学科体系深入发展。

### 三、有利于促进新时代人才培养

高校思想政治理论课改革创新的目的就是提升高校思想政治理论课教学实效性，从而提升高校思想政治教育实效性，解决"培养什么人、怎样培养——人、为谁培养人"这一根本问题，培养大学生成为时代人才。"影响思想政治理论课教学效果的最主要的原因在于教学过程本身的原因，特别是教学内容、教学方法和教学手段方面的原因。"办好思想政治理论课，最根本的是要全面贯彻党的教育方针，党和国家历来都十分重视思想政治理论课的重要地位，不断强调办好思想政治理论课的重要性和必要性。办好思想政治理论课，"事关意识形态工作大局，事关中国特色社会主义事业后继有人，事关实现中华民族伟大复兴的中国梦，必须始终摆在突出位置，持之以恒、常抓不懈""思政课建设只能加强、不能削弱"。高校思想政治理论课改革创新对于"培养什么人、怎样培养人、为谁培养人"这一根本问题的解决具有重要的现实意义。

## 第三章 高校思想政治理论课教学改革创新的时代要求

新时代高校思想政治理论课教学的改革创新就是坚持以"立德树人"为根本任务，围绕"培养什么人、怎样培养人、为谁培养人"这一教育的根本问题而展开。其中，对于"培养什么人"的问题，高校思想政治理论课主要是培养担当民族复兴大任的时代新人、德智体美劳全面发展的社会主义建设者和接班人，是培养具备较高的科学文化素质和思想道德素质的时代新人；对于"为谁培养人"的问题，高校思想政治理论课是为党育人、为国育才；对于"怎样培养人"的问题，高校思想政治理论课教学改革注重对大学生的思想引导和塑造。当代大学生处于人生的"拔节孕穗期"，大学生的思想政治理论素养水平、在大学所接受的教育影响和熏陶，将会对其一生的发展产生至关重要的影响。大学生所习得的知识理论、思维方式和价值原则，决定着他面对人生选择、职业发展、社会问题和国家大事时，将以怎样的态度、方法和行动去面对、看待与解决。高校思想政治理论课是铸魂育人的"关键课程"，思想政治理论课教学的开展对大学生的世界观、人生观、价值观产生直接的作用和影响。高校思想政治理论课教学改革创新应注重发挥思想政治理论课教师先进思想文化传播者的作用，发挥思想政治理论课教师对大学生健康成长的指导作用，通过思想政治理论课教学对大学生进行思想引导、价值教育、情感熏陶和行为指导，引导大学生立志成才、服务社会、报效祖国，做社会主义的未来合格的建设者和接班人。高校思想政治理论课教学改革创新有利于促进高校思想政治教育实效性的提升。

第一，高校思想政治理论课教学改革创新有利于高校思想政治理论课教学规律研究。高校思想政治理论课是对大学生进行思想政治教育的主渠道主阵地，对于大学生成长成才起到重要作用。如何把握高校思想政治理论课教学规律，怎样通过思想政治理论课学习来让学生对马克思主义相关理论真学真用，如何让学生将所学的马克思主义立场观点方法用于分析和解决实际问题，都是高校思想政治理论课教学改革要面对并解决的问题。高校思想政治理论课教学改革创新，能够发现在开展思想政治理论课教学过程中存在的问题，在对问题深入剖析的基础上有利于准确地把握思想政治理论课教学规律，进一步加强和改进思想政治理论课教学思路和途径，提高大学生课程学习的积极性。

第二，高校思想政治理论课教学改革创新有利于加强和改进大学生思想政治教育，促进大学生健康成长成才。大学生是社会主义现代化建设事业的未来建设者和接班人，是祖国和人民的希望。同时，大学生作为年轻一代，其世界观、人生观、价值观形成处于关键时期。大学生的理想信念和精神信仰是否坚定关乎民族的希望和祖国的未来。当今存在一些大学生政治信仰缺失、诚信意识缺乏、心理素质低下、综合能力不足等问题。要解决大学生思想上的困惑、能力上的不足，需要加强高校思想政治理论课教育教学工作，改革创新高校思想政治理论课教学方法。一方面，高校思想政治理论课能够帮助大学生树立正确的世界观、人生观、价值观，通过高校思想政治理论课教学的改革创新，能提升高校思想政治理论课教学的吸引力，有利于解决大学生的思想困惑，提升他们的思想政治素质和其他综合能力素质，促进大学生成长为中国特色社会主义事业的合格建设者和可靠接班人。针对当前存在的高校思想政治理论课教学吸引力不足、学生积极性不高等问题，高校思想政治理论课教学改革要坚持学校教育、育人为本，德智体美、德育为先的原则，把握大学生思想政治教育的内在规律，不断提升思想政治理论课教学效果。另一方面，通过高校思想政治理论课教学改革创新，探讨适应中国特色社会主义事业发展和大学生需求教学模式，加强思想政治理论课教师队伍建设素质提升，积极调动大学生学习的积极性、主动性和创造性，有利于培养和造就大学生具备坚定的政治立场、良好的思想道德、健康的心理素质、优秀的业务能力，提升他们各方面综合素质，促进大学生全面发展。

# 第四章 高校思想政治教育的改革与创新策略

本章内容为大学生思政教育的改革与创新,主要从三个方面进行了介绍,分别为大学思政教育现状、大学生思政教育改革创新策略、大学生思政教育新型教学模式。

## 第一节 高校思想政治教育现状

### 一、全球环境方面

**(一)大学生爱国主义教育受到全球环境的影响**

当今社会信息化迅速发展,其中对人们生活影响最大的就是互联网的发展。互联网的蓬勃发展为人们提供了更多的信息资源,其中包含着大量的没有经过筛选的信息。一些不良的信息对人们产生潜移默化的影响,使得一些人无意识地卷入了享乐主义的大潮,在不知不觉中已经沦为了享乐主义的精神奴隶,他们生活的全部希望就是挣钱和花钱,只能在这个过程中寻求一种虚幻的满足感。在这浅薄的满足感的背后隐藏着很多消极的后果,如焦虑、不了解生命存在的意义等情况。全球一体化很容易让人们的主权意识变得模糊,使得国与国之间没有了明确的界限,并且极大地削减了人们对国家和民族的感情,这样将会极大地影响以民族和国家感情为基础的思政教育。经济全球化、政治全球化和文化全球化造成了人类面临的全球化问题已经愈演愈烈,比如,核武器的扩散、温室效应、贫富差距以及人们对本国的感情淡化,等等,这些都需要人们注重全人类的利益,从全人类的利益出发,要求人们在价值观方面不能墨守成规,要超越国界,思维方式也不能拘泥于一定范围,思考问题要从不同的角度出发。

由于不同的历史条件和环境的差异，造成在这些条件下产生的思政教育理论体系也存在很大的差异。这些理论特点由于文化背景的不同存在一定的差异性，各自都有特殊性，而且是符合人类的发展规律的。伴随着全球化的发展，大量外来文化涌入中国，一些国家利用产品的文化魅力吸引着我国的消费者，久而久之，一些人就对他们的价值观念不加选择地吸收。

那些表面上看上去轻松活泼的文化表象对我国的青少年的影响力是很大的，这些新鲜事物让他们觉得耳目一新，因此强烈地吸引着他们的眼球。全球化趋势的蔓延使得民族、地区间的界限变得越来越不明确，各种观念也变得日益模糊，观念上的改变导致他们的生活方式也逐渐发生了变化。全球化使得国家意识形态面临着危机，极大地影响了我国思政教育的地位。因此，研究如何应对意识形态边缘化的挑战是很有必要的，努力使大学生对思政教育更有兴趣，这项工作的进行已经迫在眉睫。

### （二）我国高校思政教育受到全球文化的影响

随着社会的不断发展，教育全球化、网络化已经成为一种必然趋势。全球的网络信息化普及创造了一个平台，为思政教育工作提供了新鲜的血液和一种崭新的传播载体。阿尔温·托夫勒（Alvin Toffler）曾经提到时代的文化霸权主义，就是指未来拥有互联网掌控权、信息发布权和英语语言文化等优势以达到各种目的的人们，他们才是真正拥有霸权的群体。当来自不同国家的文化相遇产生碰撞时，事实上最终的冲突结果不仅仅是表现在军事上或者是地域上的，还应该是文化上的。这样的结果通常表现在一种语言文字对另一种语言文字的吞噬，并且在意识形态领域得到体现。这种文化所造成的影响不仅仅是对中国而言的，也表现在对非英语国家的影响，存在着一定的威胁性。

## 二、教育环境方面

### （一）社会环境阻碍了思政教育的发展

从社会方面来看，一方面，改革开放的深入以及全球化趋势的不可逆转，致使众多西方资本主义所谓的自由、民主思想涌入我国，部分民众受其影响，言语和行为都表现出"国外月儿圆"的思想趋势。同时，改革开放的不断深入也造成了我国利益格局的嬗变。普通高等院校大学生的知识储备和思辨能力有限，受社会中西化思想的影响，对于西方的政治、文化和社会环境都充满了好奇和向往，表现出较为强烈的兴趣。除此之外，社会利益格局的变化也使得普通高等院校大学生的逐利性更强烈，在三观还未健全的阶段受到如此大环境的影响，使其对思政教育的内容产生疑惑，呈现出理想信念模糊的状态，严重妨碍了普通高等院校思政教育的顺利推进。另一方面，不良社会风气、道德失衡的现象和因素对思政教育提出了巨大挑战。随着社会的不断进步和发展，人们的思想也随之出现了潜移默化的改变，社会各方面因素的嬗变导致人们的思想问题也日益凸显，给思政教育带来了巨大阻力。社会中诸如此类的不良思想和行为，与普通高等院校所开展的思政教育内容形成鲜明的对比，普通高等院校大学生思想意识尚未成熟，这些不良思想和行为严重干扰了学生的认知，使学生对思政教育内容与现实情况产生矛盾心理，对思政教育内容和德育内容产生疑惑，给普通高等院校思政教育工作的开展带来阻碍。

### （二）校园环境影响了高校思政工作的推进

从校园方面来看，一些普通高等院校学生的学风以及学生工作的作风上存在影响思政教育的消极因素。近年来，部分大学生在学习中也表现了强烈的功利心，如部分普通高等院校学生为了获得评奖评优等荣誉称号，进行学术造假，给普通高等院校的学风造成了极大的负面影响。此外，学生干部工作作风也受功利主义、个人主义以及社会家庭环境的影响，某些学生干部出现趾高气扬的办事态度而缺乏服务意识，丢失了作为中国共产党党员和学生代表的理想信念，影响学生干部队伍整体建设，间接影响着普通高等院校思政教育工作的开展。

### （三）家庭环境影响了学生的思想

从家庭方面来看，一方面，学生的家庭成员的错误的政治站位和思想意识会直接冲击到学生的思想，对普通高等院校思政教育工作的顺利推进提出考验。这对普通高等院校思政教育而言无疑是巨大的挑战。另一方面，家庭成员的一些不当行为也会对大学生的思想产生影响。如家庭成员定期参加或举办一些封建迷信活动，让学生产生思政学习内容和生活现实极其矛盾的心理，极大地冲击着学生的思想，这对普通高等院校思政教育而言无疑是巨大的挑战。

## 三、教育观念方面

观念作为行动的先导，在不同的时代背景下所体现出来的内容不尽相同。新时代背景下，普通高等院校教育工作者在教育过程中所表现出来的传统的教育观念，相较于当代热衷于追求新颖事物的年轻一代，显得格格不入。

### （一）教学模式有待创新

大部分教师教学过程中的模式和方法依旧保留着传统教育观念，对于运用新媒体、网络教育等学生所热衷的时代化产物接受度相对较差，运用到教学过程中的成效微乎其微，无法物尽其用，充分发挥出教育的影响力。习近平总书记关于意识形态工作的重要论述所体现的科学观点和方法，是时代化背景下全党集体智慧的结晶，是在面对我国意识形态领域出现的新情况而做出的实事求是的正确思量和果断决策，正是因为内容充分体现了时代化元素，才能更具针对性地处理和应对我国意识形态的各种问题和挑战。当前普通高等院校思政理论课大多以"百人大课"的形式开展，教师无法关注到学生的个体思想需求，降低了普通高等院校思政教育的实效。因此，普通高等院校思政教育者应多从时代化教育以及新受众的思想行为特点入手，因材施教、实事求是地进行教学模式的创新思考。

### （二）师生关系有待改进

部分教师依然保持传统师生关系的旧观念，未能随时代的发展建立起新型的平等师生关系，在教学过程中以严肃的形象和话语威慑学生保持良好的课堂学习状态，学生有疑惑而不敢言，无法形成教育的良性互动。普通高等院校思政理论课内容本身枯燥，加之师生间互动交流太少，思政教育的亲和力和说服力得不到彰显，加深了学生对于思政教育枯燥刻板的印象。这也是影响思政教育成效的另一重要因素。

### （三）存在形式主义

在"课程思政"教育模式的切实贯彻过程中，部分普通高等院校存在形式主义的问题，教师在教育过程中未能将思政知识内容有机地融入专业课程中，存在思政教育与其他专业课仍然是两个独立部分的昔日窘况。

## 四、教育机制方面

健全且良好的机制是普通高等院校思政教育工作达到最佳成效的有效保障，可见健全的机制对于普通高等院校思政工作的重要意义。

### （一）课程机制有待完善

大多数大学生通过普通高等院校思政教育课堂接受思政知识，由此可见，普通高等院校思政理论课发挥了极大的教育影响。部分普通高等院校对于教材的更新和最新政策、最新会议精神传达不是很及时，这就造成了思政教育内容以及会议精神内容传达的延迟。作为思政教育的"主渠道"，普通高等院校思政理论课务必及时将马克思主义中国化的最新理论成果加入教材、贯穿课堂并扎根于学生心中。

### （二）考核机制有待健全

普通高等院校思政教师是对大学生进行思政教育的主力军，因此务必完善对思政教师工作内容和教育成效的考核机制，才能敦促其更好地开展教学和提升自身水平。目前，普通高等院校对于思政教师的考核重点依然是科研项目以及论文发表数量等学术方面的内容，而真正作为思政教师核心工作内容的育人成效考核以及自身思想素质、知识理论水平的考核却没有明确的制度规定。普通高等院校协同育人机制不完善。当前普通高等院校思政教育队伍的主要力量来自思政教师以及辅导员老师队伍，并未做到全员育人，协同育人机制流于形式而未能切实贯彻，普通高等院校教育教学与思政教育的衔接度和配合度不高。

### （三）思政教育网络化机制有待提高

作为时代化背景下的新产物，网络以其便捷、迅速和高效的教育特点，成为思政教育的重要载体，不仅能够延长教学过程，同时增强了教学影响。但在运用和监管过程中缺乏相关机制。一方面，从调查结果来看，一半的大学生对于学校是否开设网络思政教育平台并不明确，可见普通高等院校思政教育对于网络的运用机制及管理机制并没有深入学生心中，网络思政教育平台形同虚设，对其的运用和管理流于形式，没有充分发挥其促进教育成效的作用，学生的认可度和接受度相对较弱；另一方面，习近平总书记关于意识形态工作的重要论述中的网络论述强调了网络对意识形态工作和建设的重要性，对于普通高等院校思政教育而言更应该关注到网络的正负影响，在利用好网络的同时，也要注重完善普通高等院校网络防御机制和舆情预警机制。目前，普通高等院校对于校园网络的监管也没有形成成套、合理且科学的监管机制，对于校园网络疏于管理。在2020年疫情防控期间，各类普通高等院校大规模地运用起网络教学平台进行线上教育，这次的疫情防控成为网络进入教育教学的助推器，但不免看出各级各类普通高等院校在面对疫情出现时将网络运用于教学的仓促和生疏，可见普通高等院校在日常当中并未建立健全网络化教学体制机制。

## 五、教学方面

### （一）教学模式单一

当前我国大部分普通高等院校都在积极地进行课堂改革，部分学校探究出了新的教学方法，取得了明显的效果，但事实上有一部分普通高等院校仍旧没有改变传统的教学方法。思政教育是教师和学生一起参与并且积极发生互动的过程。因此，在思政教育过程中，教师和学生都应该加入课堂中并且积极地进行交流，但事实上部分教师在教学时仍然使用的是"满堂灌"的传统授课方法。这种传统的方法使得教学变成了单一的输出，学生没有积极地参与到课堂中，从而导致学生对课堂内容没有兴趣并且也缺乏投入学习的热情，所以传统的授课方法不能很好地体现学生的自觉能动性和自主性。

### （二）教学模式有待创新

习近平总书记关于意识形态工作的重要论述是在不断总结我国历届领导集体关于意识形态重要论述的基础上，结合我国实际国情与时代背景的新时代思想产物，充分体现了极具时代特色的创新性和与时俱进的特征。这样的时代性特征于普通高等院校而言应体现在教育模式的与时俱进。一方面，习近平总书记关于意识形态工作的重要论述中的网络论述表明网络已经成为意识形态斗争的重要战场。大学生作为互联网时代智能产品的追随者，必然会受到网络信息的干扰和迷惑。在这样的现实背景下，已有不少普通高等院校反映时代的要求，建立起网络思政教育平台，但仍然有部分普通高等院校疏于网络思政教育平台的建设和发展，甚至有部分普通高等院校并未感悟到网络教育的重要意义、没能触及该领域，依旧保持传统的课堂讲授教学模式，教育模式呈现老化，无法吸引学生注意力、激发出学生对思政相关内容的学习兴趣。对此普通高等院校应及时反映时代要求，进一步优化其教学模式。目前，"翻转课堂"教学、"微课"教学、"慕课"教学等都在其他学科上得到了积极地运用，同样在思政教育上也应该得到适当地运用。这其中就存在一个"度"的问题。思政教学内容的特性、教学科目的特点、学生年龄特点学习能力等决定了应该使其有针对性地进行改进式发展，而不应该盲目仓促开展新的教学模式。另一方面，目前普通高等院校思政教育课程内容相对独立，大思政教育模式还未健全，未能全方位将思政教育的相关理论渗透到普通高等院校教育教学过程当中。

### （三）教学内容偏离实际

新时代背景下关于意识形态工作的重要论述彰显时代化的特质。对于普通高等院校而言，时代化是思政教育的内在要求。普通高等院校思政理论课教师向学生讲授教材内容，包括马克思主义理论以及马克思主义中国化的内容，这些内容是马克思主义理论在中国时代化背景下的产物，彰显了强烈的时代特性。尽管当前大多数的普通高等院校能够及时传达重大会议精神并及时更新思政教材内容，但仍然有部分普通高等院校忽视了这一工作，导致思政教育内容依然是陈旧的理论，没有体现出时代化的特点，学生缺乏对国家新政策及会议精神的正确认识。

我国普通高等院校部分教师在授课过程中只是照搬课本内容，讲解理论，思政教育本来就是理论性比较强的课程，这样容易造成生硬和枯燥的感觉。学生在课堂中感觉无聊就会渐渐失去学习的热情，不能很好地加入思政教育课堂，对所学内容不进行积极的思考，自觉能动性就很难真正体现出来。

### （四）思政教学形式有待提高

教学内容的切实贯彻、教学任务的完成总需要一定形式的课堂或者其他教学方法来实现。近年来学校教育开始注重以学生为主体，课堂形式的重心开始向学生交流谈论偏移。为激发学生学习动机，学校开始用一些奖品、积分等激发出学生积极的状态，期望以此来激励学生去认真学习知识、提高能力。其中活动式教学法作为一个比较新的教学方式得到很多学校的推崇。但事实上对于活动式教学也需要注意"度"的问题。活动是激发学生兴趣，引发学生独立动手实践完成任务的好方式，可是如果在课堂中活动滥用，往往会本末倒置，引起负面效果。比如，在思政课程中，新教材中插入了法治方面大部分内容。对于这一教学内容，课堂开展活动往往采取一些新形式的情景剧与图片等。这显然不适应于普及严肃理性的法治知识、引发法治意识和观念发展。因此，在教学形式的转变中对于教学内容教学阶段的针对性问题还需进一步完善。关于用活动等新颖形式激发学生学习动机问题也需要进一步探讨。

### （五）教学主体应由教师向学生转变

我国思政教学的主体现今正处于一个变革的过程之中，尊师重道是我国教育传统形式，从我国古代延续至今的传统观念决定了教师地位与学生地位的不平等性特点。在新时代的教育和社会新的要求促使下，我国逐步由教师主体向学生主体转变。教师如何开展教学，如何认识学生、对待学生？这都要体现学生的主体性原则。在思政教学积极倡导以学生为主体的大背景下，各学校积极开发新的教学模式以改革、取代旧的教师主导的教学模式。

## 六、教师方面

### （一）教师观念无法适应互联网时代

传统的普通高等院校思政教育过程中，教育者通常采用封闭、被动型的思维，但随着互联网的迅猛发展，各类互联网信息平台各显神通。在这个全面开放共享的时代，部分普通高等院校思政教育工作者跟不上形势，在初期始终无法接受"互联网+"时代教育理念已然发生改变的事实，缺乏现代互联网思维，甚至在教学中仍旧采用过去传统的教育理念。

### （二）信息筛选能力有所欠缺

当前互联网信息平台中的信息资源鱼龙混杂，而普通高等院校思政教育工作者的筛选能力受到自身知识水平的限制，使得互联网中信息平台中的"暴力信息""诈骗信息"以及"消极信息"等让许多教育工作者对互联网产生了消极情绪。

### （三）利用互联网的能力有所缺乏

部分教师运用网络的能力不足，比如，有的老教师不能充分利用互联网获取教学信息，不会用互联网信息平台进行教学资源的编辑整合，也不能熟练运用互联网信息平台进行思政网上教育，同时不少思政教育工作者不了解新时代的网上语言，无法与大学生形成互动和共鸣。

## 七、学生方面

普通高等院校思政教育的顺利开展并达到期望成效，需要多方协同发力，其中最重要的就是教育者和受教育者双方的共同配合，在双向互动中完成教学任务并达到教学目标。

### （一）缺乏创造性

思政教育对象的创造性是其自主性的另一个表现，是学生在反映教师所传授的信息和自身思想品德状况的基础上创造出新的东西。对于新的教学方法和教学形式，不仅学校和教师可以研究探索，学生也可以积极参与进来，充分发挥自觉能动性。在普通高等院校，是教师扛起了研究新的教学方法的重担，学生没有积极参与研究的意识，未提出自己的意见和建议。在思政教育课堂上有部分学生在学习以及接受教师传递的信息的时候，采取消极的态度，没有与教师进行积极的互动。

### （二）缺乏自主能动性

随着我国普通高等院校改革力度的普遍提升，所有普通高等院校对思政教育水平的提高都越发地重视起来，并且纷纷对思政教育课堂教学进行改革，改变传统的单向传输的授课方法，创新思政教育方式方法，突出学生的主体性地位，提高大学生思想道德素养。在进行课前预习的时候，有一些学生对于教师的安排过于依赖，不能独立完成学习计划和目标的设定，没有将其自身的自主性发挥出来。在学习过程中，仍然有部分学生已经习惯了传统的思政教育方法，只喜欢听教师讲课，不愿意主动思考问题。对于教师新的教学方法没有给予积极的反馈，对教师所教授的内容也没有进行积极的思考，表现出思维惰性，更不愿意与教师进行积极的互动交流。对于教师所讲的思想品德要求，也没有与自身进行对比反思，调整自身的不足，处于被动消极的状态，而且欠缺思考怀疑的能力，不注重发挥自身的创造性。

思政教育对象的自主性表现在学生对教师所教授的内容和知识进行自主学习、自主选择、自主吸收。学生在思政教育中积极参与活动，对于教师教的知识进行主动的、选择的学习。在思政教育课堂中，大部分学生都能够自主地、有选择地学习思政教育内容并内化为自己品德的一部分，但事实上也有部分学生对于所学内容相对比较消极，没有积极地进行选择。教师在课堂上努力地讲课，学生却不关心教师讲的内容，只是关心考试的内容，对思政教育内容缺乏思考，自主能力差，不能安排好学习计划和学习目标，没有将教师所教授的内容内化为自己的道德修养。

### （三）价值观有所欠缺

当前，部分大学生受西方思潮影响而产生的享乐主义、个人主义等负面思想以及在社会主义市场经济影响下而产生的功利主义、利己主义等思想，与我国所推崇优良传统精神形成对立。部分大学生受多元化价值观和思想的影响，出现了奢侈浪费、攀比心理等价值观问题，导致校园借贷惨剧屡发不止；也有部分学生作为学生干部官僚气息过重，思想腐化，为学生服务意识较弱。

### （四）法律意识有待提高

互联网的开放性和共享性使得信息的发表和获取变得十分容易，表现出"无屏障性"的特点，同时互联网信息平台给大学生提供了一个有匿名功能的虚拟空间，大学生可以隐藏自己的真实名字在平台中进行学习和信息的发表，他们可以不用在意他人的看法和评价，但事实上由于缺乏相关法律规范，部分大学生不认为要对自己的造谣行为承担相应的法律责任，所以在微博、微信公众号等平台中发表自己的观点和意见时，大学生受到其他思想的影响，也跟风地发布一些不实的消息，带来的严重后果是大学生无法预料的。

### （五）高层次的理想信念有所欠缺

随着改革开放的不断深入，社会的利益格局出现了深刻变革，人们对于自身利益的追求更为迫切。这是特定历史条件下社会发展的必然结果。值得注意的是，普通高等院校大学生由于思辨能力和知识储备所限，受社会环境的驱使，更多地将自身利益缩限于个人的物质利益，将自身的发展游离于国家和民族利益之外，抛弃了对高尚理想信念的追求。大学生实现职业理想的目的是追求更好的自身利益和自身发展，这仅是低层次的自我理想，而并非为社会主义事业的建设贡献力量的伟大追求。

### （六）对思政科学理论的真实信仰有所欠缺

根据调查结果显示，大部分学生表示自己对普通高等院校思政课持积极主动的态度，但由于我国普通高等院校的教育体制以及国家选拔类考试大多倾向于应试教育，因而呈现出重智轻德的现象，学生所表现出来的对思政教育积极的学习态度，绝大多数是应付考试或修学分，并非发自内心地接受思政教育知识，也并非真正信仰马克思主义等思政相关科学理论，因为教学模式和教学方法单一枯燥，与实际联系不紧密，造成了学生对思政教育相关科学理论"不实用"的心理暗示。

加之信仰对象多样以及家庭环境的影响，大学生甚至出现伪科学、封建迷信的思想行为。

## 第二节　大学生思政教育改革创新策略

### 一、提高思政教育引导力

#### （一）促进思政理论中国化

普通高等院校是党领导下的高校，是中国特色社会主义高校，务必贯彻和切实贯彻党的教育方针和政策，坚持马克思主义为指导。普通高等院校引导大学生在原原本本读马克思主义经典著作的同时，注重与中国的实际相结合，将中华优秀传统文化作为思想基底，实现马克思主义与传统文化的结合。习近平总书记指出：坚持把马克思主义基本原理同中国具体实际相结合、同中华优秀传统文化相结合。普通高等院校思政教育的内容包含了传统文化教育，因此普通高等院校推进科学理论中国化的过程中，一定意义上也对普通高等院校大学生进行了传统文化教育。

#### （二）促进思政理论大众化

通过教育宣传马克思主义是马克思主义大众化最基础的方法。马克思主义理论只有被作为社会主体的大众所接受、所理解、所掌握，才能成为改造世界的巨大精神力量。作为指导中国具体实践的科学理论，其根本要求和内在要求就是马克思主义大众化。普通高等院校开设的马克思主义理论相关课程，意图通过有计划、有目的的教学活动，使普通高等院校大学生理解并接受马克思主义，同时将其内化为自身的一种信仰，指导和影响思维和行为活动。

一方面，在普通高等院校思政教育中，教育者应将马克思主义理论枯燥乏味的语言转用生动、形象、诚恳的表达方式传达给学生，同时借助鲜活的案例和感人的事迹，在真实的教育情境中，让学生感悟科学理论的先进性和真理性。

另一方面，普通高等院校通过在校报、校园专栏以及微信、微博公众平台等刊登或发布大众化马克思主义相关内容，以深入浅出、生动活泼的语言文字，将通俗化的马克思主义理论运用于分析当前热点事件和时代大势。

普通高等院校思政教育大众化，更是国家未来稳定发展的基础。普通高等院校培养了无数科技文化精英，他们承载着国家未来发展的重任，将通过与社会的互动对社会各方面的发展产生影响。普通高等院校思政大众化就是要将马克思主义理论转化为思想武器，内化修养，外化行为，是维护社会稳定、国家发展的前提准备。

### （三）促进思政理论时代化

任何一种思想的出现都是特定时代的物质世界和精神世界的反射，反射出时代赋予的任务和要求。推进思政教育科学理论时代化，即推进思政教育过程中马克思主义理论时代化。马克思主义科学理论能够拥有强大生命力，历久弥新，正是因为其不断符合并适应时代提出的新要求、融入时代新元素并回答时代提出的新课题。推进普通高等院校思政教育科学理论时代化是普通高等院校面临的新的历史课题，普通高等院校思政教育的实效性正是体现在时代化。

首先，普通高等院校务必重视理论内容的创新，紧跟时代发展的步伐，把握时代本质和时代发展趋势。普通高等院校对大学生而言是党和国家重要的"传声筒"，是向大学生传达最新理论、政策和会议精神的中间载体，因此更应重视将党的最新理论成果及时并准确地传递给学生，将党和国家的重大方针、政策和重大会议精神更新到思政教育的内容中，对于教材内容要做到及时更新并传送到学生手中，对于重大会议精神的领悟，普通高等院校应及时开展专题讲座或召开主题活动，帮助学生和教师解读和领悟重大政策精髓。

其次，普通高等院校的党团建设也应体现时代化的内容。普通高等院校党团是共产党人的摇篮，是普通高等院校党团建设的重中之重。其工作内容包括对积极分子的选拔、教育与考察，对预备党员的考察以及对党的路线、方针、政策的宣传和学习，因此作为思政第二课堂的党团，其内容也应体现时代化精神。

最后，时代化也体现在教育模式、方法和途径的与时俱进。普通高等院校应不断优化和改进教育理念、内容、方法以及环境，用符合时代的新理论指导学生，用全新的科技媒体辅导学生，用最新的教学方法引导学生，使理论知识更贴合学生生活实际。应做到理论内容的与时俱进和宣传教育手段的与时俱进，促进普通高等院校思政教育时代化，从而增强教育实效性。

## 二、教育目标考虑大学生的基本需求

在思政教育的过程中，既要坚持教育的基本方向、原则与要求，又要将受教育者的需求落在实处，充分掌握大学生的思想动态和需求是设置思政教育目标的前提性条件。在此过程中，要从人性化、个性化、制度化三个层面做到教育目标与学生需求的契合。

首先，在人性化层面上，从共性的角度全面客观把握大学生群体性的思想特征，对他们学习生活中的良好特性加以强化，对他们的不良特性加以抑制、纠正，将此确定为教育目标的基本内容之一。

其次，在个性化层面上，充分认识到每一个学生在智力、家庭背景、情感、心理、兴趣、特长等方面存在的差异性，一方面尊重个性的差异，另一方面极力避免因个性带来的冲突与摩擦，努力做到求同存异，这也应当是教育目标中不可忽视的内容之一。

再次，在制度化层面上，充分认识到制度规范对大学生思想、态度和行为的规范、调节、引导作用，在教育目标的设置中融入学生行为基本规范，使学生树立规则意识。

最后，教育目标的设置要注意将人性化、个性化、制度化三个层面的学生需求加以协调。

### 三、提高大学生自身主体性的塑造

大学生主体地位的发挥不仅需要从外在上转变错误观念、从目标上契合学生需求、从形式上创造更多的平台，还要从根本上内化为学生的内在目标诉求。学生只有能够自主自觉地意识到思政教育不是"要我学"，而是"我要学"，才能够从根本上改变不得不硬着头皮学的消极状态，从而有目的、有针对性地进行思政教育的改造，树立正确的世界观、价值观，做到提升自我，全面发展。要做到这一点，首先，大学生要明确自身的使命。这一使命既与个人成长目标、家庭的期望紧密相关，也与新时代下社会进步、国家富强的社会责任相关，它们均不同程度地要求大学生要树立远大的理想与抱负，将接受大学学习的过程视为改变自身命运、满足家庭期望、影响社会发展、有效促进国家富强的必要手段。其次，大学生要养成良好的自律习惯。他们可以根据自己的兴趣、专业、特长、家庭背景等多种因素，明确自身的学习目标和学习内容，有计划、有步骤地学习，养成良好的自律性，能够做到自我认识、自我调控、自我矫正。通过良好的自律，大学生可以在有效的自我学习、自我提升中充分展现其自主地位。

## 第三节 大学生思政教育新型教学模式

### 一、疏导教育法

#### （一）基本内涵

开通壅塞的水道，使水流畅通，是疏导一词的释义。思政教育中的疏通是指让大家敞开思想，充分发表各自的观点和意见。导，即引导、开导，是指在思政教育中循循善诱，说服教育，对各种不同的思想与言论进行引导，让受教育者走上正确并且健康的轨道。

通过以上概念的归纳我们可以看出，准确把握疏导教育法的基本内涵要从如下层面入手：

1. 重视"疏"的作用

疏导教育法是建立在教育双方地位平等、互相交流的基础之上的，即充分发挥了受教育者的自觉性、主动性，让受教育者讲出心中所想，教育者再根据受教育者具体的问题进行引导，是一种教育主体与教育客体思想、情感互相交流的方法。

2. 要重视"导"的作用

在教育过程中教育者要发挥主导作用，对受教育者所表达的正确思想观念予以肯定，对于不当和错误的言行进行说服教育，弘扬和宣传正确思想的方法。

3. 疏导教育法是一种有效解决人民内部矛盾的方法

应当本着"惩前毖后、治病救人"的原则进行，所以在运用的过程中主要是采取说理教育、真情感化、批评教育和循循善诱等方法进行。

由此可见，疏导教育法是由相互联系、相互依存的"疏"和"导"两个方面构成的。没有疏通环节的畅所欲言、广开言路，引导就无法顺利开展；没有引导环节的利导引导、说服教育，疏通也就失去了意义和价值。

### （二）主要手段

疏导教育法是由"疏通"和"引导"两个方面构成的方法体系，"疏通"和"引导"都有其不同的主要方法。从"疏通"的角度来讲，有集体表达和个别谈话两类主要方法。集体表达是指针对群体性的问题让一定数量或特定组织的群众集体表达意见或看法，主要有民主讨论、干群对话等形式；个别谈话是指针对某个人的问题让个人充分表达自己的思想和意见，主要有书信表述、个别谈话等形式。从"引导"的角度来讲，以"导"的不同形式为依据能够把疏导教育法分为以下三个方面。

1. 分导

分导是指针对某个群体或个人复杂的思想问题而采取的分散、分步、分头而导的方法。分散而导是指针对某个群体共同存在的思想问题，通过逐个分散引导，对群体中每个成员在思想上存在的问题加以有效解决，以切断群体内的不良思想串联蔓延的方式，从而将复杂的群体问题化整为零、逐个击破，最终有效解决群体问题的方法；分步而导是针对个体思想问题而言的，导致个人错误行为的思想是多方面的，教育者要分清主次、分清轻重缓急，要抓住主要矛盾的主要方面，充分挖掘受教育者问题产生的根源，根据一定的顺序有步骤地进行有效解决；分头而导是指教育者集中各种人力物力，对集中而严重的思想问题进行全方位引导的方法，要整合各种教育资源、利用有利环境对受教育者进行帮助教育，以化解受教者的不良情绪，有效解决其思想方面的问题。

2.利导

利导是指教育者要善于抓住有利的时机和环境，对受教育者进行有针对性的、深层次的教育，通过及时的、生动的教育使受教育者真正理解并接受正确、积极的思想。有利的时机可以是正在发生的大事，如"国庆节"时，可以组织学生集体收看阅兵式，使青年学生通过对我国强大的军队和国防力量的直观了解，感受到伟大祖国的强大，深刻体会中华人民共和国成立以来党带领全国各族人民进行社会主义现代化建设取得的伟大成就，从而使学生自觉产生爱党爱国的热情，达到教育的目的；教育者也可以抓住某些重大的事件和节日组织开展相关教育活动，如在三月份学雷锋活动月开展的各类志愿服务活动，组织青年学生通过志愿服务的实践，深刻体会到奉献社会、助人为乐的价值，从而引导青年学生积极践行雷锋精神，内化为自身的品德、外化为良好的行为，有效促进教育对象"知、情、信、意、行"的转化，最终形成良好的思想品德。

3.引导

所谓的引导也就是启发诱导，是指教育者运用"提出问题—分析问题—展开讨论—统一思想"的思路，引导受教育者积极运用头脑进行思考，并通过思想碰撞和比较分析使受教育者学会透过表面现象探究事物内在的必然的联系；通过对事件正反两方面的解析，使教育对象学会用全面的观点来看问题，能够在面对诱惑时保持谨慎，面对挫折时勇往直前；通过开导受教育者改变原来狭隘短浅的认识，引得其学会在用全面的、发展的、联系的观点看待问题，来开阔受教育者的视野，拓展其思维；通过用已知的事实作为依据，使受教育者认识到不良思想导致的严重后果，以达到放弃原有的错误想法，从而走向正确思想轨道的目的。

### （三）基本特征

1.民主平等

这是疏导教育法运用的前提和基础，也是其首要特征。民主平等首先是指在进行教育的时候，教育者与受教育者的地位是平等的，双方以平等的身份进行交流，受教育者有表达意愿和想法的权利；其次是指教育双方要进行互动，对于某个特定的问题，教育双方都发表见解，对方讲话时，另一方要认真聆听并进行讨论，并就其不明白的地方进行提问，就其不同意的内容进行反驳，是一种朋友式的探讨；最后教育者也要对受教育者正确地思想进行肯定，对其错误的思想进行批评纠正，是一个互相交流、互相探讨、互相提高的过程，摒弃了教育者居高临下的一味灌输，不给受教育者任何表达想法的权利的传统教育手段。

2. 主体间性

主体间性是主体间关系的规定性，指主体与主体之间的相关性、统一性、调节性。主体间性是两个或两个以上主体的内在相关性，它的基础是个人的主体性。疏导教育法的主体间性体现在教育主客体之间是相互影响、相互转换的关系。受教育者的主体性体现在可以充分、平等地表达自己的意愿和问题，并对教育者的理论有辩论和选择的权利，教育者的主体性体现在对教育活动的组织和设计上，以及对教育对象正确思想的弘扬和错误思想的纠正过程中；教育主客体之间的互相转换体现在教育双方是一种交融性的存在，是一种"主体—主体"的思维模式，即是一种教学相长、青蓝互滋的和谐状态。

3. 人文关怀

这是疏导教育法的情感延伸，也是疏导教育法有效性的重要基础。疏导教育法要求教育者认真倾听教育对象的思想和意见，当然也包括情感层面的问题，并且要求教育者将情感内容作为核心话题与教育对象进行交流探讨，在帮助教育对象的过程中不仅是理性内容的灌输，更重要的是情感问题的疏通，只有疏通了情感才能使教育对象以良好的风貌和积极的心态来接受正确的思想。教育者要真正将教育对象当成自己的家人、兄弟和朋友，真正地关心他们、关注他们的实际问题、关注他们的发展；疏导教育法要求教育者肯定人的个性与价值，尊重并关心教育对象选择的权利，维护并支持教育对象的个性发展。

4. 针对性

这是疏导教育法取得实效的基石。疏导教育法要求教育者在认真倾听教育对象提出的具体问题的基础上进行分析辨别、归纳总结。要针对不同教育对象的不同问题采取不同的方法，具体并且实际地为有效解决教育对象存在的问题提供帮助；对教育对象的合理诉求应该积极地进行反映，搭建好沟通的桥梁；要善于借助各种环境、充分运用各种人力物力条件形成教育合力，帮助教育对象有效解决大的问题；要借助具体的典型、理想或价值给受教育者以直观的感受和刺激，使受教育者明辨是非、明确努力进步的方向；要关注受教育者个人的要求，帮助教育对象有效解决与自身成长和发展相关的实际问题，最终使教育对象真正得到帮助。

### （四）疏导教育法的必要性

从疏导教育法的定义出发，就会发现其与一般的思政教育的方法最大的不同在于疏导教育法强调对学生的分导、利导与引导，这是强调师生思想互动与交流碰撞的过程，而绝不是一种单方面、单向度的灌输。这种方法是符合学生以及社会发展的需要的。

1.疏导教育法重视民主平等,符合师生关系的内核

民主平等指的是教育过程中,双方的地位是平等的,双方都能够平等地表达自己的想法并对这些想法进行充分的交流与互动,同时对于某个特定的问题,双方都必须发表见解,而不是教师占绝对的主导地位。在普通高等院校以人为本、立德树人的大的教育背景之下,疏导教育法的这一点恰恰契合了当今学校想要构建的一种师生关系。其给予学生充分的权利表达自身的思想情感,摒弃了教育者居高临下灌输的这种做法。

2.疏导教育法强调针对不同的学生采取不同的教育方法,为有效解决受教育者的实际问题提供帮助,这种方法的针对性更强并且能够发挥更大的作用

疏导教育法要求教育者必须认真倾听受教育者思想上的问题与困惑,并且在此基础上对问题进行总结梳理,帮助学生完成自身的成长。整个过程中,都十分注重受教育者自身的看法与感受。教育中,每一个个体都是与众不同的,只有建立在对学生本身个性的了解的基础上,才可以为有效解决学生思想方面存在的困惑提供帮助,并且与教育的基本规律相符合,也能够更高效更有针对性地对学生进行教育。

3.疏导教育法在普通高等院校中有很大的适用性,使用非常广泛

疏导教育法是随着我党的思想教育的创立而产生的。可以说,疏导教育法与思政教育是相辅相成、骨肉相连的。运用到普通高等院校中,疏导教育法对正处于思想价值观形成关键期的大学生来说,强调对学生本身状况的关注,具有很好的适用性且易于操作,因此在普通高等院校当中运用得非常广泛。思想教育工作者常常在不知不觉中使用疏导教育法对学生进行劝导,无论是专业课还是思政理论课,教师一般会在与学生进行交流的时候疏导整理学生的思想,与学生交流沟通。但这大部分都是在一种无意识的自主情况下使用的,而缺乏具体的训练,也常常导致很多问题的产生。

### (五) 运用疏导教育法的措施

1.营造民主氛围

随着我国社会主义制度的不断完善和社会经济的不断发展,我国传统的师生等级观念逐步被打破,教师与学生以平等的身份参与学习过程,这在客观上为疏导教育法的应用提供了有利的条件。要营造民主的制度和氛围,可以在教师与学生之间建立平等对话双向沟通的机制。比如,建立网站,教师轮班在线,当学生遇到问题的时候,不管是什么时候或者处在什么地点都能与教师进行交流;设立学院短信提醒服务,每周给学生发送温馨的贴士,对学生的生活与学习起到关心

的作用；公开学校书记和校长的邮箱，让学生可以畅谈自己遇到的问题。通过机制的建立，教师要清楚、完整地了解到学生的问题所在，把学生的错误思想拉到正轨上。平等机制的建立不仅需要教师和学生的合作，更是一种信任，所以我们要激发学生的积极性，让教师与学生共同探索民主氛围营造的方法，这样也更能符合学生的心意，更容易被学生接受。此外，鼓励和支持学生有组织、合理地表达诉求。学生可以通过广播、微博等渠道合理地表达自己的诉求，尤其是大部分学生都共同反映的诉求，学校应该积极地与学生进行沟通。

2.构建相应的教育环境

疏导教育法的顺利开展需要一定的物质基础，学校要为疏导教育法的开展提供良好的场所、给思政教育课程提供合理的课程安排，为思政教育课提供新型的技术和设备。首先，学校需要为疏导教育法的运用提供固定的场所和固定的时间，方便师生间的交流与沟通，学校也要为疏导教育法的运用提供不固定的场所和时间，对于一些突发的问题，矛盾尖锐的亟待有效解决的问题能够灵活地处理。其次，学校需要为疏导教育法的运用安排相应的课程。每一个方法都有自己的理论知识，有自己的专门概念、范畴和术语，因此在操作方法之前需要对理论进行学习，了解疏导教育法的概念、表现主要手段、形成原因，等等。在对基本的疏导教育法有了了解后，教育者应更加深入地研究疏导教育理论，组成课题小组，在理论成功的前提下，加以实践，从而推进疏导教育的发展。

3.创新主要手段和载体

教育者需要对自己在实践中形成的疏导教育方式进行及时总结，提高对疏导教育的理解，有效地运用疏导教育法。教育者可以加强疏导教育知识和心理学知识的结合，了解普通高等院校学生的心理特点，从而跟学生进行更加有效的交流。教育者可以用马克思主义理论教育学生具有高尚的思想道德情操，积极乐观的态度，革命探索的精神。教育者可以加强网络技术的运用，从而扩大疏导教育的应用平台，拓宽疏导教育的应用范围。随着社会经济的发展，传统的书信、面谈，在教育中发挥的作用越来越受到限制，学生也不愿意接触，教育者应该在疏导教育法加强对于新科技的应用，包括建立局域网络、开通教师问答专线、手机短信温馨提醒等新科技手段。

## 二、"融入式"教学模式

"融入式"普通高等院校思政工作坚持以人为本理念，注重潜移默化育人，切实开展第二课堂，鼓励实践教学，奉行因材施教原则，提升整体素养；利用人文关怀的养成融入，各种信息媒体的融入以及思维水平训练的融入，在具体的实践教育工作中实现了显性和隐性的教育结合，同向联系与反向联系的结合，文化资源与教育资源的融合，以提高高等学校政治思想教学的实际效果，进一步开展高等学校的政治思想课程的教育体制的革新。

### （一）教学实践

"融入式"普通高等院校思政理论课教学在原有的思想政治教学形式的前提下，利用人文精神培养的融入、信息技术教育的融入以及创新精神的教育融入，构建了一种让普通高等院校学生喜爱的生动有趣的思想政治教学方法。

1.在思政教育中融入人文情怀

高等学校学生的人文精神关系到人的情绪、生活态度和价值观各个层面，对于思想政治教育工作者而言，希望他们不但具有科学精神，而且要具有良好的审美能力，还要具有优良的思想政治素养，学生的思想政治素养怎样，直接关系到国家的未来。人需要塑造灵魂，人文情怀融入思政工作，弥补了这一教育缺失。因此，要注重人文情怀的融入，探索思政教育的新模式。除此之外，其注重专业内涵建设，注重人才培养，立足学科和专业建设，狠抓教风、学风、考风，实施诚信考场，全校范围内首次开展无人监考，得到老师、领导的一致认可。通过人文情怀的融入，达到了思政教育育人的良好效果。

2.在思政教育中融入网络媒体

充分认识并有效利用网络媒体，是高校做好思想政治教育工作的重要途径。思想政治教学的新媒介必须同传统媒介融合，提高效率。现在微文化发展的速度很快，普通高等院校学生的选择面更大，假如仅把过去教学的内容和形式如法炮制，是很不容易产生效果的，应当正确把握现代普通高等院校学生的思维和行为方式，从他们的现有生活找到有效的方法。所以，要接受大学生信息文化接受途径的新变化，积极参与创造集网络电视、广播于一体的校内网络宣传新媒介，全面运用网络丰富的传输方法和科学的传媒技术，适应时代的需要，加强思想政治教育，建设校内新颖时尚的视听媒介生产和播放平台。加强他们的主人公意识，调动他们参与学校思想政治宣传教育工作的积极性。面对网络对当今思政教育的影响和挑战，各普通高等院校坚持教育与服务相结合，调动学生参与的积极性，推进网络宣传媒体的融入，充分利用毕博网站，QQ练习等主要手段进行形式多样喜闻乐见的思想政治教育。

### （二）经验总结

在高等学校思想政治教师的带领下，这种"融入式"的思想政治教学旨在加课堂教育、具体的实践教育、信息教育的密切联系，显示思想政治教学的政治性、情感性、灵活性，全面切实贯彻提高高等院校学生的政治思想水平，让他们能够健康成长。

1.坚持以人为本

高等学校作为社会主流思想意识形态主阵地和先进思想传播的前哨,承担着革新和发展思想政治工作形式的重任。而"融入式"的思想政治课程教育体制改革的创新必须满足人的全面发展的要求,既需要立足普通高等院校实际,坚持全员、全程、全方位运行机制,面向全体,基于专业,强化实践,贯彻始终,一切从大学生的实际出发,又需要强化对学生人文情怀与认知能力的培育,在育人核心理念上坚持以人为本。从人可以全面发展的视角,本着尊重学生、关爱学生的原则,切实达到尊重每一个人,关心每一个人和切身利益,激发人的潜能,激活人的创造力,并通过摆事实、讲道理等方式启发学生积极思考,满足学生的个性发展,使学生多方面的潜能得到充分发挥,促进个人的发展与整个社会的进步。并且,在教育之中融进我国的传统美德、心理健康知识、优秀历史故事等,不但提升了思想政治工作的有效性,还能达到润物细无声的效果。

2.坚持因材施教

普通高等院校学生的思想政治教育工作如果要获得实际效果,就要求思政理论课的教师能够改方法,因人施教,提高整体素养,创新思政教育思路。普通高等院校思政教育的对象是在校大学生,"融入式"普通高等院校思政理论课教学体系的创新需要面向全体大学生,运用不同的思政教育方法,因时、因地、因人而异,正视矛盾的特殊性。

首先,针对不同阶段的工作任务开展教育,分段培养。学生思想的多元化决定了思政教育不同阶段教育方法的多样性,学校可根据学生入学时间的不同,确定不同阶段的教育目的和计划。学期开始,帮助他们制订好发展规划,在课程教育体制方面必须表现分阶段教育的思想,思政理论课教学内容须与时俱进,不断丰富学生的基本理论知识,促进学生学业水平的提高和学习能力的提升。中间关心他们的心理卫生问题,重视心理辅导,妥善处理好他们在校期间的各种心理问题,指导工作的重心放在对他们的实际工作能力的养成方面,助力学生把知识转化为能力,进一步提升学生整体素养。最后期间必须做好他们的就业培训工作,协助他们制订人生和职业发展的规划,进一步引导毕业生树立正确的就业观、择业观和创业观,正确掌握社会环境对人才的不同需要,积极创造全面培养人才的新局面。

其次,针对不同的对象进行分门别类的教育。在学校生活中,有关部门必须重视对困难家庭学生的照顾和帮助,特别是对那些单亲家庭的孩子要给予更多的关爱,对他们的心理压力给予疏解,帮助其树立正确的世界观、人生观、价值观,以更加积极健康的心态融入集体。思政教育工作要更富有人情味,进一步提升整体素养。

### (三) 特征

"融入式"思想政治课程在实践教学中实现了显性与隐性结合、正向与反向联系，也是高等学校思想政治课程体制的革新和大胆的探索。

1. 隐性教育与显性教育相结合

普通高等院校通过改革之后，学校的面貌、校园环境和人文精神构成一个完整景观对于学生思想政治素养的提升也起到了至关重要的作用。所以高等学校思想政治教师全面分析了普通高等院校的自然条件对他们影响，将它不仅作为一种物质形态而是当作普通高等院校育人课程的一个方面进行研发，在实践教育过程中让外界条件同学校精神文化氛围相协调，进一步提高思政工作的针对性和实效性。并且，融入式高等学校政治思想教育十分重视对普通高等院校文化方面与政治思想课程有关的隐性教育。假如普通高等院校的外界条件是普通高等院校精心谋划的自然环境，属于隐性思政教育的组成部分，那么学校的组织和制度则是一种显性教育因素。"融入式"大学生思政工作的隐性教育就在于营造一种充满整个校园的人文气氛，文化和人的精神方面的校园文化才是它的核心，这种文化才能表现普通高等院校的个性和本质，也就是真正的"校魂"。所以，"融入式"政治思想课程开发的过程中，立足于人的文化和精神方面的总建构，并且同显性的政治思想工作有机结合，经过普通高等院校的各种活动实现有效的培养教育学生的目标。

2. 正向衔接与逆向衔接相结合

正向衔接，即根据时间的同一性，依照从过去到现在的时间次序，达到高等学校思想政治教育的改革和创新目标。如果不懂得过去，也就没有理解现在，也不要说懂得将来，所以"融入式"高等学校思想政治教育重视实践教育的关系，不管是基本概念，还是理念的阐释，都必须向学生解读历史环境以及现在研究领域的成就，只有在了解以往的思想政治教育的基础上，才能在思想政治教育方面有所创新。然而，逆向衔接也能出奇制胜，效果显著。所谓逆向衔接就是指从现代思想教育政治过程中出现的各种现象和问题为出发点，回溯以往，深入探索当代思想政治教育工作思想根源和历史文化的关系，继而实现现代与历史的高度统一。"融入式"的教育方法在具体运用的过程中，把正向的衔接和逆向的衔接高度统一，在实践中使普通高等院校学生感悟深厚思想道德文化内容，对高等学校的思想政治课程教育体制的创新也是一种可贵的探索。

3. 文化资源与教育资源相结合

为实现文化的教育价值，将其文化资源以各种生动活泼、学生喜闻乐见的形式引入普通高等院校思政理论课教学实践中；在整合文化资源的基础上，遵循思政教育的特征和原则，根据时代变迁的要求赋予文化资源以时代意义，进一步实现文化资源与教育资源的融合；文化资源与教育资源相融合的过程，不是对文化的简单梳理和对教育的简单过渡，而是一种自然的转化过程。在教学实践过程中，充分尊重学生主体对文化继承的自觉性和能动性，帮助和引导他们在文化学习过程中与教育资源相结合，践行"知行合一"，提炼精品并推陈出新。

### 三、榜样教育方法

#### （一）榜样教育法的定义

榜样教育法是指树立先进典型，以先进人物的先进思想与事迹为榜样，对人们进行教育，提高人们的思想认识、道德素质和政治觉悟的一种方法。在德育教育中，榜样教育法能够发挥巨大的作用，具有示范性、生动性和激励性等特征。教育者要想自己的教育获得更好的结果，就必须对上述特征有充分了解，将受教育者本身的积极性激发出来，并且对受教育者的潜能进行挖掘。在恰当的时间采用适度的榜样教育法，对于受教育者的个性发展与个人素质的提高可以起到促进的作用。但事实上，如果过度地使用榜样教育法就会导致受教育者产生心理疲劳，产生的效果与预期的效果相反，没有任何价值可言。传统思政教育采取的大多数都是社会化的育人模式，只重视为经济的发展提供服务，但对个体发展的诉求熟视无睹。所以，要想让个体身心发展的需要得到满足，对人文理念进行完善，以此让受教育者的综合素养得到提升是必不可少的。

#### （二）榜样教育法运用存在的问题

1.大学生对榜样的认可度不够

据相关调查研究发现，对同一榜样的认可度，大学生群体远远低于中学生。各种不良社会思潮的泛滥导致部分大学生对榜样有着严重的认知误区，对榜样的认可度不高。部分理论知识不扎实、道德素质不高的大学生很容易受到外界不良舆论的影响，对榜样产生不正确的认识和评价。

2.榜样教育法不被重视

部分思政课中采取单一灌输教育模式，忽视榜样教育法的运用。时代在发展，大学生的思维方式也会因此而产生变化。有些普通高等院校实行的仍然是过场式"听课"的思政课堂，教师讲课，学生听讲，教师与学生之间缺少交流，课堂也几乎没有互动。极少数的教师在思政课堂中运用的仍然是单一的"填鸭式"灌输教育，做不到多种教育方法的综合运用。有的教师就算是使用了榜样教育法，也只是为了让课程更加完整，在向学生传达榜样精神的时候，只会采用口头讲述的方式。

3.思政教师以身作则不到位

榜样教育法在思政课中的运用在很大程度上体现为教育者自身对大学生的榜样教育，教育者的一言一行都会对学生产生重要的影响。在进行实际教学的时候，少数思政教师作为思想教育者，不能给大学生灌输积极向上的思想观念和道德价值观，在课堂上随意发表消极不当的言论。甚至还有极个别教育者做出违背道德、触犯法律的行为，更是对大学生造成严重的负面影响。思政教师不能发挥模范带头作用，这是榜样教育法在思政课堂上失效的重要表现。

4.大学生在榜样精神知行合一上有所欠缺

榜样精神难以切实贯彻到具体的榜样行为的一个重要的表现就是，大学生并非不想而是不能完成自己的知行转化。很多大学生表示，每次听完榜样教育的讲座或者观看完榜样人物纪录片都会深受触动，精神受到鼓舞。然而，受教育者在受教育者在接受榜样精神之后不能全身心的付出行动。要么是因为对榜样精神的感慨之情难以长时间持续，还没等去做那股热情就没了；要么是因为榜样实在离自己生活太遥远，找不到方式方法去切实贯彻。现实情况下，榜样教育活动很难切实贯彻到某一具体部门，也就很难有常规性、标准化的实践活动，也难以进行持续的跟踪和监督。众多原因都导致大学生没有将实践榜样精神看作一个必须完成的环节，不能及时或者长久地实现榜样精神的知行转化。

### （三）强化榜样教育法运用的途径

1.完善榜样教育法在思政课程中的运用

（1）践行社会主义核心价值观。榜样教育要坚持选树多种类型的榜样。社会主义核心价值观蕴含着国家、社会、个人多层次的道德要求，普通高等院校榜样教育选择榜样应当坚持多样化，展现热爱祖国、奉献人民的爱国精神，自强不息、砥砺前行的奋斗精神，与时俱进、锐意进取的改革创新精神，辛勤劳动、创造未来的劳动精神。

（2）思政教师要自觉成为时代榜样。思政教师要不断提升理论文化水平，以扎实的功底进行思政课教学，传道解惑是一个教师的本职工作。提升理论文化水平、拓展知识储备、提高教学技能是教师应有的自我要求。思政教师不仅要有坚定的马克思主义信仰，而且要掌握扎实的思政理论课学科知识。思政教师用新思想对自己的头脑进行武装，坚定理想信念，增强综合素质。

2.发挥大学生自我教育的作用

学校要净化校园网络环境，营造健康的网络学习榜样氛围。随着科技的快速发展，互联网已经全方位渗透到大学生的日常生活当中。大学生身处的校园环境不仅包括实体的校园环境，还包括虚拟的网络校园环境。目前，各大普通高等院校几乎都有内部的网络共享平台，比如，官方网站、微博、微信公众号等。互联网传播的广泛性、快速性、盲目性等特点都对校园网络环境的健康度产生一定影响。因此，学校要充分发挥互联网的积极作用，利用网络大力宣传正面典型，扩大正面典型的影响力。

（1）提升对榜样的认同。首先，大学生要加深对榜样的深层认知。一方面，大学生要关注不同类型、不同层次的榜样群体，不同类型层次的榜样闪耀着不同色彩的光芒。除了要学习和了解与自身联系密切的榜样群体，大学生也要加深对其他层次榜样的了解，接受多种榜样精神的熏陶，促进自身的全面发展。另一方面，大学生要通过多种途径全面、完整地认识榜样。媒体对榜样的宣传和报道往往是弘扬其主要的精神品质，大学生要深入挖掘榜样事迹和榜样行为，要不断提高判断是非的意识和能力，避免因为认知的片面性而产生对榜样的误解和扭曲。

其次，大学生要提升对榜样的认可。榜样模范人物无私奉献、艰苦奋斗，促进了国家的富强和民族的振兴，是时代的楷模。大学生群体要对做出巨大贡献的人们给予鲜花和掌声，坚决反对攻击和侮辱。青年大学生要自觉避免不良文化思潮的影响，坚定社会主义理想信念，加强对榜样人物和榜样精神的认可度。

（2）用行动践行榜样精神。一方面，大学生要积极参与校内榜样教育实践活动。普通高等院校是榜样教育的主阵地，也是大学生成长和发展的主要平台。大学生要积极响应学校的号召，用行动支持榜样的宣传教育活动。积极参加校内榜样的评选和选拔活动，促进榜样选拔机制的民主性和透明化，发扬自身的主体性作用。支持和协助学校组织的榜样宣传活动，了解榜样事迹，学习榜样精神。尤其是党员学生干部要充分发挥示范引导作用，在学习生活中坚定理想信念，关心其他学生的生活与学习，并且在他们遇到困难的时候，为其提供帮助，成长为道德与品质都优秀并且乐于助人的学生榜样。

另一方面，大学生要乐于参加社会上的榜样实践活动，自觉在生活中发扬榜样精神。大学生不仅成长在普通高等院校环境中，更扎根于社会大环境中，是社会的一员。大学生要积极响应国家号召，参与学榜样的社会活动；积极响应国家政策，敢于到基层服务国家和人民，敢于在艰苦的环境中彰显自己的价值，大学生只有在奉献社会中才能真正实现自己的个人价值。

3.形成尊重榜样和学习榜样的良好社会环境

（1）家庭教育父母要做好榜样。家庭教育要注重家教。模仿是人的天性，榜样教育法更是依据人的模仿心理。家庭教育中父母要做好孩子的表率，担负起教育孩子的重任。上行下效，父母遵纪守法，孩子便不会罔顾法律；父母勤俭持家，孩子便不会铺张浪费；父母知书达礼，孩子也会文明礼貌。父母应该用实际行动对孩子进行教育，让其能够践行社会主义核心价值观，并且引导他们热爱祖国、热爱人民，传播中华民族优秀传统美德。

（2）营造浓厚的校园榜样教育环境。学校榜样教育宣传要常态化、多样化。榜样教育法在普通高等院校思政教育中的运用应该在日常的校园活动中就有所体现，而不是仅仅体现在思政课程上。榜样教育的各个环节应当在普通高等院校活动当中常规化。组织学生参与榜样的选树和宣传既可以营造良好的氛围，又可以增强大学生对榜样的心理认同感和崇拜感。常态化的学习宣传榜样活动可以降低榜样教育的政治性和官方性，成为大学生自己的实践活动。榜样教育活动要打破传统自上而下宣传模式，发挥大学生的主动性和积极性。学校还要支持思政课堂实践活动、学生会社团的课外活动，鼓励实践教学。

（3）政府要健全学习榜样的激励机制。政府首先要做好榜样正当权益的保障机制。榜样人物最基本的权益必须受到社会和群众的尊重和维护，这也是对榜样最基本的尊敬。政府要做好榜样人物的权益保障，从制度上保护榜样的正当权利，从根本上给社会大众一剂"定心药"。政府还要做好榜样行为的奖励机制，如果学习者看到榜样主体因为榜样行为而受到表彰或奖励，那么他就认为自己也会得到奖励；如果看到榜样主体因为榜样行为而受到损害，那么就会认为自己也会受到损害。政府给予榜样行为的鼓励和奖励会成为一种积极的诱因，增加社会其他成员学习榜样行为的频率。

## 四、生活化教学模式

普通高等院校思政教育生活化是提高大学生思想教育效果的"关键一招"，普通高等院校教育者应以相关的理论为指导，转变教育思想，更新教育理念，将教育理念回归日常生活，把教学方法融入现实生活，教学过程以学生为本，学校管理方法贴近生活，使教育和管理与生活并驾齐驱，相向而行，最终使教育融入生活，用生活来教育，为了生活而教育，以提高普通高等院校思政教育最终效果。

### （一）教育理念生活化

1.教学内容生活化

教学内容包含教育者传递的理论知识和教育思想，如何更好地让学生理解理论知识并接受教育，选取贴近生活，融入学生生活经历的教育素材至关重要。

第一，选取具有生活性的教育素材。生活是具体的，不是抽象的，也不是悬挂在空中触不可及的。思政教育是做人的教育，必须选取生活中真实的、客观的、可靠的教育素材，虚假的、不合时宜的素材只能取得适得其反的效果。因此，教育者在选择教育素材时应做到"因事而化、因时而进、因劳而新"。"因事而化"，即要与学生生活中发生的大事、小事相联系；"因时而进"，即要与生活"现时"相呼应，教育素材应与时俱进，反映时代发展特色；"因势而新"，即要根据新时代社会发展大势，现代生活发展趋势，选择富有时代内涵的教育素材。教育者在生活中要有一双发现教育素材的"慧眼"，善于发现生活中不断发生的"大事"和"小事"，在教育过程中要精心挑选与教学内容或学生生活相关的热点事件、生活故事，找准切入点，注重与教学内容的契合性，以及对学生教育的针对性，将故事与理论相融合进行教学。除此之外，教育者在教育过程中，要设置与生活相关的议题，创设与生活相关的情境，注意话语的趣味性、亲和力以及学生的接受程度，运用生活中众所周知、耳熟能详、贴近学生的话语对教学内容进行阐释，提高教学的艺术性、趣味性，使学生倍感亲切，从而深化认知，转化行为。

第二，在教学中融入学生生活经历。使学生的思想和行为符合社会行为规范，更具有道德意义，是思政教育的基本诉求。对于新时代大学生来说，谁讲不重要，重要的是讲什么，所以教育者应多关注学生经历，在教学过程中"投其所好"，充分调动学生学习的积极性，引导学生把生活中遇到的人、事、困惑与喜悦在课堂中进行展示和分享，并结合所讲内容与其困惑和喜悦相结合，解学生之所忧、之所困，那么思政教育就可以直抵学生内心最深处，不仅符合学生的"口味"，还可以取得良好教育效果，可谓是一举两得。除此之外，学生多年的生活和学习经历，在头脑中形成了自己的知识结构，这些已有的认知对于学生学习新知识的影响不言而喻，如果新学习的知识和大脑中已有的知识相近，那么学生的学习速度就会加快，否则，学习效果则大打折扣。所以教育者在教学过程中，一定要通过多种途径多方面地了解学生已有的认知、需求和生活经历，在教学过程中融入相应的生活元素，在教授新知识时尽可能多地考虑学生头脑中已有的认知，利用学生头脑中已有的认知同化新知识，以使学生更好地学会新知识并在生活中运用新知识。

**2.教学目标生活化**

第一，制定差异性的教学目标。大学生来自祖国的五湖四海，学生的受教育水平和学习能力参差不齐，所以教育者在制定教学目标时要考虑各种因素，做到具体问题具体分析，分层次制定教学目标，而不是千篇一律，不能提出与学生现有水平相差较远的教学目标，在制定目标时既要有与学生生活相关的"小目标"，也要关注学生可能达到的高度，制定相对高一点的"大目标"。"小目标"可以融入学生生活，使学生在生活中就可知、可感、可行；"大目标"可以使学生"跳一跳"通过自身努力去实现，增强学生的自信心。除此之外，制定差异性的目标还要关注不同的学生群体，对于高年级学生，由于他们的思想已经比较成熟，所以在目标的制定上就可以层次高一些，对于低年级同学，由于他们生活阅历和经验不够丰富，就要制定层次低一些的目标。针对同一群体，由于学生的思想发展快慢不同，目标也应有所区分，比如，针对学生党员和学生干部这个群体，在目标制定上应有一定的区分。但事实上，无论针对哪一类学生群体，制定什么样的目标，目的只有一个，就是有针对性地改善学生思想，用"精准"的目标来对学生进行教育。

第二，制定现实性的教学目标。现实生活是我们每人每天都能切实感受到的，教育者在制定"思政课"教学目标时必须关注现实生活，制定具有现实性的教学目标，而不是制定脱离生活、脱离现实的"高、大、空"的目标，我们培养的是生活中的人，目的是使学生在现实中更好地生活，而不是对学生提出过分的不符合实际的要求。教育者在制定教学目标时，应多关注"中间地带"的学生，制定符合大多数学生生活实际的目标。当然，关注"中间"并不是忽视"两端"，因为中间的人数多，是生活中的主力，他们的思想状况会影响到整个群体的思想状况。所以，一定要以实践为依据，把对学生的思政教育作为出发点，制定"有血有肉"具有现实性的教学目标。

### （二）教学方式生活化

思政教育普遍使用的教学方式就是传统的理论灌输式，不注重学生在学习过程中的主体地位，教育者将有趣的、多样的教学主要手段"抛之脑后"，导致教育效果不佳。因此，教育者应摆脱经验主义的"窠臼"，注重教学方式的"时代性"，注重运用情境教学、心理咨询和社会实践等符合时代发展要求的教学方式。

1.运用情境教学和心理咨询

新时代大学生思想变化是多样的，传统的育人手段难以吸引学生的注意力，调动学生的"胃口"，必须采取富有吸引力和针对性的育人方式来改善学生的思想，情境教学法和心理咨询法是普通高等院校创新思政教育教学方式且富有成效的重要方法。

第一，注重运用情境教学法。知识不能脱离情境而单独存在。情境教学是指在教学过程中，教师有目的地引入或创设具有一定情绪色彩的，以形象为主体的生动具体的场景，以引起学生一定的态度体验，从而帮助学生理解教材，并使学生的心理机能能得到发展的教学方法。首先，教育者可以采取情境再现的方式，将生活中发生的与教学内容相关的场景，通过多媒体或学生表演的形式再现出来。其次，可以直接将学生生活中发生的具有教育意义的故事"搬"进课堂，这样对学生的教育是直接的。但无论采取什么样的形式，其目的就是让学生在感受真实生活世界的过程中，以一种"独特"的且学生非常熟悉的方式来"反观"生活，引发学生的思考，提高育人效果。

第二，注重运用心理咨询法育人。现如今大学生的就业等各种压力纷至沓来，对学生的影响可能不仅是思想上的，心理上的障碍也是有可能产生的，所以引导学生转变思想仅靠对学生的思想教育或学生自身的调节可能是难以"见效"的，因为学生有些问题看起来是思想问题,实则是心理问题。所以我们应"双管齐下",教育者可"另辟蹊径"采用心理咨询的方法对学生进行心理干预,帮助学生理性看待自己,辅助有效解决学生思想上的问题,促其全面发展。

2.重视社会实践

学生的发展是全面的发展,仅仅在课堂中对学生进行思想教育,满足不了新时代大学生全面发展的需要,而且也难以满足新时代对大学生提出的新要求。实践是理论之源,一些知识和理论需要学生去亲身体验,以获得真正意义上的理解,并指导自身实践,这就要求教育者应注重社会实践的育人性。

第一,注重社会实践的育人性,改变传统课堂"孤岛"式教学。"实践教育是人全面发展的决定性因素",不仅要使学生在课堂中学习理论知识,还要使学生在实践中进行自我教育,毕竟生活是动态的,不是一成不变。这种体验是学生亲身感受到的,不是表演、展览等"伪装"出来的,这就犹如在水中学习游泳一样,其效果是真实的、有效的。除此之外,从纵向来看,社会是学生最终的"归宿",从人生的发展阶段来说,学生的学校生活仅仅是人生的一个阶段,然而人并不是只有在学生时期需要教育,人生的不同阶段都需要教育,而且其内容由于成长阶段而不同,对人的教育是一个终生的过程,那么这个教育的课堂就是社会这所大学校。从横向来看,对学生的思想教育不能只在校园内进行,也要在校园之外开展,不能使学生成为在校园之内是道德的人,校园之外就是"无恶不作"的人,所以转变教育方式,引导学生进行社会实践是非常必要的。

第二,注重社会实践的育人性,改变传统"知识性"教学。学生的发展是整体的、全面的发展,学生全面发展的前提是掌握一定的知识,除书本知识外,生活实践中体验感悟到的知识同样也是学生全面发展不可或缺的一部分,且通过实践获得的知识更具"实战性"。如果回想人类最初的思想道德教育,毫无疑问都是在生活、生产中开展的。学生思想的改变需要一个过程,不是仅靠课上45分钟就可以"瞬间"实现的,而且这个改变需要课上课下协同进行。现在普通高等院校对学生的思政教育是以教材为基础,是在课堂中进行的,是在"科学世界"中进行的,但事实上这样的教育是不全面的,因为"科学世界"是以"生活世界"为根基的,是从事"专门"教育活动和知识传授的"世界"。所以,生活才是对学生思政教育最基本、最全面的世界。"纸上得来终觉浅,觉知此事要躬行",学生在课堂中、教材中学到的关于道德教育的知识,是普遍且具有共通性的,而社会生活中有大量的道德教育知识是不可言说,且对学生思想影响具有一定特殊性的。有些道德教育知识是"搬"不到教材中去的,是教育者说出来但学生不一定真正能够深刻领悟到的,需要学生亲身体验才能体会、感悟出来,因此教育者必须创新教学方式,引导学生在生活中进行实践、体验、感悟,使学生"游离"在"科学世界"和"生活世界"中，做一个全面发展的人。

**（三）教学过程要以学生为本**

1.强调学生的主体性

第一，将"灌输"式教学向启发式教学转变。在传统的灌输式教学过程中教师把学生当作接受知识的"器皿"，这样的教学是一种"你说我听"的教学方式。教学活动的主要实施者是教师，学生是接受知识的客体，师生之间不是平等对话关系，教师是知识的"搬运工"，搬运的知识就是"圣经"，这样的教学是脱离生活世界的教学方式。与之相反的启发式教学是符合时代发展要求的教学方式，启发式教学强调教师要引导学生学习，做学生学习的"助产士"和"促进者"，要求师生双方平等对话，一同探索真理。教育者在教学过程中，首先要发扬教学民主，转变以往师生之间"主体—客体"关系，建立一种"主体—主体"交互式师生关系，在教学过程中做学生学习的"引路人"，师生双方相互配合，实现预定目标。其次，学生的很多感悟是在生活中体会出来的，在相互交流过程中教师要调动学生关注生活的积极性，将知识的学习与生活紧密相连，寻找知识和生活的契合处和交汇点，这样可以增加学生对生活的热爱之情，也可以形成良好的课堂学习氛围。因此，教学方式的转变，不仅是师生双方平等主体地位的体现，更是转变教育思想，提高教育质量的必然选择。

第二，融入情感因素激发学生将知识运用到现实生活中的自觉性。情感一直贯穿教育过程的始终，教育者在教学过程中做到以学生为本，与学生平等对话，可以激发学生学习的积极性。但事实上如果在师生交往过程中，不融入任何情感色彩，仅是"你说我听"，那么师生之间的交往便是"冷淡"的；如果没有情感的"掺杂"，那么教育者的教仅仅是教，学生的学也仅仅是学。所以，教育者在教学中要投入情感，进行有"温度"的教育，对于教育者来说在教育过程中以情感为基础，有情感地对学生进行有"温度"的教育，可以直抵学生内心深处，触动学生心灵，达到预期目标。因此，一方面，对于教育者来说，教师应"换位思考"，在教学过程中站在学生角度，体会学生真实的情感，用"爱"去关心学生，用"情"去感化学生，缩短师生之间的心灵距离，这样的教育效果必然会显著提高；另一方面，对于学生而言，在学习过程中如果能体会到情感的存在，必然就会激发学生端正学习态度，对于知识的学习就不仅只是停留在认知层面，而是更进一步达到对知识认同并践行的程度。除此之外，情感的存在可以使课堂变得更加"温暖"，更好地吸引学生关注课堂，热爱课堂，教师因势利导，使学生进一步关注生活，热爱生活，这就会形成一个良性互动，把"让我做"转变成"我想做"。

2.善于引导，因材施教

第一，注重教育者在教学过程中的引导作用。教育者是学生成长道路上的"领路人"，应弘扬"工匠精神"，潜心研究教育教学，注重自身在学生的学习和思想上的引导作用，做好方向的引领。首先，教育者要引导学生转变其对待生活教育的态度和思想。其次，倡导生活化的教育不仅是要教师转变教育理念和教学主要手段，最主要的是为了学生思想的转变，如果学生在教师的引领下在日常生活中做个有心人，关注生活对自身的教育意义，那么取得的教育效果一定是"事半功倍"的。所以，教育者在教学过程中应有意识地引导学生关注生活，把生活的教育作用潜移默化地融入教学过程中，有针对性地解决学生思想上对生活育人的偏差，引导学生去认同和践行生活教育。因此，教育者有针对性的引导是取得绝佳教育效果的关键。

第二，以学生的需要为导向开展教学工作。首先，教育者要调整与学生之间的"焦距"，了解学生的困难和思想上的"结"，以学生的需要作为教学的起始点，根据学生关注的"点"制定具有一定针对性的教学方案。其次，在关注学生现实需要的同时，也应注重现实需求与长远需求的有机结合。教育者可以根据自己的教学经验和学生的需求层次，在满足现有需要基础上，引导学生追求更高层次的需要，从而树立远大理想，进行自我教育。最后，通过多种途径满足学生的合理需求，无论是精神的还是物质的。

### （四）学校管理生活化

学校对师生的考评方式和考核标准对师生的导向作用是巨大的，直接影响师生工作和学习的"着力点"，所以学校必须从师生的现实生活和实际需求出发，来完善对师生的考核评价机制，为师生提供有针对性的工作和学习导向。除此之外，与学生每天相伴的校园环境，发挥着对学生隐性教育的作用，因此学校必须重视校园环境的育人作用，发挥其隐性育人功能。

#### 1.改进考核评价机制

学生是活生生的个体，对学生评价机制的优劣会影响其学习的自觉性，对学生的考评应改变传统的单一的以"分数论英雄"的考评，倡导多样化考评方式和标准。对教育者应调整和完善教师考核方案，形成多层次、多样化的考核体系。同时要找到两者之间的平衡点。

第一，优化对学生的考评方式，倡导多样化考评标准。学生的品德优劣不是一张试卷可以测出来的，对学生考核评价应采取多样化的方式，从而对学生有一个全面的、全方位的了解，同时也可以改善学生对分数的过分追求。首先，完善对学生的考评方式，目前学校对学生的考核评价仍以考试为主，如果一时难以改变这种评价方式，我们可以转变思想，更新理念改变考试内容，围绕学生的实际生活设置适当的题目，比如，多出现生活中的案例，使育人和考试"相向而行"，实现考试和育人"两不误"。其次，注重对学生的过程性考核，关注过程性"动态"考核方式，引导学生参加志愿者等社会公益性活动，在此过程中观察其思想和行为的变化情况，观察考核学生的实践和合作能力，等等。最后，实现评价主体多元化，对学生的考评只是通过考试和社会实践等评价，且考评者仅是教育者，这是单方面的，难以做到对学生的全面考评，我们可以探索除考试和实践之外的其他考评方式，比如，同学同伴群体之间互评，他们每天朝夕相处，互相"知根知底"，对彼此在生活中的表现了如指掌。同时，还可以在教育者的引导下进行自我评价，虽然这种评价可能会出现"虚假"情况，但事实上学生在经过"扪心自问"这个"痛苦"的过程之后，对学生的思想定会有所冲击。总之，无论采取哪种评价方式，一定要形成考评合力，并且要健全考评结果的反馈机制，总结考评经验，从而制定更加有效的考评方案，更好地发挥考核标准的导向作用。

第二，调整教师考核评价导向，多方面完善教师考核评价标准。教育要发展，教师是关键，考评标准对教师的工作方式和教学行为具有较强的导向作用，决定着教育者将主要精力用在哪些方面，所以普通高等院校应结合学校的教与学的实际情况，制定"个性化"教师考评要求。首先，在进行教师培训时应注重对其有方向性的引导，将生活教育理念作为培训的重要内容和主要方面，引导教师在教学方式和教学内容方面下功夫，在考评时注重对教师生活教育理念、教学方式和教学内容生活化方面的考评。其次，完善学生对教师的评价标准。在学生对教师进行教学评价时，把教师在讲授教学内容时是否与生活相联系，是否引导学生关注社会热点事件和热点话题，是否关注学生的思想状况，是否选取"接地气"的教育素材，是否制定贴近学生实际的教学目标等作为考核内容，发挥学生评价的反馈作用。最后，改进教师听课标准。把教师在讲授新课过程中是否关注生活，是否把知识与生活相联系，是否做到"以生为本"作为教师互评的参照标准。总之，通过完善对教师的考评标准，做到具体问题具体分析，制定符合本校实际的教师考核评价体系，以促进教学质量的整体提升。

2.重视学校环境的育人作用

学校必须重视校园环境的育人作用，物质环境和文化环境同等重要。

第一，注重校园物质环境的育人性。校园物质环境是"有形"的，学生可以看得见摸得着。除了注重校园建筑等"大型"环境的育人性，还应关注校园"小型"环境的育人性，如在食堂、宿舍、图书馆等张贴相关育人标语，这些看似"不起眼"的标语，对学生思想的影响却是无声的。图书馆是学生学习的"主阵地"，教学楼是传授知识的主要场所，可以在图书馆和教学楼等主要场所摆设一些雕塑、名人画像等具有文化底蕴的物件，将没有生命的建筑赋予"生命"和"灵性",这样可以让学生在文化艺术享受中潜移默化地受到教育,达到事半功倍的效果。除此之外,食堂、宿舍和图书馆等场所的工作人员"时刻"陪伴在学生的校园生活中,他们的言行或多或少地会影响到学生的思想,如果他们素质既高又能够尽心尽力做好本职工作,那么学生感受之后对其思想的影响可想而知。所以,学校对他们应做到定期培训,以提高他们的整体素质,发挥服务育人作用。

第二,注重校园文化环境的育人性。校园文化环境是"无形"的,但事实上对学生思想的影响却是巨大的。首先,学校可以利用重大节日的教育作用,比如,在抗日战争胜利日、建党节、国庆节等这些非常具有纪念意义并可以"点燃"学生内心"火焰"的节日举行各种各样的活动,以激发学生的爱国之情和报国之志。其次,学校可以利用大型会议开闭幕式、升国旗仪式等具有仪式感的活动对学生进行思政教育。最后,学校可以组织学生观看具有代表性的党和国家的一些重要会议,比如党的十九大开幕会等,这对学生的思想影响是不言而喻的。通过对校园文化环境不同方面的关注,从而形成拼搏、向上、进取的校园文化氛围,这对改善和提升学生的思想是不可或缺的。

## 五、言教与身教结合法

### (一) 言教

个体所接触或接受的理论、观点以及社会所提倡的价值标准无疑对"思考"的内容以及"思考"的结果产生着重要影响。也就是说,他人及社会中的各种言教对个体采取某种行为前的"思考"有着重要影响。言教不是简单地说说话、写写字,教育者的言教必须讲究艺术。在学校教育中,有很多为人师表的教师对工作尽心尽职,对学生关怀备至,可是却不是十分重视对科学的教育方法进行探寻,对学生的接受心理的研究与观察不是很重视,对于"单向灌输"十分的痴迷,对"精诚所至,金石为开"的古训的了解存在错误,总喜欢一味地进行空洞的说教、机械地重复所讲的内容,往往会造成相反的结果,得不到预期的教学效果,最后"苦口"欲碎,"婆心"见违,但事实上受教育者却对其传授的内容毫无兴趣,置若罔闻。

### (二) 身教

俗话说桃李不言,下自成蹊。教育者的言教固然重要,但它与身教这两者之间并不是不分伯仲,而是身教重于言教,其主要原因是对真理进行宣传的人能够对真理执行到什么程度,能够对人们对真理的相信程度起到决定性作用。教师的"尊严"其实就是在自己言谈举止、所作所为,被学生充分肯定的基础上树立起来的;在坚持真理,改正错误中树立起来的。一个没有学识的教师,学生轻视他，而一个品德不好的教师，学生鄙视他。在现实中，有个别教育者通常在面对受教育者的时候，以社会公认的、先进的做人规范来教导他们，而在自己的日常工作和生活中，则以自己所信奉或具有的做人规范做行事，导致双重人格的形成。这是表里不一的表现，不仅难以让受教育者听其言，信其道，更会引起受教育者的反感。教育者应该要切记自己的每一个举动都是一面镜子，要想自己的"说"具有力量，一定要"做"得好，只有行为是正当的，其言语才能够具有说服力。行为超过了语言，语言才能做到掷地有声。当然，教育者的身教并不是要教育者逐个躬行自己的"所言"，而是，自己的"所行"必须符合自己的"所言"，只有语言与行为相一致，人们才有可能真正地对你感到信服。

# 第五章　新时代高校思想政治教育队伍建设研究

## 第一节　高校思想政治教育队伍建设的现状

### 一、辅导员在高校思政教育中的主要工作方法

#### （一）说服式教育法

说服式教育法是指通过讲道理、摆事实等方法，使大学生能够很好地自我定位、很好地处理人际关系，指引学生树立正确人生观、世界观、价值观的一种教育工作方法。

说服式教育法有两个显著的特点。一是通过正面教育，提高学生的认识，注意以理服人，注重明理教育。二是通过教育引导，帮助学生提高辨析能力和认知能力，启发学生的自觉性和自律性，帮助学生对具体问题作认真分析，对于不正确的看法帮助学生把主观认识引导到正确的方向上来。

说服式教育法的具体教育方式可以大体分为两大类。第一类，运用语言、文字、音像资料等进行说服教育的方式。第二类，是运用事实进行说服教育的方式。主要包括参观、调查、访问等。

#### （二）情感交流式教育法

大学生思想政治教育情感交流沟通是指在思想政治教育工作中，教育者借助情感交流与沟通的方式与受教育者在情感上产生交流与共鸣，从而将特定的教育内容传递给受教育者，进而达到深层次教育的目的。

现今的高校辅导员年龄结构普遍年轻化，与大学生属于平辈交流，更容易找到共同的话题和共同语言，让大学生接受这种情感交流的教育方式。然而在现实

中，辅导员在与大学生情感交流的过程中存在一些缺点和不足，大多数情况是有了问题才与学生交流沟通，平时的情感交流基础与交流平台搭建得不是很好。再有就是情感交流的方法运用得较为单一，传统单一的交流方式很难引起当代大学生的兴趣，难以触动大学生的内心感受。辅导员队伍过于年轻化也带来一些弊端，如社会阅历不够、情感交流不能满足教育需要、不能很好地掌握与学生情感交流的契机或者情感交流时不注意方法与技巧、教育过程过于程式化的说教，缺乏与大学生内心深处的情感共鸣等。

结合高校辅导员在与学生情感交流沟通中遇到的实际问题，加强和改善高校辅导员与学生们之间的情感沟通的方法和途径尤为重要。提高辅导员的情感素养，道德修养以及掌握良好的情感交流沟通方法、积累丰富的经验，是提高辅导员情感教育交流的重要手段和途径。

### （三）理论联系实践式教育法

教育理论与教育实践相结合的教育方法，是高校辅导员应用较为广泛的教育法之一。教育理论一方面是提供理论指导，是教育过程组织方式的简要概括。可以为教育实践提供选择；另一方面是教育实践经验的概括，可以升华为系统的教育理论。在高校辅导员思想政治教育工作模式创新研究上，教育理论与教育实践能够完成理论指导实践，实践充实理论的双向路径，两者相辅相成、相互促进、共同发展。

教育实践与教育理论两者之间的"脱离"是高校思想教育过程中实际存在的一个大问题，辅导员在教育学生的过程中往往因为缺少实际教育经验，造成脱离实际"纸上谈兵"的教育方式。教育实践是随着思想教育工作者的工作阅历、工作经验的积累过程，而通过自身综合素质的提高、实践知识的增强，反过来对教育理论形成"互相滋养"，进而理论与实践都得到升华的过程，完成由量的积累到质的飞跃。

### （四）网络舆论影响式教育法

网络舆论是伴随着网络媒体、网络技术的发展而诞生的，从网络舆论形成的那一天起，就有其作为媒介介质特殊的意义。网络舆论的发展为思想政治教育开拓了新视野、提供了新思路，为高校思想政治教育注入了新鲜的血液，网络运用的普及丰富了高校中思想政治教育的内容，满足了学生对于知识的受教需求，拓展了传统思想政治教育的形式，有效提高了思想政治教育的实效性。

网络舆论在高校的思想政治工作的方方面面同样产生了很大的影响。网络时代，为大学生提供了献言献策的有效渠道，有利于提升大学生的思想政治素养。网络也能为大学生正确表达爱国热情，弘扬爱国主义精神，弘扬社会主义奉献精神提供了平台，有效凝聚热情、抒发情感。网络也能给大学生提供了鞭挞丑与恶，弘扬真善美的平台。

网络舆论像一把道德的标尺，有效衡量大学生心中的道德标准和行为标准，时刻提醒他们任何一种行为都要受到道德行为的推崇和约束。网络舆论教育的发展是高校辅导员进行思想政治教育工作中重要的教育媒介和手段，更有利于当代大学生树立提升思想政治素养和道德意识。

## 二、高校辅导员工作现状及人员素质分析

高校辅导员队伍是大学生思想政治教育的中坚力量，是高校教育的一面旗帜，同时高校辅导员也是高校教师队伍和党政管理队伍的重要组成部分，肩负着大学生思想引导、人才培养、校园安全稳定等重要意义的工作。做一名受学生欢迎的优秀辅导员是我们每个从事高校思想政治教育工作辅导员的责任和目标。

在我国辅导员最早出现在1953年的清华大学，是由当时的蒋南翔校长提议而设立的。高年级优秀的学生干部担任低年级学生的辅导员，指导低年级学生的思想政治教育工作。此后辅导员的选拔任命逐步由学生到优秀青年教师过渡，逐步形成了一支专业化的辅导员队伍。直到1965年《高等学校学生班级政治辅导员工作条例》颁布后，正式确立了政治辅导员的工作性质、任务、要求和方法，标志着高校辅导员制度已经形成。改革开放以后，国家出台了一系列政策与措施加强高校辅导员队伍建设。重新确立了政治辅导员的地位和选聘条件、职责要求及相应待遇，进一步完善了辅导员的选聘机制、培养机制、发展机制和管理机制，进一步明确了辅导员队伍的角色定位和职责，使辅导员成为高校思想政治教育工作的不可缺失的一部分。

2006年7月教育部颁布的《普通高校辅导员队伍建设规定》中更进一步明确了高校辅导员的性质和身份："高校辅导员、班主任是大学生思想政治教育的骨干力量，辅导员按照党委的部署有针对性开展思想政治教育活动，班主任负有在思想、学习和生活等方面指导学生的职责。"辅导员工作主要体现在以下方面：努力做好学生日常思想政治及服务育人工作，加强学生班级建设和管理；遵循大学生思想政治教育规律，坚持继承与创新相结合，创造性地开展工作，促进学生健康成长与成才；主动学习和掌握大学生思想政治教育方面的理论与方法，不断提高工作技能和水平；定期开展相关工作调查和研究，分析工作对象和工作条件的变化，及时调整工作思路和方法；注重运用各种新的工作载体，特别是网络等现代科学技术和手段，努力拓展工作途径，贴近实际、贴近生活、贴近学生，提高工作的针对性和实效性，增强工作的吸引力和感染力。

## （一）高校辅导员工作角色定位

1.大学生综合事务的管理者

高校辅导员主体角色定位是学生事务的管理者，尽管社会在飞速发展，信息时代和科技时代相继来临，辅导员作为学生事务的基本管理者的身份从未有过改变。大体上说，高校辅导员的日常事务包括以下几个方面：第一，学生基本资料的管理和统计，日常工作资料的积累。第二，是团组织的培养和建设工作，学生党支部的管理、推荐等工作，包括团员推优，组织发展推荐，团组织活动的开展，积极配合上级团组织积极开展工作，在认真完成上级交代的各项工作的基础上，有创意地指导本分院团委开展工作。认真完成各类入党积极分子材料的检查和整理工作，认真做好班级党课学习推荐和团组织的"推优入党"工作。坚持以学风建设为导向，指导学生党支部开展工作，加强党员教育，严格规范党员的行为举止，发挥学生党支部的战斗堡垒作用和学生党员先锋模范作用。第三，做好学生的安全教育，特别抓好学生的寝室防火安全、社会治安安全、网络安全和节假日安全；对学生中存在的重大事情、安全隐患，及早发现、及时汇报、及时正确处理。深入学生寝室，把握学生的思想动态，关爱学生，积极帮助学生解决各种实际困难，配合舍务老师做好寝室管理工作。第四，坚持公平、公正、公开的原则，做好各类奖助学金的评比工作，落实好国家和学校对于品学兼优以及家庭经济困难学生相关政策的工作。以学生干部为基础，以点带面，充分发挥学生干部在学生中的积极作用，把提高学生干部工作效率和班级日常管理工作相结合。努力增强团员意识，积极引导学生不断追求更高的目标，使他们中的先进分子确立马克思主义的坚定信念，树立共产主义远大理想。帮助学生养成良好的道德品质，经常性地开展谈心活动，增强学生克服困难、经受考验、承受挫折的能力，了解和掌握学生思想政治状况，针对学生关心的热点、焦点问题，及时进行教育和引导，化解矛盾冲突，参与处理有关突发事件，维护好校园安全和稳定。

2.大学生思想政治教育工作的实施者

教育部《普通高等学校辅导员队伍建设规定》指出，高校辅导员的主要责任有：

（1）帮助高校学生树立正确的世界观、人生观、价值观，确立在中国共产党领导下走中国特色社会主义道路、实现中华民族伟大复兴的共同理想和坚定的信念。积极引导学生不断追求更高的目标，使他们中的先进分子树立共产主义的远大理想，确立马克思主义的坚定信念。

（2）帮助高校学生养成良好的道德品质，经常性地开展谈心活动，引导学生养成良好的心理品质和自尊、自爱、自律、自强的优良品格，增强学生克服困难、经受考验、承受挫折的能力，有针对性地帮助学生处理好学习成才、择业交友、健康生活等方面的具体问题，提高思想认识和精神境界。

（3）了解和掌握高校学生思想政治状况，针对学生关心的热点、焦点问题，及时进行教育和引导，化解矛盾冲突，参与处理有关突发事件，维护好校园安全稳定。该规定确立了高校辅导员开展思想政治教育工作的基本内容和目标。新时代，高校辅导员是充当思想教育、道德教育、心理教育、政治教育、文化教育者的角色是毋庸置疑的。

3.大学生职业生涯的规划者

随着我国高等教育的普及，巨大的就业压力已经成为高校毕业生和摆在各级高校教育者和管理者面前最严峻的问题。做好毕业生的就业能力培养，引导学生树立正确的就业创业观，提高学生就业创业能力，是关系学校发展、维护社会安全稳定和学生们切身利益的重中之重。提高大学生的就业能力、就业技能，促进大学生就业是一项系统工程，从学生进入大学的第一天起，辅导员在日常的管理和教育中就应该侧重这方面的教育和培养。高校辅导员要担当起大学生职业生涯规划师和大学生就业创业指导者的角色，帮助学生明确自身定位，提供全方面的就业指导服务，拓展学社就业范围和就业空间，帮助学生顺利完成由学校向社会的过渡。

4.大学生心理健康教育者

过重的课业负担、激烈的竞争环境、过重的就业压力以及情感问题等诸多因素，严重影响当前在校大学生的心理健康情况，高校辅导员也存在心理咨询方面理论知识薄弱和心理学专业培训欠缺等问题。目前。高校辅导员在学生心理健康教育问题上还只是一个观察发现者和情感疏导员的角色，主要是对学生进行预防教育和简单的心理疏导。高校辅导员在平时的工作中应及时了解学生的心理动态，特别是要重点关注特殊群体学生的心理健康问题，增强大学生处理突发事件和受挫能力，以及预防心理疾病的能力，配合学校专业的心理健康教育部门开展心理健康教育活动，辅导员学习心理辅导专业化是辅导员队伍建设的必然方向，这必然促使辅导员队伍专业化、专家化和职业化的必经之路。

5.大学生综合素质提高的指导者

引导学生树立正确的人生观、世界观、价值观，培养学生健全的人格和良好心态，全方面锻炼学生协调能力、处理人际关系能力、实际操作能力、文字综合处理能力等方面工作，是辅导员工作的另一个重要组成部分。大学校园也离不开各种各样丰富多彩的校园文化活动，辅导员是这些活动主要的组织者和参与者，指导学生积极主动地参与到活动中来，既有助于辅导员在学生中树立威信和提高亲和力，也有助于开发学生各种综合素质和能力，在各种主题活动的影响下，潜移默化地影响学生，开发他们的潜能，锻炼各种能力，从而达到提高学生综合素质的目的。校园文化活动对于学生的全面发展起着重要的作用,这种作用是文化课程教学所起不到的。

### (二) 高校辅导员管理制度状况分析

辅导员队伍是随着社会发展进程逐步完善的,从最开始的兼职辅导员队伍为主的管理模式,到现在逐步建设专业型、专家型、学术性的辅导员队伍,辅导员角色定位逐步明确,地位和待遇不断提高,辅导员功能也逐渐由单一化的管理向复合化过渡。

我国高校现阶段实施的辅导员管理制度主要有专职辅导员和兼职辅导员两种形式。因为兼职辅导员已经越来越少,所以我们不进行研究和讨论,我们就专职辅导员管理现状展开讨论。专职辅导员管理制度现状:首先,目前我国高校都结合实际工作需要,按1:200的师生比例配备专职辅导员,保证每个院系和年级的专职辅导员数量。各高校专职辅导员选聘一般都采用面向社会公开招聘的方式进行,保证公平性与公开性,最大限度地引进能力强、素质高的优秀人才到辅导员队伍中来。然而,是否具有相关专业研究生以上学历、是不是中共党员、在校就读期间成绩是否优异、是否担任主要学生干部,以及许多关系网的影响,也造成了辅导员队伍可能流失了许多人才。其次,专职辅导员在高校教学管理中的地位没有得到应有的重视,众多烦琐的事物占据了辅导员太多的工作时间,辅导员把过多的精力都用在了德育指导、心理咨询、安全稳定管理、评奖评优、职业培训等方面,缺少公正客观地为辅导员创造科研、培训等平台。最后,在专职辅导员队伍建设中,综合素质和专业技能是辅导员的撒手锏,然而在现实中,辅导员往往都是只参加岗前培训,任职后缺少系统的培训和相关专业技能的进修。这就造成辅导员在思想政治教育过程中,往往固守着固定的一套教育方法和理论,工作方法上缺少创新。

专职辅导员在管理上有明显的优势,如:能随时对学生进行管理,早操、上课出勤、晚自习、寝室等方面无死角,能够全面、及时地处理各种类型的突发事件。因为年龄相近,辅导员可以在情感上更贴近学生,更容易和学生产生共鸣。由于大多数高校都是实行两级管理模式,这样也便于高校对专职辅导员进行管理。高素质的专职辅导员队伍在管理上更加专业,经验更加丰富,高素质且相对稳定。高校配备专职辅导员,有助于创造专业化和专家化的辅导员队伍。

专职辅导员也要注意以下几方面问题:第一,辅导员队伍结构不合理,专业化程度不高,业务能力不够强。第二,工作职责不够清晰,辅导员职能发挥不明显。第三,辅导员相关待遇普遍较低,职业发展前景不够明确,辅导员队伍人员构成流动性较大,不够稳定。第四,辅导员考核机制不够完善,容易片面否定辅导员工作，奖励机制也存在不够完善等问题。

**（三）高校辅导员人员综合素质状况分析**

现今高校辅导员的招聘大都是以面向社会公开招聘为主，在应聘者中又以本校毕业的应届研究生为主体。本校毕业的应届毕业生，因为大都在学校经历了本科与研究生阶段的学习、工作和生活，在校期间大都是主要学生干部，有的学生干部甚至已经成为助理辅导员之类的半工作性质，由于经常性地帮助辅导员协调和处理各类学校工作，对于学校各类大政方针、相应的管理章程以及具体是管理方式方法都较为熟悉，这类学生干部留校后，能较快地适应工作角色，不需要太多的适应期就能很快适应工作。

以本校留校生为主的辅导员队伍构成虽然有很多天然的优势，但是这种用人方式也有一定的弊端。一定程度上限制了校际的人才交流，不能通过人才交流把其他高校优秀的管理方式和管理理念带到新的工作岗位上，从而达到校际管理经验的融合。

在年龄结构上，高校辅导员一般都是以中青年为主，学生工作办公室主任、分院主管学生工作的党委副书记一般都由工作时间较长的中层领导担任，他们一般具有十年左右的一线学生管理经验，可以加强对年轻辅导员的言传身教。而分院普通辅导员和分团委书记一般都是较为年轻的同志担任，他们和学生接触较多，年龄上的优势使得他们更容易和学生打成一片，因为代沟较小，能够更好地和学生进行情感交流。

学历层次明显提高，年龄结构明显降低是现今高校辅导员的总体趋势，建立一支拥有良好的作风、政治素养高、年轻化、专业化、职业化、专家化的辅导员队伍，是高校辅导员建设发展的整体目标。现代辅导员必须具备的基本素养包括以下几个方面：第一，以优异的职业能力基础作为保障。这些能力包括：组织管理能力、统筹协调能力、良好的沟通能力、领先的创新能力、心理健康教育与辅导能力、帮助学生进行职业规划和就业指导的能力等。第二，要有良好的知识素养作为指导。这些知识素养包括以下四个方面：思想政治教育知识素养、现代管理学的基本知识素养、心理学和教育学知识素养、法律法规知识素养等。

我国高校辅导员整体素质距离理想要求还有一定的差距，想要建设一支专业化程度较高的辅导员队伍还有很长的路要走。首先，要稳定辅导员的队伍，让辅导员能够看到自己的职业前景和体会到自己的人生价值。其次，要明确辅导员在高校思想政治教育工作和管理工作中的定位，对辅导员考核、福利待遇能进行调整。再次，坚持科学发展，不断完善辅导员队伍，努力提高辅导员队伍的专业化程度。最后，努力为辅导员提供升学、进修、培训、科研等方面的便利条件，使之有条件提高自身素质。

### 三、高校辅导员思想政治教育工作的基本内容

#### (一) 道德行为规范教育

高等学校是培养社会主义建设所需要的高级人才的地方,高等学校的在校大学生应该是天之骄子,应该是讲文明、懂礼貌、树新风、知荣辱的楷模,然而在现今的高等学校,大学生基础文明、道德规范等方面缺乏较为严重。

加强对大学生的行为规范教育,提升学生思想道德修养,已经成为高校思政教育以及高校综合素质教育的重要组成部分。制定健全的教育体制,采用理论联系实际的教育方法,结合网络媒体等全方位的教育资源,系统培养在校大学生的整体行为规范意识和道德意识水平。良好的行为规范和高尚的思想道德水平不是一朝一夕养成的,关键是持之以恒,努力把学生教育成恪守传统美德的文明大学生。

#### (二) 爱国主义教育

爱国主义教育是激发大学生对祖国和民族了解和热爱,培养他们勇于探索、知难而上、坚韧不拔的时代精神的最好教育方式。加强爱国主义教育是高校思想政治教育工作的永恒主题和重要的组成部分,大学生只有坚定爱国主义情感,以热爱祖国和建设社会主义国家为己任,以损害国家利益和国家尊严为耻辱,才能通过掌握过硬的科学文化知识,把爱我中华和实现中国伟大复兴的中国梦付之行动,努力使自己成为合格的建设社会主义接班人。

爱国主义教育是高校思想政治教育中的重要环节之一,是一个内容丰富、内涵深刻、覆盖面广的系统工程。要在大学生中良好普及爱国主义教育,努力取得最好的教育效果,就应该从以下几个方面着手:首先,要激发大学生的爱国主义热情,引导他们理性爱国。其次,要树立个人利益服从国家利益的集体主义思想。最后,要引导学生树立强烈的忧患意识,致力于振兴伟大的祖国和实现伟大的中国梦。

#### (三) 理想信念教育

高等学校是为国家输出合格建设者的重要机构,对人才兴国战略负有重要的责任。全面建设小康社会,实现中华民族的伟大复兴,教育是基础。中共中央、国务院《关于进一步加强和改进大学生思想政治教育的意见》中确认并突出强调了"理想信念教育"在大学生思想政治教育工作中的"核心"地位。理想是对美好事物和未来的设想和向往,是有根据的,可实现的。如何使广大青年大学生树立崇高的理想信念,并使之成为努力奋斗的巨大精神力量,是目前高校思想政治

教育工作者需要仔细研究和讨论的重大课题。

理想信念是一个民族和国家的精神支柱,失去了理想信念就等于失去了灵魂。对在校大学生施加有目的、有计划的教育影响,使他们树立起正确的理想和崇高的信念,是高等学校教育者们的最终目标。在高等学校实施理想信念教育是时代的要求,是党和人民交给我们的光荣而艰巨的历史任务。只有我们明确理想信念教育的目标,开辟多钟教育途径,加强教育和宣传,才能为祖国培养出一批拥有崇高理想和坚定信念的社会主义建设者和接班人,才能实现中华民族的伟大复兴。

**(四)思想政治教育工作效果分析**

爱国主义教育、道德行为规范教育、理想信念教育是当今高校思想政治教育内容的重要组成部分。"思想教育是先导,政治教育是核心,道德教育是重点,心理教育是基础,法纪教育是保障。"引导学生养成良好的行为规范,树立爱国主义思想,树立坚定的信念和远大的理想是党和人民交给我们高校思政教育工作者的伟大而光荣的历史任务。培养具有高尚情操、坚定的信念、远大的理想,德智体美全面发展的建设社会主义接班人是高校思政工作者义不容辞的责任和义务。

尽管高校采用一切教学资源,努力为大学生提供良好的教育环境,但是高校思想政治教育工作仍然面临着诸多方面的问题。第一,高校在学生思想政治教育中发挥的作用有限,教育观念缺失。在思想政治教育过程中,更多只是把学生当成简单的受教育者,把思想政治教育的相关内容当成单一的教学内容灌输给学生,没有与学生在观念、信仰等方面达成共识。第二,思想政治教育往往过于空泛,缺乏实际内容,学生不易理解接受。长期以来,片面强调正面教育,当学生面对现实问题时无法从所学知识中找到答案,个人主义思想泛滥,急于求成、利益至上的大环境对大学生思想政治教育也是一个重大挑战,这就使得学生对理想信念大打折扣。第三,缺乏一定的行之有效的教育手段。思想政治教育往往通过马列主义、毛泽东思想概论、邓小平理论和"三个代表"重要思想等课程展开,而往往缺乏其他有效的教育手段和方式方法。

## 第二节 高校辅导员思想政治教育工作中存在的问题及面临挑战

### 一、高校辅导员开展思想政治教育工作中存在的主要问题

**(一)优化高校思想政治教育方法与途径的能力缺乏**

随着经济全球化趋势的新发展,世界范围内的思想文化思潮对中国传统文化思想产生了激烈的冲击,西方国家不断企图以人权、宗教等问题分化中国。各种

歪理邪说很容易对大学生造成不容忽视的影响，如果高校不更新和优化思想政治教育途径和手段，任由其发展下去，势必造成非常严重的后果。

高校思想政治教育工作方法创新方面：在教育形式上，应突出身边典型事迹，以优秀学生典型为代表，影响教育身边的同学，使大学生们有学习的目标和榜样，这样就不会有教育空泛的问题。在教育内容方面，在突出学习党的主体指导思想的基础之上，适应时代的发展，全面教育大学生树立正确的人生观、世界观和价值观。在教育方法上，应该以教育引导为基础，加强思想政治教育的实效性与科学性，合理利用其他辅助学科在教学上的辅助作用。

高校思想政治教育工作的创新方面：第一，发挥社会实践在思想政治教育中的作用，把三下乡活动、校际的交流活动、祭扫革命陵园、参观革命纪念馆等活动当成实践思想政治教育的辅助阵地。第二，发挥高校心理健康咨询与心理辅导的作用。运用心理健康教育方面的知识回答大学生关于情感方面、前途方面、学习方面、思想等方面所产生的疑问，提高大学生的心理素质和抗压能力，减轻了大学生内心深处的思想负担，从而达到思想政治教育的目的。第三，网络信息作为信息载体在教育上所发挥的重要作用。所以我们要重视和利用互联网，创新高校思想政治教育工作的新方法，通过互联网开展大学生思想政治教育。

### （二）教育内容与时代性相脱节

"教育要面向现代化、面向世界、面向未来"。时代性是高校思想政治教育工作的显著特征之一。高等教育需要与时代相结合，教育内容需要和现代教学需要相结合。高校思想政治教育只有不断与时俱进，才能跟上社会转型和国内外形式的发展趋势，才能真正发挥其实效性，才能体现思想政治教育的本质价值和现实意义。

以往的高校思想政治教育"具有强制性、封闭性、单向度性和简单化的显著特点"但高校思想政治教育工作者必须注重改进教学方式方法和丰富教学内容，赋予思政教育时代性特点，维持其旺盛的生命力。在教育过程中，要密切关注现实生活中的有针对性的事例，设置时代性强、具有较强时代特点的科研教学课题，鼓励学生更多参与实践性强的社会化活动，在实践中体验思想政治教育成果，增强思想政治教育内容的时代感，确保教育内容渗透显著的时代性特点。增强高校思想政治教育的时代性特点就要求思政教育必须与民族性相统一、与现实性相统一、与开放性相统一、与创新性相统一。高校应该努力把学生培养成为适应和谐社会的新时代好公民，以应对经济全球化趋势下的新挑战。

### （三）高校辅导员人员构成不合理

目前国内高校辅导员基本是由专职辅导员和兼职辅导员两方面人员构成。

1986年《关于加强高等学校思想政治工作的决定》文件中对辅导员人员构成做了较全面的阐述：兼职辅导员从教师干部、研究生、高年级学生中选择条件合适的人担任。专职辅导员则要由政治品质好、有较高的马克思主义理论水平和政策水平、较广博的科学文化知识、较强的组织活动能力的人担任。

各高校辅导员队伍的人员构成中普遍存在以下几方面问题。第一，各高校辅导员队伍大都是以本校毕业的本科生和研究生中优秀者为主，面向社会公开招聘的人员最终被录取的比例较小。第二，因为辅导员大都是本校留校学生，学习期间继承的管理方式和管理理念过于单一，缺少校际优秀学生管理者之间的交流。第三，人情关系等因素影响辅导员队伍的整体质量，造成一些不具备辅导员基本素质的人充斥到了辅导员队伍中来，严重影响了辅导员队伍的整体素质。第四，高校专业教师以及其他行政部门人员对辅导员工作有较为明显的误区，认为辅导员是人人都能干的工作，辅导员本身也因为工作过于公式化等问题，容易给人造成辅导员是简单体力劳动的误区。第五，因为高校辅导员招聘过程中对招聘对象的专业、学历、党员、上学期间学习成绩、学生干部情况等因素有明确的要求，容易造成个别条件不符但整体素质较高的优秀管理人才的流失。第六，因为自身发展前景等因素的影响，辅导员队伍给人以流动性较强的印象，人才向专业教师等方面流失严重，严重影响高校辅导员队伍的稳定与发展。

### （四）辅导员相关专业知识、自身能力的缺失

随着"90后"学生成为主体，辅导员面临着前辈们所未曾面临的更多方面的挑战。年轻人更跳跃的思维、更广阔的信息接收渠道、更独特的个性、更多的交流平台、更大的就业压力、更复杂的人际关系、更脆弱的个人意志等方面因素的影响，对新时期辅导员的自身综合能力提出了更高的评判要求。

辅导员从管理者的单一身份属性，正在逐步向学生职业生涯的规划者、大学生心理健康教育者、政治思想大政方针政策引导者、理想信念塑造者等复合型身份过渡。这无疑对高校辅导员自身综合素质提出了更高的要求。思想政治教育相关专业知识、心理健康教育相关专业知识、职业生涯规划相关专业知识、大学生就业创业指导相关专业知识等方面知识和处理突发事件能力、较强的组织协调能力、很好的情感交流能力、良好的人际关系处理能力等方面能力的缺乏，也使得辅导员在应对挑战的过程中显得力不从心。

### （五）辅导员自身综合素质存在问题的原因分析

高校为什么要重视辅导员能力与综合素质的提升？首先，社会上受教育对象日新月异的变化需要高校辅导员不断地提升自身的综合能力，以胜任所从事的工作。其次，高校辅导员岗位职责和工作内容的不断扩展需要持续地加以学习，以

充实新的知识，培养新的岗位职责所应具备的能力。三是高校辅导员队伍的综合能力提升是提高大学生思想政治教育有效性的必然要求。四是高校辅导员队伍的综合能力提升也是辅导员自身发展的迫切需要。

近些年来，各高校辅导员队伍的整体素质较之以往有了显著提高，整体达到了政治强、业务精、纪律严、作风正的基本要求。高校辅导员队伍综合能力的提升是提高大学生思想政治教育成果的必然要求。随着经济发展和信息化时代的来临，"90后"大学生心理、性格等方面体现出了多样性的新特点。若辅导员的工作只限于进行学习生活指导，只限于一味地解决学生所遇到的各种困难，而不能用深厚的思想政治教育理论和必要的心理知识武装学生，也不可能使学生树立正确的世界观、人生观和价值观，辅导员的工作充其量也只能是高水平的"保姆"工作。进一步提升辅导员综合素质，建设一支专业化、高素质、高学历、高能力、专家型的辅导员队伍是各高校的迫切需求。只有辅导员的能力满足教育管理需要，紧跟时代步伐，才能更好地为教育服务。

## 二、新时期开展大学生思想政治教育工作面临的新挑战

### （一）大学生性格特点及心理规律的时代性特征难以把握

大学生作为社会的一个特殊群体，他们是紧跟时代的一代人。他们的行为方式和价值观同以前的大学生相比有着很大的不同，他们喜欢追求个性和与众不同，时代感强，自我意识强，普遍具有良好的心态和积极向上的生活态度。同时，这一代大学生追求前卫和无拘无束的生活方式，在他们身上也体现出了强烈的时代色彩，他们有着自己的价值标准和评价方式，喜欢精神独立，喜欢我行我素。

正因如此，当今大学生在性格上有着鲜明的特征和显著的缺点，这使得他们在日趋激烈的竞争中容易迷失自我，产生自我否定感和不适应感。他们中有一部分人抗压能力不强，对待工作不能持之以恒，缺乏相应的责任感和事业心，缺少艰苦朴素和吃苦耐劳的精神以及厚德载物等优良品质。

营造良好的育人环境有助于大学生养成良好的性格特点和健康的心理规律。营造良好的教育环境和营造良好的校园精神是同样重要的，重视校园文化氛围建设有利于大学生良好性格特点和健康心理规律的养成。

### （二）大学生就业观、恋爱观出现了新问题

大学生就业问题是关系到学校生存发展，关系到学生本人未来发展前景和千家万户幸福指数的重大问题。目前高校为大学生就业也是使劲了浑身解数，如选派了解学生情况的教师到就业需求大、专业对口的地区联系就业单位；积极组织用人单位来校召开专场招聘会；广泛参加各地召开的大型校企交流会等。但是，

现实中学生对于学校努力为学生创造的很多就业机会的努力并不认可，学生不是挑剔用人单位的工作性质、工资待遇、专业对口、发展空间等内在因素就是挑剔用人单位诸如单位所处地点、所在城市消费状况等外部条件，再加上父母家庭影响的因素，就造成了很多学生没有找到合适的工作，也不愿意离家去可能有较好发展的地区工作的现状。往往用人单位的招聘名额在一所专业对口的高校都无法得到满足，即使暂时招到了合适的毕业生，也无法留住人才，这也会极大的刺激用人单位的积极性，可能造成以后不来学校所在地区招聘的后果。

加强对学生恋爱观的教育也是高校思想政治教育工作者必须重视的问题。高校学生都处于生理和心理相对不稳定的时期，这一时期的学生因为情感因素影响学业甚至因为想不开而自杀或危及他人的情况屡有发生。"天涯何处无芳草、何必单恋一枝花"式的传统教育学生恋爱观的方式显然已经不适合"90后"大学生的情感特点。"90后"大学生的情感不稳定、个性比较突出、缺乏责任感等因素是其群体的情感特点，加之现代通信技术的发展，使得情感交流的平台更加广泛，随之而来的就是个人空间的减少等问题突出，这就决定了处理好高校大学生的恋爱观问题的难度加大的重大问题。

**（三）网络资源双刃剑特性提出的新挑战**

网络信息时代的发展为高校思想政治教育工作提供了丰富的教育资源和广阔的教育平台，丰富教育方式，提升了工作效率，提升工作的针对性和实效性；与此同时，无比发达的网络大环境也带来了前所未有的挑战和机遇。

网络环境对高校辅导员传统思想政治教育工作带来了前所未有的冲击，严重威胁学校教育的主体地位，使思想政治教育过程复杂化。网络资源就犹如一把双刃剑，即创造了前所未有的机遇也带来了前所未有的新挑战。主要挑战包括：一、高校辅导员思想政治教育工作研究不够深入，特别是创新性明显与时代性相脱离。二、日益频繁的网络生活，微博、微信、QQ等交流平台的普及化趋势，渐渐改变了大学生的生活观念。三、辅导员对网络环境下大学生的思想观念分析不够透彻、深入和全面。四、对思想政治教育工作受网络化的影响认识不深，缺少创新性的实践环节应对。

**（四）大学生闲暇教育面临的新问题**

由于全国高校教学改革以及全民素质教育的推进，高校大学生的课业压力不断减轻，学生的课余时间不断增多，如何利用好课余时间，最大限度地发挥课余时间的作用，就成为摆在高校思想政治教育工作者面前的一个新课题。闲暇教育模式的研究应运而生了。

大学生闲暇时代的来临，为高校思想教育工作者提出了更高的要求，那就是要重视闲暇教育，引导大学生合理利用大学的课余时间，树立科学、健康、文明的闲暇生活方式，提高大学生闲暇生活品质。

随着网络化时代的来临，网络已经普及到生活的每个角落。正因如此，当今大学生闲暇时间大多用在了网络娱乐上面，很少有学生能自觉主动利用闲暇时间，做其他有意义的事情。网络在为大学生提供更多的资讯，拓展大学生眼界的同时，也相应占据了大学生过多的课余时间。网络无疑成为大学生闲暇教育的一把"双刃剑"。

### （五）结合形势开展爱国主义教育的困境

高校学生大多能在老师的教导下形成正确的爱国主义热情和理性爱国的意识，但也有少数学生容易受到网络媒介等外界因素的影响，片面认识事物，未能认清事物本质，这就给校园以及社会安全稳定造成了比较大的威胁。如何结合时事政治，引导学生开展爱国主义教育和树立正确的理性爱国意识，是维护校园、社会安全稳定的一个新课题。

近年来，国外反华势力不断利用各种机会对中国进行攻击诋毁和煽动破坏等活动，例如：奥运圣火在法国传递时被藏独分子骚扰、国外分裂势力组织策划的西藏打砸抢烧破坏活动、日本右翼势力导演的"购买钓鱼岛"闹剧等。因此也引发了国内高校学生的一系列反对活动，如全国范围内的抵制家乐福事件、全国范围内的抵制日货和反日大游行的活动。大学生是容易受外界宣传蛊惑的一批人，也是容易被国外反华势力利用的人群。

现今形势下，要使大学生树立正确理性爱国热情单靠教育引导已经远远不够了，高校思政教育工作者在加强教育的同时，应从以下几方面开展对大学生开展教育：第一，教育学生加强对社会经济和民生状况的了解。第二，教育学生加强对国际社会问题的正视，不盲目崇拜，有好的见解，树立对祖国未来发展的信心。第三，摸清学生的思想脉络，及时准确掌握网络资讯，及时处理各类突发事件。第四，为学生提供合理合法的发表意见和表达情绪的平台，例如，开展时事问题大讨论、开展我爱祖国辩论赛、观看爱国主义教育影片等。

## 第三节　高校辅导员思想政治教育工作创新的几点思考

### 一、努力提升高校辅导员思想政治教育工作能力的新思考

#### （一）提高辅导员的综合能力的工作新思路

辅导员队伍的合理建设和发展离不开相应平台建设，为辅导员的综合能力提

升创造合理的专业性综合学术研究平台是各高校都应重视起来的问题，只有所有高校都能重视辅导员专业性综合研究平台的建立，才能真正为辅导员综合能力的提升创造可能。这个平台应该包括辅导员培训、辅导员职业生涯规划、辅导员专业进修、辅导员交流学习、辅导员考核机制、辅导员科研立项、辅导员学术交流等内容。

各高校现行的辅导员隶属关系主要是由学校主管学生工作的党委副书记领导，学生工作主管部门、校团委主管部门以及各分院共同管理，基层的学生工作办公室下辖的辅导员同时受几个部门的管理和制约，很大程度上限制了辅导员主观能动性的发挥。这种多头管理制度的存在实际上与辅导员专业学术平台的建立是背道而驰的。这种多头管理现状使得在辅导员选拔录用、辅导员绩效评优考核、辅导员学团活动交流开展等方面存在力量交汇与力量制约的现象。往往造成辅导员归属感差，工作中容易感到矛盾和迷茫，不具备辅导员专业学生平台建立的条件。合理完善高校辅导员管理与考核机制，建立适合高校自身发展的辅导员管理制度是建设辅导员专业学术性平台的前提和基础。

高校辅导员工作是事无巨细、任务繁重的，如果高校主管部门没有为辅导员构建专业性综合研究平台的意识，就不能将辅导员的工作实践转化为理论成果。庞大复杂的日常工作占据了辅导员过多的工作时间，这就需要高校管理部门合理完善管理机制，提高辅导员工作效率，以便能有更多的时间和精力用来提高自身各方面综合素质和能力，提高自身学术创新和科技研发能力。全方面提升高校辅导员的政治、知识、能力、道德、思想等方面的素质。

### （二）合理调整与优化辅导员队伍构成

合理完善辅导员队伍构成是每所高校都面临的重大课题之一。因为辅导员队伍的完善与否、辅导员综合素质是否过硬，直接关系到高校思想政治教育工作的整体质量；关系到高校校园安全稳定的整体大局；关系到学生综合素质的拓展与开发。

建立合理完善的高校辅导员队伍，我认为应该从以下几个方面工作进行着手：首先，要加强辅导员队伍的合理化引进，完善招聘机制，合理规划辅导员招聘各项标准细则，确保高素质人才能充斥到辅导员队伍中来。其次，应加强辅导员校际的定期学习和换岗交流，有利于高校间优秀经验的传播与继承。固守在本校的管理模式中很难在工作上有所创新，只有加大高校间辅导员之间的交流学习，才能真正做到取彼之长、补己之短。再次，建立完善的辅导员考核机制以及辅导员进修深造机制，明确辅导员在高校的地位以及为辅导员提供更多的学习机会，以此来确保辅导员队伍的稳定性。最后，结合各高校实际，建立适合自身管理需求的专职辅导员队伍和兼职辅导员队伍。

### (三) 提高辅导员各项综合素质的新理念

外部环境和学生特质的不断变化，要求高校辅导员要具有超强的接受新鲜事物的能力，也要不断通过学习和培训提高自身的各方面硬件素质，以应对高校思想政治教育工作和学生日常管理工作中所产生的新问题和新变化。因此，笔者提出在高校要建立辅导员的终身学习机制和终身培训机制的新理念。

在新招聘的辅导员中开展岗前培训是在其上岗前所必须做的工作，辅导员往往通过岗前培训之后，很长的一段时间里都没有接受过其他相应的专业技能方面的学习进修或者岗位培训，这其实是高校领导对于辅导员自身素质的不重视以及深造进修机制的不重视。这就造成了辅导员随着时间的推移，日渐产生对工作的不胜任感，这在很大程度上会影响辅导员的工作热情和积极性，最终容易造成辅导员的岗位变化，影响辅导员队伍的稳定性。在工作中，要建立长期的学习机制，例如，资格认证、出外考察、社会实践等来提高辅导员在工作中的实际操作能力。

总之，面对新世纪学生工作的复杂性，辅导员的思想政治教育就面临着巨大的挑战，要想做好这项工作，就必须在内容、方法和规律上予以探索，摸索出一条适合本学校的教育方法，让辅导员队伍走职业化和专业化道路，充分发挥辅导员在学生思想政治教育中的骨干力量。

### (四) 提高辅导员在思想政治教育工作中作用的新举措

在各高校辅导员的思想政治教育工作中的作用和地位是其他任何人都无法取代的，他们起到的是至关重要的作用，是举足轻重的作用，是承上启下的作用；他们的职业能力决定着高校思想政治教育成果，决定大学生综合素质教育的成果，决定党的大众方针的基础落实，决定高校安全稳定的大局。总而言之，辅导员在高校思想政治教育工作中的地位和作用是决定性的，是无可取代的。

在大部分高校，辅导员是高校教师体系中比较特殊的一个群体，他们既属于高校教师系列，可以参评助教、教师、副教授、教授的专业技术职称，又属于管理系列，可以按需求、资历、贡献等条件，晋级副科、正科、副处、正处等行政级别和担任相应的行政职务。由此可以看出，辅导员在高校教育管理中的作用以及高校对于思想政治辅导员这一团体的重视。他们既是思想政治教育教学工作的重要组成部分，也是投身于高校的管理工作第一线的管理者。

现阶段辅导员在高校的作用是显而易见的，但是辅导员却很少享受到这种重视为辅导员在高校获得更多的尊重和更高的地位而体现出来的改变。在明确辅导员举足轻重的作用的基础上，切实提高辅导员在高校的地位以及更好地发挥辅导员应有的作用更是当务之急。

我认为，更好地提高辅导员的地位及作用可以从两方面着手。第一，提高辅导员在思想政治教育教学中所起的作用，为专业型、专家型辅导员队伍的建立打下坚实的专业基础。让辅导员更多地参与一线教育教学，尽量把高校的形势政策课、心理健康教育指导课、大学生就业指导课等思想领域的课程交给辅导员来完成。第二，提高辅导员的地位方面，在完善辅导员的测评考核机制的同时，注意提高辅导员的相关福利待遇，为辅导员的专业培训、发展前景、职业生涯做好统一的规划。做好辅导员队伍的稳定工作，为建立一支高素质、专业化、职业化、专家化的辅导员队伍而努力。

**（五）提高辅导员工作实效性必须解决的新课题**

高校辅导员在当前的教育管理模式下往往一人要承担多项工作，在担任辅导员的同时往往还要兼任分团委书记、学生党支部书记、学生工作办公室主任、副主任，院系党办秘书、组织员等职务。这些工作大都与思想政治教育工作紧密相关，却在无形中分散了辅导员的工作精力，影响了辅导员对于本职工作的实效性与专注度。很多辅导员每日忙于处理各类琐碎的事务性工作，不能及时发现和把握大学生思想政治教育过程中产生的新情况、新问题。

在新形势下，如何释放辅导员琐碎的工作压力，如何提高辅导员的工作效率，如何增强辅导员工作的针对性，已经成为提高辅导员工作实效性必须解决的新课题。我认为应认真做好以下几方面工作：

1.转变辅导员角色定位，增强工作主动性和创造性

新时期的辅导员要从传统的管理模式中走出来，要把自身从管理者的角色定位转变为为学生服务的服务者，与学生做朋友，真正走到学生的内心世界与现实生活中。增强学生对辅导员的信任度，培养学生愿意接触辅导员、乐于请教辅导员、有困难或问题第一时间找辅导员的良好习惯。

2.提高自身素质，加强知识积累，增强工作的实效性

高校辅导员要努力提高自己各方面的综合素质，尤其是加强职业生涯规划、心理健康教育、大学生就业创业指导等方面的能力培养，为大学生做好学业规划、人生规划，做学生真正的人生导师。

3.因材施教、做好特殊群体学生的教育工作，增强工作的针对性

针对不同学生的性格特点进行有针对性的教育引导，找准学生的特殊切入点，有针对性的对其优秀的品质和特长进行培养，做到真正的因材施教。辅导员还要做好特殊群体孩子的教育工作，要付出更多的爱心和责任心，对经济困难学生、特殊家庭学生、少数民族学生、班级后进学生、存在心理问题的学生，按照不同特点，在日常生活中有针对性地进行教育引导。

## 二、辅导员提升学生思想政治教育实效性的工作思路

### （一）合理利用高校思政教育资源的新设想

实现教学资源的共享和合理分配教育资源是各高校面临的重要课题，也是实现教育现代化的重要手段和必然之路。将各高校有限的教育资源通过整合和合理再分配能较好地提高教学质量和教学效率，最大限度地应对由于年年"扩大招生"带来的诸多问题。对促进高校的教学改革，提高科研水平与实现优秀教学资源的共享将起到不可估量的作用。

我这里所提到的高校思想政治教育资源主要指的就是高校的专职思想政治理论教师以及各高校的专职辅导员。合理利用高校思想政治教育资源的新构想的主要内容是：让各高校辅导员更多地参与教学实践，不再单一地把辅导员局限在管理者的身份框架内，逐渐完成专职辅导员由管理者向一线教育者双重身份的过渡。充分减轻思政专职教师的工作压力，通过相应的进修与培训使辅导员具备一线教学能力，让辅导员担任高校形势政策课、心理健康教育指导课、大学生就业指导课等课程的教学和实践工作。

### （二）结合新时期学生特点开展针对性教育

在现阶段，高校大学生受网络、通信、影视等多种传媒的影响，形成了具有时代特点的大学生思想特质，这种思想特质包括：

1. 多元性

大学生思想呈现出复杂多样化的趋势，这种思想趋势是受家庭条件、学校教育条件、社会环境和个人经历等诸多因素影响的。

2. 个性化

学生的个人思想受社会大环境影响极大，学生对人生观、世界观以及价值观等都呈现出多样化和个性化的趋势。

3. 自主化

高校学生随着年龄的增长和独立思考能力的增强，使得大学生对待事物产生的了主观观点，这种主观观点也造就了独立自主品格的形成。

4. 易变性

大学生属于思想意识逐渐成熟的阶段，容易受外界的干扰而影响自身的思维、思想。大学生的人生观、价值观都处于可塑阶段，这时期受到外界的影响，极其容易使他们的思想意识、道德观念、价值体系呈现出易变性的趋势。

5. 趋利性

在"利益至上"的今天，很难要求大学生做到不受外界影响而成长为单纯的

人。在市场经济建立和完善的过程中，有太多的利益刺激着大学生们，在面临选择的时候，不同程度地倾向于功利化。大学生思想的趋利性在大学期间的各项评奖评以及大学毕业时的就业择业上体现得尤为明显。

结合新时期大学生的时代特点开展针对性教育是非常有必要的。高校思想政治教育工作者本着人才培养的需要，结合各高校学生的不同特点，制定行之有效的思想政治教育工作方法是提高人才培养质量的重要途径。首先，应加强市场经济条件下大学生创新意识、竞争意识的培养。其次，加强学生自我教育、自我管理、自我发展规划的意识教育。再次，根据学生自身特点，加强以特殊群体学生为重点的特殊教育。最后，创造良好育人环境，建立良好的思想政治教育运行机制。

### （三）发挥网络媒介优势，正面引导学生

青年学生是网络舆论的受用主体，他们在网络上吸取各类信息，经过自己主观意识的再加工，从而形成对事物的独特认识。发挥网络舆论的巨大作用，正面引导学生感知事物、认识事物，引导学生树立正确的人生观、世界观和价值观，是高校思想政治教育工作者要解决的重大难题与基本职责。

发挥网络媒介的正面引导作用是一个系统工程，既要长期规划、又要重点引导，这需要广大网友、媒体人、高校和全社会共同努力，营造一个健康的、向上的、积极的网络大环境。高校思想政治教育工作者可以通过网络：

（1）树立正面典型，增强网络媒介的感染力和号召力。

（2）强化校园媒体优势，充分利用校园传播媒体辅助网络舆论教育，增强舆论引导的凝聚力和聚合力。

（3）通过班会、主题教育活动等教育途径提高学生的认知能力与判断能力，引导大学生正确处理各类网络舆论问题。

高校辅导员要合理利用网络资源，正确引导学生健康、合理利用网络资源，是具有重要意义的。第一，合理利用网络资源就是要实现现实世界与虚拟世界之间、正确引导与检查督促之间、主动教育与被动学习之间的融合，以此来促进高校思想政治教育工作的顺利开展。第二，合理利用网络资源有利于开拓教育者的视野，拓展教师教学思路，研究网络环境下的新型教育方法。第三，合理利用网络资源，而不是盲目地排斥或者抵触网络对教育教学所带来的改变，是所有教育工作者必须正视的问题。第四，网络资源覆盖了现今社会发展的各个领域，辅导员如果能够较好地利用网络资源，丰富自己外围知识覆盖面，就能在与学生的交流中更加的得心应手，真正缩小与学生之间的年龄差距，更容易与学生找到更多的共同语言，便于情感交流。第五，合理利用网络资源，便于高校德育教师建立

针对本校学生特点的网络教育平台，通过特殊的网络教育平台，可以活跃教育形式与内容，转变灌输式教育的方式方法，提高教育质量。

**（四）重视大学生素质、心理健康教育及就业创业能力的培养**

大学生素质教育、心理健康教育和就业创业能力教育与培养是思想政治教育的延伸，是关系到校园安全稳定和社会和谐进步的重要问题。

一直以来，大学生的素质教育和心理健康教育关系到高校安全稳定和培养合格社会主义建设者的整体素质，必须引起高校的重视。知识经济也对高校人才的培养提出了更高的目标和要求，对大学传统的教育模式提出了新的挑战。高校培养的人才不能只单方面具备良好的专业知识，良好的素质教育和心理健康教育是造就人才的基础，优秀的人才更应该是各方面能力的综合体现，也应该有一个健康、阳光的心态，去面对竞争日趋激烈的现实环境。中共中央、国务院在《关于深化教育改革，全面推进素质教育》中指出，在全面发展素质教育工作中，必须更加重视德育工作，加强对学生的心理健康的教育。努力提高大学生全方面的素质教育和心理健康教育，让他们成为一个新时代所不可多得的人才，已经成为新世纪我国高等学校发展和改革所面临的一项紧迫而艰巨的任务，必须引起高校的高度重视。

伴随着高等教育的迅猛发展和高校的连年"扩招"，近几年大学生数量较以前有了大幅的提高，如何提高学生就业率就成为摆在高校管理者面前的一道非解不可的难题。大学生就业创业的压力越来越大，迫使高校在人才培养模式上进行不断的改革。加强大学生就业创业能力的培养是时代的必然要求，提高大学生就业创新能力是教育改革的重要任务，加强大学生就业创新心理素质和抗压能力是高校人才培养的现实要求。

**（五）充分利用学生的课余时间开展形式多样的辅助式教育活动**

"坚持教育与自我教育相结合。既要充分发挥学校教师、党团组织的教育引导作用，又要充分调动大学生的积极性和主动性，引导他们自我教育、自我管理、自我服务"。合理利用闲暇时间，增强闲暇教育的成果，我认为应该从以下几方面着手：第一，学校要加大校园基础设施的建设与投入，为学生营造一个有较大活动空间，提供多种体育锻炼和文娱活动的综合性场所。良好的校园环境、齐备的校园活动地点与设施，能最大限度地提升学生们参与体育锻炼，培养健康体魄的热情。第二，团委要发挥青年团员活动堡垒的作用，积极组织开展各类形式多样、内容丰富的文体活动。团委一般下设艺术团、社团联合会等机构，发挥团委以及学生机构的影响力，为学生多举办各类活动，如迎新晚会、歌手大赛、各种体育比赛、主持人大赛、辩论赛等活动，在丰富大学生课余文化生活的同时，还能为大学生施展自己的才华提供平台。第三，高校辅导员要合理利用各种手段引导学生正确认识网络，把学生从不合理的网络世界中脱离出来。网络已经成为占据学生课余时间最多的活动，闲暇时间都泡在网上玩游戏、看影视作品的学生占很大的比例。辅导员要从入学之初就对学生做好合理上网，规范网络行为，加强网络道德的专项教育。第四，学生管理部门要结合学生关心的实事热点，开展各类专题教育、主题学习和各类技能竞赛，以丰富大学生校园文化生活。

# 第六章 新时代高校思想政治教育管理队伍建设

## 第一节 新时代高校思想政治教育管理队伍的组织分析

众所周知，高校思想政治教育管理队伍，是实现高校思想政治教育管理任务的组织保证。那么，什么是高校思想政治教育管理队伍？要开展高校思想政治教育管理队伍建设研究，首先必须要弄清高校思想政治教育管理队伍的构成、各要素的特征、地位和职能等，也就是说，必须对高校思想政治教育管理队伍的组织成分进行科学分析，弄清其结构和规律。这是因为，结构和规律是紧密联系的，规律不仅是系统客体之间的联系和关系的稳定性的表现，而且也是系统客体本身的内部组织的表现；结构在本质特点上表现为规律，是系统客体的构造规律。思想政治教育管理队伍的结构，支配和控制着各个要素作用的发挥，规定着各个要素的行为方式，使各个要素发生相互联系和相互作用。

高校思想政治教育管理队伍的结构，是指高校思想政治教育管理队伍内部各个构成要素之间相互联系的稳定方式。它是保障思想政治教育管理队伍的整体性和运行有序性的内在根据。分析高校思想政治教育管理队伍的组织成分，研究其结构，一方面，有助于深入探究高校思想政治教育管理队伍建设规律；另一方面，有助于高校思想政治教育管理队伍结构的优化，有利于思想政治教育管理工作的科学化，有助于思想政治教育管理队伍的建设。

### 一、高校思想政治教育管理队伍的组织属性

从组织属性和存在状态分析，高校思想政治教育管理队伍可以划分为职业化的思想政治教育管理队伍与非职业化的思想政治教育管理队伍，建制型的思想政治教育管理队伍与非建制型的思想政治教育管理队伍。

### （一）职业化与非职业化

在《美国传统词典》中，"职业化"一词有如下几种解释："遵循某种专业标准开展工作；具有某种特长或是某一领域的专家；全身心投入给定的工作并视之为职业或靠它维持生计。"职业化包含很多方面的内容，如国家政策体制、市场机制、组织环境和人才素质等方面。这里主要讨论职业化人才的素质问题。从职业化素质的角度来看，职业化就是为了达到职业要求所要具备的素质和追求成为优秀职业人的历程。从人力资源管理的角度来看，职业化有三层含义：一是从业人员应该体现出一种职业素养，而不是依凭个人兴趣自行其是。具备良好的职业素养是职业化的基本特征。有了良好的职业素养，就会对自己选择的职业有很强的认同感，有为之终此一生的职业归属感。二是从业人员应该掌握相当程度的专业技能。掌握娴熟的专业知识和技能是职业化的基本要求，也是做好工作的基础。三是职业化应该有本行业特定的行为规范或行为标准，而且从业人员做事要符合该行为规范或行为标准的要求。按既定的行为规范开展工作是职业化的具体体现。职业化的从业人员按照规范开展工作，能够确保少犯或不犯错误，提高工作效率，保证工作效果。

在我国，思想政治教育早已职业化，它是职业分类中的特殊分支。同职业思想政治工作者一样，思想政治教育管理者分为职业化群体和非职业化群体两大类型。结合我国高校实际情况，笔者认为，思想政治教育管理队伍职业化包括三个层面的含义：第一个层面是职业精神、职业理想和职业态度；第二个层面是职业知识、职业技能和职业本领；第三个层面是职业道德、职业纪律和职业规范。思想政治教育管理队伍的职业化，就是要求思想政治教育管理从业人员全面提高上述职业素养。

通过以上分析，笔者认为，所谓职业化思想政治教育管理者群体，是指根据社会职业分类规则和执政党领导社会主义国家管理原则，专门从事思想政治教育管理的具有正式规则制度的组织或团队，亦即职业思想政治教育管理者，如专职政工领导干部、党务干部等。他们的工作职能与思想政治教育管理的效果和效率密切地联系在一起。或者说，职业思想政治教育管理者的主要工作内容就是围绕如何实现思想政治目标而确定的。职业化是专业化的初级阶段，高校思想政治教育管理队伍职业化是这支队伍专业化的外在表现。长期以来，高校思想政治教育管理队伍没有被认为是职业化的队伍。事实上，现代的高校思想政治教育管理是一种专业要求很高的职业，围绕高校育人目标，已形成其特有的规律和方法，也构成了相对独立的专业体系。无论从理论上讲还是从实践上讲，思想政治教育管理者都不是随便什么人能做或者能够做好的。好比思想政治工作者的素质与工作性质、对象的"水涨船高"关系类似，思想政治教育管理者的素质与思想政治教育管理的效果也呈现一种正比关系。这就是说，思想政治教育管理者素质对思想政治教育管理而言，既有正面效应，也有负面效应，而两种效应主要都源于思想政治教育管理者本身。职业化是对思想政治教育管理者的客观要求。这个职业需要思想政治教育管理者具有良好的职业修养和专业素质，需要有长年经验积累的"慢功夫"，需要有终生为之奋斗的职业观念。

思想政治教育管理者具有鲜明的职业归属，其角色可以划分为管理组织（从事思想政治教育管理活动和管理工作的机构和群体）和管理者（从事思想政治教育管理活动和管理工作的个人）两大类。相应地，本章中所指的思想政治教育管理队伍，从角色层面上则是有组织地从事思想政治教育管理活动和管理工作的社会群体。而从管理者个人角度而言，思想政治教育管理者的角色要素包括思想政治教育管理组织中的成员、思想政治教育工作者、思想政治教育管理专家、思想政治教育工作热心者。

就高校而言，高校思想政治教育管理也是一个历史范畴。高校思想政治教育管理队伍分为职业化群体和非职业化群体两大类型。所谓高校职业化思想政治教育管理者群体，是指根据国家职业分类规则和我国高等教育管理原则，在高校的党组织系统和内设机构中，专门从事高校思想政治教育管理的思想政治教育管理者。党委系统的专职工作人员既包括校级思想政治教育管理者，如党委书记、副书记、纪委书记等领导，又包括中层思想政治教育管理者，如组织部、宣传部、党委办、学工部、分党委、总支书记等管理岗位的领导干部，还包括从事一线学生思想政治教育管理工作的干部。群团系统的专职人员主要是指工会、团委等部门的专职领导干部。

笔者认为，高校思想政治教育管理者群体职业化主要体现在三个方面：一是思想政治教育管理者应经过专业学习与培训并达到任职基本要求，即应具教育学、心理学、管理学和社会学的知识，以及具有较高的政策理论水平、组织管理能力和执行能力；二是思想政治教育管理作为一种职业，应建立起职业的准入、考核、晋级、淘汰等机制，形成维护队伍存在、发展、壮大需要的稳定性机制；三是规范思想政治教育管理者的继续学习与培训，对思想政治教育管理者进行定期的考核与淘汰。

高校思想政治教育管理者的素质对于高校思想政治教育管理的效果而言，既有正面效应，也有负面效应，同样呈现一种正比关系。职业化是对高校思想政治教育管理者的客观要求。笔者认为，高校思想政治教育管理队伍的职业化管理应从以下几个方面入手：一是引导思想政治教育管理者形成良好的职业精神、坚定的职业理想和锐意进取的职业态度；二是帮助思想政治教育管理者不断完善职业知识、提高职业技能和职业本领（如调查研究能力、思想宣传能力和组织协调能力等);三是提升思想政治教育管理者的职业道德,强化职业纪律和职业规范。思想政治教育管理队伍的职业化,就是要求思想政治教育管理从业人员全面提高上述职业素养。

然而,在现实中不可否认的是,高校思想政治教育管理队伍目前还存在着"非职业化"的现状,主要表现为:思想政治教育管理职业发展通道单一、发展空间小;职业期限短,队伍严重不稳定;思想政治教育管理队伍结构设置不合理,职责宽泛不明确,功能发挥不明显,工作实效性差;选拔任用非专业化,专业结构不合理,专业化程度不高,教育效果不理想;绩效考核缺乏依据和标准,模糊性大,激励效果不佳。社会对思想政治教育管理工作的价值认同也存在一定的问题,思想政治教育管理队伍职业意识淡薄,角色定位模糊,后劲不足,自身发展方向不明确。我国高校思想政治教育管理队伍"非职业化"倾向,不仅制约了思想政治教育管理队伍的稳定发展和业务素质的提高,而且严重影响了高校思想政治教育管理的效果。

### (二)建制型与非建制型

从思想政治教育管理组织形式分析,思想政治教育管理的组织属于建制型组织,是根据组织编制、章程、规范和制度而建立起来的。就我国目前的情况看,思想政治教育管理的组织机构主要有党委会、团委、工会、妇联等政治性组织和群众性社团组织。就高校的党委系统来说,专事思想政治教育管理活动的组织机构主要是由党委会、党委办公室、党委宣传部和党校这些部门组成的。从组织设计角度而言,高校思想政治教育管理者既包括建制型的思想政治教育管理者,也包括非建制型组织中的思想政治教育管理者。建制型是指包含相应组织要素的正式组织,这些组织要素主要有岗位设置、编制职数、职级分类、规程规范、工作制度等,是一个有机的组织群体,既包括党委系统如组织部、宣传部、学工部、党委办武装部等职能部门中的专职干部和各分党委、党总支中的领导干部,又包括工会、团委等群众组织中的专职干部。从系统上分,有高校党委工作系统的干部,既包括党委的领导干部,也包括党委系统的中层干部部分,还包括各党总支的主要领导,同时,还有党委直接领导下的工会和共青团等群众团体的干部。从高校思想政治教育管理主体层次来看,既有校级组织中的思想政治教育管理者、又有内设党政机构的中层思想政治教育管理者,还有基层思想政治教育管理者。相对于建制型而言,非建制型组织是指不具有建制型组织相应要素,没有固定岗位设置和编制职数等的组织。如高校为实现某一任务或加强某一方面工作而成立的领导小组、管理党小组等。这些组织的稳定性较建制型组织低,一般说来,多是为某一目标任务而设立,其岗位设置和编制没有固定要求,人员职级分类上也无统一规定,当其任务完成、目标实现后,这一小组也将相应撤销。近年来,高校先后设立的"三讲"教育工作领导小组、保持共产党员先进性教育工作领导小组等均属非建制型组织,随着"三讲"教育工作任务的完成和集中开展,保持共产党员先进性教育转变为日常的党员先进性建设,其领导小组也先后撤销。

## 二、高校思想政治教育管理队伍的多维结构

从人员结构维度来看,高校思想政治教育队伍包括专职思想政治教育管理队伍、兼职思想政治教育管理队伍和思想政治教育管理后备队伍等多维结构。从思想政治教育管理实践来看,高校思想政治教育管理队伍应由精干的专职思想政治教育者和大量的兼职思想政治教育者组成,同时还必须有数量充足的后备队伍,才能保证高校思想政治教育管理队伍的持续稳定,保证思想政治教育及其管理系统的正常运行,保证学校各项工作任务的完成和思想政治教育管理目标的实现,有利于调动各个方面的力量,形成对高校思想政治教育管理"齐抓共管"的局面。

### (一)专职思想政治教育管理队伍

专职思想政治教育管理队伍是指高校专门从事思想政治教育管理工作的人员,专职思想政治教育管理队伍是高校思想政治教育管理工作的骨干,它既包括校级思想政治教育管理者,又包括中层思想政治教育管理者,还包括基层思想政治教育管理者。校级思想政治教育管理者主要是包括党委书记、副书记,党委系统的领导和纪委领导等;中层思想政治教育管理者成分相对比较复杂;基层是相对于高校内部系统而言的,基层思想政治教育管理者主要包括各分党委、党总支的政治辅导员、专职班主任、二级学院(系)的专职班主任等在一线从事学生思想政治教育工作同时又从事管理工作的人员。高校专职思想政治教育管理队伍按工作对象的侧重,分为职工思想政治教育管理者和学生思想政治教育管理者,当然这种划分是相对的而不是绝对的,有的思想政治教育管理者,既有职工思想教育管理的内容,又有学生思想政治教育管理的内容,反之亦然。按管理属性,分为思想政治教育管理活动的领导者、组织者和执行者。一般说来,思想政治教育管理活动的领导者主要是校级思想政治教育管理者和党委系统中的部分中层思想政治教育管理者;组织者和执行者主要是中层思想政治教育管理者和基层思想政治教育管理者。按工作内容,分为思想政治教育管理理论研究者和思想政治教育管理工作实践者。思想政治教育管理工作实践者是相对于理论研究者而言的,有的既是研究者,又是实践者;既有校级思想政治教育管理者,又有中层思想政治教育管理者,还有基层思想政治教育管理者。因此,这种划分只是相对性的,不是绝对性的。

与侧重于外在表层的职业化管理相比，高校思想政治教育管理专职队伍更加注重专业化管理。所谓专业化就是某种职业从普通职业发展成为专门职业的建设过程。思想政治教育管理队伍专业化实质上就是依托专门的学科专业机构及终身专业训练体系，对思想政治教育管理队伍进行科学的管理和培养，使思想政治教育管理者掌握思想政治教育管理的知识和技能，提高自身的学术和管理水平，全面有效地履行思想政治教育管理职责的过程。思想政治教育管理队伍专业化，对思想政治教育管理队伍建设提出的客观要求体现在：机构设置的独立化、工作的职业化、人员的专业化和队伍建设的规范化等。事实上，高校专职思想政治教育管理队伍更加注重思想政治教育管理者的内在的深层素质，具体说来，就是思想政治教育管理者必须有广博精深的知识构成，包括扎实的专业理论知识和广博的相关学科知识；同时，还必须要有合理的能力结构，包括思想预测决策能力、独立从事科学研究的能力、运用现代化手段的能力等，高校思想政治教育管理队伍专业化管理的另一个体现是抓好专业职务和职称管理。通过专业职务、职称管理，调整和优化思想政治教育管理队伍。

### （二）兼职思想政治教育管理队伍

兼职思想政治教育管理队伍是指在本职工作之外兼任思想政治教育管理工作的人员，如系分管学生工作的行政领导，兼任学生辅导员、班主任的教职员工等。兼职思想政治教育队伍是高校思想政治教育的重要力量。

思想政治教育管理者角色的类归属具有多重性。思想政治教育管理者可以是专职人员，也可以是兼职人员。对于具有职业身份的思想政治教育管理者来说，其角色要素通常包括教育者和实践者两个方面。对于非正式群体中的思想政治教育管理者来说，虽然理论上同样要求他们必须是知行合一者，但由于他们的教育行为是在失去了组织约束的条件下进行的，所以，知行合一的要求就具有很大的弹性。从一定意义上讲，可以把前者当作专职思想政治教育者，把后者当作兼职思想政治教育者。作为兼职思想政治教育者，可以是从业人员，也可以是非从业人员；可以是在职者，也可以是非在职者（主要指离退休者）。

高校中兼职从事思想政治教育管理的人员，由于他们的主要工作毕竟不在思想政治教育管理方面，因而兼职时间不宜太长。在其兼职期间，一方面要对其加强管理、严格考核；另一方面，也要实行合理的政策，在物质上和精神上给予鼓励，要将其在思想政治教育方面所付出的劳动计入教师工作量或给予合理的酬劳（如离退休人员兼职等），特别要注意将其兼职思想政治教育的考核情况与职称晋升挂起钩来。

### (三) 思想政治教育管理后备队伍

按照领导学和组织管理学，笔者给后备干部作出如下界定：所谓后备干部队伍，是一定的阶级或统治集团，为了实现其统治的稳定性和可持续性，根据组织设计的领导岗位序列，在现有任职人员的基础上，按照一定程序选拔的、在将来可能提拔任用的领导预备人选的集合体。应该说，后备干部队伍都是有一定的基础和条件，各有所长、各有特点的骨干群体，是党的事业的接班人，是可能"将提拔任用"者，而非"现提拔任用"者。

按照这一思路，笔者对高校思想政治教育管理后备队伍的概念予以界定。所谓高校思想政治教育管理后备队伍，是指高校为了其思想政治教育管理工作的稳定性和可持续性，根据高校内设机构中思想政治教育管理岗位，在现有任职人员的基础上，按照干部选拔程序产生的、将来可能担任思想政治教育管理岗位领导者的集合体。思想政治教育管理后备队伍是高校实现思想政治教育管理队伍科学发展的不可或缺的重要队伍，必须将其作为高校思想政治教育管理队伍中的重要组成部分。

高校思想政治教育管理后备队伍的培养和使用，要增强系统性、有效性，实行动态管理。首先，定梯次配备、定培养目标、定培养途径、定培训内容、定培训时间。梯次配备是做好后备干部培育工作的基础。在后备干部的年龄结构上要逐步形成由不同年龄层次组成的梯次结构。建立优秀后备干部考察制度，实行优胜劣汰、动态管理，逐步形成培养、选拔考察、管理、使用后备干部的制度。其次，对后备干部进行科学分类，分层分类建立后备干部具体标准、明确资格条件，引导和支持符合条件的优秀人才加入，形成有志者群贤毕至的局面。再次，加强教育培训。教育培训是提高后备干部素质的有效途径，党校对后备干部的培训，要突出三个"注重"：一是注重培训的实效，着眼于学员"理论、党性、知识、能力"的综合提高。在教学内容上，基础理论教育、思想政治教育、形势任务教育和综合素质教育均采取高标准严要求；在培训方式上，安排个案分析、交流、成果评估、社会调研、外出考察，采取强化培训。二是注重全过程的考核，采取全程跟踪、动态考核的方法，在党性锻炼、学习态度、学习能力、协调能力四个方面进行测评和考核，形成考察材料，作为提拔使用的重要依据。三是注重"自我教育、自我组织、自我管理"，调动学员的积极性、主动性和创造性，自觉加强自我改造，不断进行自我完善，开发中青年人才的潜能和智慧。使后备干部经过党校培训，系统掌握党的基本理论、党性修养、拓宽视野、培养战略思维能力。从次，建立健全跟踪测评后备干部能力、素质指标的考评体系。后备干部走上管理岗位，必须建立健全一套跟踪测评领导人才的素质指标发展变化的考评体系，可以帮助培养部门对选拔使用过程、使用效果是否理想进行认证；也能够给予领导人才一定的外部压力，促使他们不断自觉提高工作水平，对尚未走上领导岗位的人才也是一种鞭策，激励其持续加强"充电"。建立定期、定向的阶段跟踪测评模式，根据监测对象具体职位的复杂程度和难度系数，制定不同的指标变量表，通过个别访谈、群体反馈、个人自测、业绩鉴定等多种方式，全面记录后备干部任职后能力特征的各种变化，作出相应评价，以后备干部能力素质与绩效之间的联系作为考察重点，适时提供促进其提高领导水平的建议和方案。最后，严格管理是提高后备干部素质的重要环节。

后备干部能否健康成长、素质能否提高，很重要的一环是管理与监督是否强有力。一是思想教育要严。培养部门要对后备干部进行经常性的思想教育，提醒他们时时处处严格要求自己，谦虚谨慎，正确对待成绩和荣誉，时刻保持清醒头脑。二是加强制度建设。通过健全制度，规范行为，使后备干部的行为处于制度的约束下。要建立健全思想汇报、组织考核、谈话诫勉、重大事情报告、民主生活会等项制度，经常了解和掌握后备干部的思想状况。发现问题及时打招呼、敲警钟、批评教育，防微杜渐。三是加大监督力度。失去监督的权力会走向腐败。加强对领导干部的监督，是党关心爱护后备干部的重要措施。党组织和监督部门要从关心和爱护干部的前提出发，经常听取群众对后备干部的意见，使后备干部经常处于党和群众的共同监督之下。四是加强实践锻炼。采取选派一批优秀的后备干部到上级部门挂职锻炼的方式，开阔后备干部的视野；采取下派一批到基层艰苦岗位进行实践锻炼的方法，增强后备干部的实践能力；采取轮岗交流一批的方式，培养素质全面的复合型人才；采取压重担、任实职的方式，培养处理重大问题和驾驭全局的能力。

通过以上分析，我们不难发现，高校思想政治教育管理的质量，不仅取决于高校思想政治教育管理者的个人素质，而且取决于高校思想政治教育管理队伍的结构状况。高校思想政治教育管理队伍的结构，支配和控制着各个要素作用的发挥，规定着各个要素的行为方式，使各个要素发生相互联系和相互作用。因而，在相同的条件下，思想政治教育管理队伍的结构不同，其整体功能也就不同。队伍结构合理，可以使各个要素相互配合，发挥出单个要素所不能起到的作用，从而使整体的功能大于部分之和；队伍结构不合理，则会使各个要素相互摩擦、相互牵扯、相互抵触，从而使整体的功能小于部分之和。思想政治教育者与思想政治教育管理者是有区别的。后者具有鲜明的职业归属。思想政治教育者既可以是从业人员，也可以是非从业人员；既可以是业内人士，也可以是业外人士。

### 三、高校思想政治教育管理队伍的组织功能

从组织的角度看，高校思想政治教育管理机构包括决策机构、协调机构、执

行机构、监督机构和咨询机构。思想政治教育管理的本质是思想政治教育管理者通过科学决策、组织实施,以精神管理的方式,激发管理对象的精神动力,提高管理对象的精神生产力,促进管理对象实现精神向物质的转化,进而实现思想政治教育的目的和任务。从组织功能角度来看,高校思想政治教育管理队伍的职能包括决策、计划、领导、执行、评价、培训、组织和控制等。限于本节篇幅,笔者重点从决策与计划、领导与执行、评价与培训等几个方面对高校思想政治教育管理队伍的组织功能进行剖析。

### (一)高校思想政治教育管理队伍的决策职能

决策职能是高校思想政治教育管理队伍的首要职能。高校思想政治教育管理队伍的决策,是对高校思想政治教育中重大问题的决定,具体来说,就是为实现既定的高校思想政治目标,在若干可行方案中选择最优行动方案的过程。决策职能在高校思想政治教育管理队伍中具有十分重要的作用。第一,它是高校思想政治教育管理活动的起点。一般说来,高校思想政治教育管理活动,总要根据目标,明确做什么、做不做和如何做等一系列问题,这就要决策。没有决策,高校思想政治教育管理活动也就无从开始。第二,它是高校思想政治教育管理过程的关键和核心。高校思想政治教育管理过程中的计划、组织和控制都是围绕着决策展开的,离开了决策,其他管理活动就没有目标和准绳。第三,科学的决策是提高高校思想政治教育管理效率及效益的保证。有了科学的决策,才会有正确的高效的组织行为,一旦决策失误,就会使组织行为偏离正确轨道,并造成思想政治教育资源的严重浪费。

高校思想政治教育管理队伍决策按不同情况可以做如下分类:第一,按决策主体,可分为集体决策和个人决策。高校的思想政治教育管理实行集体领导与个人分工负责相结合的制度。在思想政治教育中,凡属关系思想政治教育发展方向和全局的重大问题,都应由集体决策,领导者个人不能擅自独断。在集体决策中,高校党委是高校的最高决策机构;而日常工作中的具体的或需作紧急处理的问题,分工负责的领导者个人就应以对党的事业高度负责的精神,及时作出决策。第二,按决策影响的范围和程度,可分为战略性决策和一般性决策。战略性决策是指决定高校思想政治教育发展方向,解决全校性重大问题的决策。一般性决策是指解决高校思想政治教育过程中局部性或个别性问题的决策。一般性决策应服从和服务于战略性决策,战略性决策又要通过一系列一般性决策来体现和逐步实现。第三,按决策的性质,可分为常规性决策和非常规性决策。常规性决策是指对解决经常重复出现的问题所作的决策。对于这类问题的解决,由于以往已经积累了比较成熟的经验,并形成了一定的相应的制度和方法,可以按照熟知的原则或比较确定的程序去加以解决。非常规性决策是指对解决首次出现或偶然出现的新情况、新问题所作的决策。对这类问题，不能仅凭以往的经验和常规惯例去解决。第四，按对决策问题了解程度，可分为确定性决策和非确定性决策。确定性决策是在对所要解决的问题的未来发展情况有比较准确的预测，并对每一个行动方案所达到的结果有确定把握的条件下所作的决策。非确定性决策是在对所要解决的问题的未来发展情况有一定了解，但还不能确定将出现何种情况，因而对每一行动方案所达到的结果难以完全确定的情况下所作的决策。

高校思想政治教育管理队伍进行思想政治教育管理科学决策，必须遵循以下原则：第一，信息原则。信息是决策的前提和基础。要科学地进行思想政治教育决策，就必须掌握准确、可靠、全面、系统的与决策相关的思想信息。第二，预测原则。决策是面向未来的行为，决策正确与否，取决于对未来情况、变化、后果所作判断的正确程度。因此，在决策过程中，必须运用预测理论和技术方法进行科学的预测，为决策提供科学的依据。第三，可行原则。在高校思想政治教育决策中，必须坚持实事求是，从实际出发，根据社会环境、学校条件和师生员工的思想实际及其发展的现实可能来进行决策，使决策建立在可行、可靠的基础上。第四，系统原则。应用系统工程的理论和方法进行决策，是决策科学化的重要保证。在高校思想政治教育决策中，要把整个学校的思想政治教育视为一个系统，以该系统的整体目标为核心，以整体目标的最优化为准绳。所有关于思想政治教育的决策，都要放到系统的整体中去权衡，评价其综合效果，并且要注重学校思想政治教育系统中各个侧面、各个层次的相互关系，以达到系统平衡和整体优化。第五，择优原则。决策实际上就是从两个以上的行动方案中择优。因此，在决策过程中，就必须在对所要解决的问题进行系统分析和综合的基础上提出多种行动方案，并对各种方案进行认真比较，比较各种方案所需要的条件、所带来的影响和后果，以选择最佳方案。第六，反馈原则。决策总要实施并导致一定的行动后果，对决策进行反馈，就是用实践来检验决策，即根据已变化了的情况和实践的反馈情况，对原先的决策作出相应的调整，以使决策更加完善。

高校思想政治教育管理队伍进行科学决策，必须遵循科学的决策程序。决策程序包括如下几个相互联系的步骤：第一，发现问题。问题是指实际状况和应有状况之间的差距。任何决策都是从发现问题开始的，及时地发现问题是正确地进行思想政治教育决策的首要环节。第二，确定目标。问题发现后，就要确定解决问题所要达到的结果，这就是确定目标。确定目标是思想政治教育决策的重要环节。全部决策方案都是围绕着这个预定的目标而设计的，目标错误必然导致决策的错误。正确地确定目标，一方面，必须以党的基本路线和教育方针以及高校思想政治教育的根本目的为指导，从师生员工的思想实际出发，以师生员工思想发展的内在规律为依据；另一方面，目标的含义要明确，内容要具体，目标的尺度要量化并有明确的衡量标准。第三，拟订方案。目标确定后，就要拟订解决问题、达到目标的各种可行方案，以供选择。拟订方案必须围绕决策目标，针对决策目标所规定的明确要求而展开，提出的各种备选方案所采取的途径、措施必须互不相同，不能大同小异。第四，方案评估。拟订备选方案后，还需依据预定的目标及达到这一目标的评价准则，对各种方案的利弊得失，进行严密论证、反复比较和全面权衡，从而为选出最优方案提供科学依据。在方案评估中，应着重作好各种方案的可行性分析。主要包括：方案的制定是否有充分的根据和切实可行、方案实施能否达到预期的效果、方案实施后可能会出现哪些问题和困难以及有无相应的预防和补救措施等等。第五，方案选优。选择最优方案是决策过程的关键。选优的价值标准是：最有利于达到既定的目标，效益最大且易于实行。当然，最优方案只是在一定条件下，相对于各种备选方案而言的，并不是绝对的。同时，各种备选方案往往各有所长，也各有所短。因此，对选出的最优方案，也应参照其他方案加以适当补充、修改和完善。必要时，还可综合各种方案的优点，形成一个更符合实现思想政治教育特定目标的理想方案。第六，实施决策与跟踪检查。这是决策过程的最终阶段。在实施决策过程中，应注意跟踪检查，对决策实施后的情况随时进行检查和验证，及时收集反馈信息，以便修正和完善决策，以保证思想政治教育目标的实现。

### （二）高校思想政治教育管理队伍的计划管理职能

计划管理职能是高校思想政治教育管理队伍的一项基本职能。思想政治教育管理计划，就是为实现既定的思想政治教育决策目标，对整体目标进行分解，并筹划人、财、物，拟订实施步骤、方法和制定相应的策略、政策等一系列管理活动。计划管理是高校各级思想政治教育管理人员都应履行的一项工作职能，各级思想政治教育管理者都应在自己的职责范围内，根据决策总目标的要求和自身应当达到的子目标，做好自己的计划工作。

高校思想政治教育管理队伍的计划管理职能包括队伍建设计划和制定思想政治教育及管理工作计划。计划管理职能在高校思想政治教育管理队伍中的作用在于：第一，它是思想政治教育管理队伍决策的延伸和具体化。思想政治教育管理队伍决策，只有通过周密的计划，才能付诸具体实施。第二，它是思想政治教育管理组织的行动纲领。它为思想政治教育管理系统各环节、各部门围绕整体目标科学组织、相互协调提供依据。第三，它是思想政治教育管理系统控制的标准。它为思想政治教育管理系统控制提供了目标和指标，使控制得到展开。

高校思想政治教育管理队伍的计划管理是多种多样的：第一，就计划管理的期限而言，包括长期计划、中期计划和短期计划。长期计划一般是指三年以上的思想政治教育管理规划，是具有战略意义的纲领性计划。中期计划一般是指一年或一学年及一学期的工作计划，是一个阶段思想政治教育管理队伍的总的安排。短期计划一般是指一个月或一周的工作安排。思想政治教育管理队伍的长期计划是制订中、短期计划的依据，中、短期计划的落实是实现长期计划的基础。第二，就计划管理的层次而言，包括学校工作计划，部门、系科工作计划和年级、班级工作计划。学校的各个部门、系科以及年级和班级的思想政治教育计划都应以学校思想政治教育计划为指导，根据本单位的具体实际提出实施细则，这是保证学校思想政治教育计划落到实处的重要前提。第三，就计划管理的内容而言，包括总体计划和单项计划。总体计划是关于整个思想政治教育的总体安排。单项计划是关于某项思想政治教育管理活动的具体安排，如马克思主义理论课教学计划、思想品德课教学计划、日常思想政治教育计划、社会实践活动计划、校园文化建设计划等。单项计划要以总体计划为依据，是总体计划中某个方面的具体展开。

思想政治教育管理队伍编制计划必须遵循以下原则：第一，统筹原则。即要全面考虑到思想政治教育管理系统的所有构成部分的职责分工及其相互关系，并考虑到思想政治教育管理系统与相关系统之间的关系，按照它们之间的内在联系，进行统筹安排，全面规划，以达到思想政治教育管理系统的整体优化。第二，连续原则。即要注意思想政治教育系统内部各因素之间以及思想政治教育系统与其他相关系统之间的相互作用、相互反馈的因果连锁关系，考虑到某种因素的变化可能引起的连锁反应，使思想政治教育管理计划前后衔接。第三，发展原则。即要预见到思想政治教育管理未来的发展，做到由近及远，以远促近，远近结合，既要把可能的发展反映在计划内，又不能使计划凝固化，要随着思想政治教育管理队伍实际情况的变化对计划作必要的调整，使之成为一个滚动前进的计划。第四，效益原则。即要讲究效益，力求以最小的人力、物力、财力和时间消耗获得最佳的效果。

思想政治教育管理队伍编制计划应遵循如下程序：第一，确定计划前提。先要通过调查研究和科学预测，着力把握未来计划实施的环境。尤其要注意研究和预测思想政治教育管理的环境会发生什么样的变化？这种变化对思想政治教育管理对象系统的思想以及思想政治教育会产生什么样的影响，等等。第二，确定计划目标。在明确计划前提条件的基础上，要紧紧围绕高校思想政治教育的根本目的、任务和思想政治教育管理的目标，根据社会发展和师生员工思想发展的需要和现实可能，确定通过计划的实施所要达到的预期目标。第三，编制计划草案。包括分解计划目标，使之转化为各种具体的计划指标，以便于执行和检查；分配资源，把各种思想政治教育管理的资源落实到各项计划指标上；综合平衡，保证各方面都有相应的人力、物力和财力；制定实施细则，包括计划实施的过程、阶段、步骤、措施和具体要求，等等；形成文件，将计划草案用文字和图表表示出来。编制计划草案，要广泛听取专家意见和群众建议，在广泛征求意见的基础上，对计划草案进行修改和补充，以保证计划的科学性。第四，计划审批和实施。拟订的计划草案经上级有关部门审定后付诸实施。在计划实施过程中，要随时了解计划执行的情况和问题，及时纠正计划执行中出现的偏差，并根据客观情况的变化，对计划作出必要的调整。

### （三）高校思想政治教育管理队伍的领导职能

管理学家们认为，从某种意义上说，领导就是管理。美国管理学家孔茨等人把领导解释为影响力，是对团体成员施加影响，激发其努力实现组织目标的过程，它是管理过程的一个重要环节。然而时至今日，这一解释与现代政治学家和领导科学家们的理解却产生了很大的分歧。政治学家主张领导是一种权力和权威，是依靠权力和权威命令别人服从的一种形式，领导的本质就是权威；领导科学家主张领导是一种说服他人热心追求组织目标的能力，是通过认识和掌握权力运行规律而实现组织目标的一种特殊的本领。秦在东教授从交叉学科的角度来对思想政治教育管理领导的概念进行了诠释。他认为，思想政治教育管理的领导是指组织、指挥、引导和影响所属组织成员去实现思想政治教育管理系统目标的行为过程。进一步讲，思想政治教育管理的领导是这样一个过程，即创建一种为实现思想政治教育管理目标所需的各种组织机构或程序，引导、激励、协调思想政治教育管理中的个人或组织去实现思想政治教育管理系统目标的行为过程。思想政治教育管理领导是一种政治领导，是一种需要政治智慧的领导、科学化的领导，是一种需要科学精神和现代理念的领导。有思想政治教育管理组织的存在，就必然有思想政治教育管理活动的领导。组织中有领导，领导总是对一定组织的领导。对于人类社会而言，从来就不存在只有组织而没有领导的组织或只有领导而没有组织的领导。组织与领导从来就是密不可分的。无论从组织学理论上讲，还是从领导科学上讲，讨论组织问题不能不讨论领导问题，讨论领导问题不能不讨论组织问题。

社会主义中国思想政治教育由中国共产党统一领导。就高校这个子系统而言，由高校党委领导的思想政治教育管理队伍在高校工作中发挥着领导的功能，这种领导表现在党的政治领导、思想领导和组织领导三个方面。党组织在思想政治教育管理体制中，处于领导核心地位，实行党对思想政治教育、思想政治教育管理及其管理队伍的统一领导。

高校思想政治教育管理队伍的领导职能的重要性和必要性，我们可以从领导学和管理学的角度进行分析。第一，只有坚持党对思想政治教育及其管理的领导，才能保证思想政治教育的正确方向。思想政治教育及其管理具有鲜明的阶级性和党性，它必须坚定不移地坚持社会主义性质和方向。思想政治教育管理队伍，通过在政治上坚持全面贯彻执行党的基本路线，在思想上坚持马克思列宁主义、毛泽东思想、邓小平理论、"三个代表"重要思想、科学发展观、习近平新时代中国特色社会主义思想，在组织上切实抓好党的建设、党政干部队伍建设和思想政治教育工作者队伍的建设，从而保证思想政治教育始终沿着社会主义方向前进。第二，中国共产党领导的思想政治教育，只有发挥思想政治教育管理队伍在高校的领导功能，才能保证思想政治教育的科学实施，实现思想政治教育的科学化。所谓科学化，也就是按照高校思想政治教育的内在规律来组织和开展思想政治教育。党在中国革命和建设的长期思想政治教育实践中积累了十分丰富而又宝贵的经验，并逐步形成了一整套反映高校思想政治教育的理论观点、指导原则和工作方法。充分发挥高校思想政治教育管理队伍的领导功能，为认识和掌握新时期高校思想政治教育及其管理规律，实现思想政治教育的科学化打下了坚实的基础。第三，只有高校思想政治教育管理队伍的领导功能得到充分发挥，才能保证高校思想政治教育工作目标的全面实现。高校思想政治教育是一项系统工程，需要组织和协调各方面的力量，需要高校行政、业务、后勤等各方面力量协同配合才能奏效。必须充分发挥高校思想政治教育管理队伍，特别是党委的领导功能，动员和组织各方面的力量，形成党组织、行政系统和工团组织对思想政治教育"齐抓共管"的局面，发挥思想政治教育系统的综合效应，从而使思想政治教育的目标得以全面实现。

高校思想政治教育管理队伍的领导职能主要通过高校思想政治教育管理组织中的领导者来体现的。思想政治教育管理组织中的领导者，是指担任了一定的领导职务，并对思想政治教育活动承担领导责任的角色。作为领导者，他（她）在工作群体中的角色义务是多重的。他们既是活动的发起者，也是活动的体现者。

思想政治教育管理工作是一种体现着高度组织水平的社会活动。作为思想政治教育管理工作的组织者和领导者，首先就要保证他（她）所领导的工作群体有高度的组织水平，这种组织水平一方面通过领导资源的合理配置（配班子）来实现，取决于工作群体内部各子系统整体进行工作的协作性；另一方面则通过领导者的领导水平来实现，取决于领导者本身的各种素质的整合性。处于思想政治教育管理不同层次的领导者，要扮演不同层次的群体组织者的角色。作为党支部书记、党小组长等基层思想政治教育管理组织的领导者，应当善于给工作群体提出具体的目标。一方面要善于领悟上级党组织关于思想政治教育管理的精神，把握社会思想发展的动向；另一方面要善于根据本单位的实际提出切实可行的任务。

作为班子的领头人，还应当善于用自己的领导智慧去统摄其他领导成员的工作思路，合理配置组织资源，确定解决具体任务的手段和方法，发挥群体成员的主动性和积极性。作为中、高级组织的领导者，如党委书记、党总支书记等，是通过基层或中层领导者来领导下属群体的，他们除了应该具有基层领导者的组织职能，还要执行协调者的职能，即通过基层或中层领导者来协调下属群体的活动。

### （四）高校思想政治教育管理队伍的培训职能

在这里，笔者以高校党校教师队伍的职能为例，阐述高校思想政治教育管理队伍的培训职能。众所周知，高校党校是高校党委的重要培训机构。高校的党校教师队伍是思想政治教育管理队伍中的重要组成部分。培训是高校党校的重要职能，也是高校党校教师的重要职责和任务。主要有以下几个方面：

1.理论教育职能

这是由党校的性质决定的，也是党校的"三个阵地"的具体体现，同时是高校党校教师队伍的职能所在。在《中共中央关于面向21世纪加强和改进党校工作的决定》中，党校教育被明确当作"科教兴国"中"教"的组成部分。而党校教师开展教育的重要内容，就是对党员领导干部进行理论教育培训。一是党性教育。党性教育是党校的必修课，增强党性锻炼是党校教育的灵魂，提高党性修养是党校的根本培养目标。二是思想方法教育。从理论上讲，马克思主义的思想方法是我们最根本的思想方法。

2.培养干部职能

我国思想政治教育管理学中有一条重要原理，即政治路线确定之后，干部就是决定的因素。具有高素质的干部是执行政治路线的根本保证。从当前中国的实际情况来看，要办好中国的事情，关键是要有千千万万真正掌握并善于运用马克思主义基本观点去分析新情况、研究解决新问题，能够坚定正确地执行党的基本路线和各项方针政策的干部。通过党校教师的培训，增强干部执行党的基本路线的自觉性，保持清醒的头脑，加强工作的原则性、系统性、预见性和创造性。党校则义不容辞地承担着这一神圣而艰巨的任务。二是培养理论干部。与我国其他教育形式相比，党校教师在培养理论干部方面发挥着特殊的作用。在现代社会条件下，党的理论干部要成为一支特别能战斗的思想队伍，首先就要善于用全人类的知识武装自己的头脑，善于把马克思主义的基本原理与中国特色社会主义建设的具体实践相结合，积极开动脑筋，在继承中宣传马克思主义，在发展中宣传马克思主义，在创新中宣传马克思主义。就是说，党的理论干部不应该是教条主义者，不应该是机械唯物主义者。

从上述分析中不难看出，高校思想政治教育管理队伍具有十分明显的培训功能，既有理论教育职能，又有培养干部的职能，核心任务就是培养德才兼备的领导干部。

**（五）高校思想政治教育管理队伍的组织职能**

组织职能是高校思想政治教育管理的又一基本职能。思想政治教育管理的组织职能，就是为了达到一定的思想政治教育管理目标，通过分工与合作及不同层次的权力与责任制度，来协调人们的思想政治教育实践活动。

高校思想政治教育管理组织的作用主要在于：它是思想政治教育决策和计划得以实现的基础，没有组织工作的配合，决策和计划得不到贯彻，再好的决策和计划也是纸上谈兵；它是思想政治教育系统控制的前提，只有在组织起来的群体中，才能进行有效的控制。思想政治教育能否及时而有效地进行控制，在很大程度上取决于思想政治教育组织的结构是否合理。它是提高思想政治教育管理效益的重要途径。有效的组织会创造一种良好的工作环境，使组织中的每个人都能为完成群体的目标积极工作，并使人们能够互相配合，协调活动，以获取优化的群体效应。

高校思想政治教育管理组织的设计主要包括以下内容：第一，把为实现思想政治教育管理目标所必须进行的各项具体工作，根据其内在联系及工作量进行分类组合，设计出各种基本职务和组织机构；第二，规定各种职务、各个组织机构的责、权、利及其与上下左右的关系，并用组织系统图和责任制度、职责条例、工作守则等形式加以说明；第三，选拔和配备合适的人员担任相应的职务，并授予执行职务所必需的权力，使每个人都能充分发挥作用；第四，通过职权关系和信息系统把各个组织机构连成一个严整统一而又充满活力的整体；第五，对思想政治教育管理组织系统内的人员进行教育和培训，不断提高他们的思想道德素质和业务素质，使之更有效地完成自己所承担的工作；第六，适应思想政治教育中出现的新情况，及时对思想政治教育管理组织进行相应调整，使之不断趋于完善。

高校思想政治教育管理组织的设计必须遵循以下基本原则：

第一，完整统一原则。高校思想政治教育管理组织应当是一个完整的统一体，其中，每个组织机构和职位都是整体的有机组成部分，它们各自发挥不同的功能，互为条件、互相配合，构成一个有机的整体。因此，高校思想政治教育管理组织的设计，一是要完整配套，即凡是思想政治教育管理职能范围内的事务，都应有相应的机构来管理。机构之间，要明确相互关系，上下级之间的领导与被领导关系，同级机构之间的分工与配合关系，以形成一个完整统一的体系。二是要统一目标，即思想政治教育管理组织系统中各个组织机构和职位的工作目标，都应服从系统的总目标，都应成为实现总目标的有机组成部分，从而使整个组织系统在统一目标的基础上协调一致，密切配合地开展各项工作。三是要统一指挥，即必须建立和加强以校党委为领导核心的指挥系统，学校思想政治教育管理组织内的各个机构和人员都必须服从也只能服从这一指挥系统的指挥，不能搞多头领导，"政出多门"。

第二，分级管理原则。高校思想政治教育管理组织是一个复杂的系统，必须分层次、按等级进行管理。要有效地实行分级管理，一是要根据有效管理的幅度，即管理者能够有效地直接管理的下属的数额和范围，设置最必要的管理层次，减少中间环节，便于上下沟通；二是在管理层次间保持最必要的联系，即上级只为下级提出目标、下达计划、制定政策，不能越俎代庖，随意干预下级工作；三是要逐级指挥、逐级负责，除特殊情况外，一般不得越级指挥。

第三，权责一致原则。高校思想政治教育管理组织系统中的各个机构和人员应当享有与其工作责任相适应的权力，做到有责有权，权责相称，以使其在履行职责的过程中，在自己的职责范围内能够处理和解决问题。因此，在思想政治教育管理组织设计中，一是要在目标、任务和政策明确的情况下，使任务的执行者有权处理工作中出现的一切常规性的问题，上级不得随便干预；二是任何机构和个人都不应拥有比职责要求更多的权力，以免助长官僚主义瞎指挥，导致不负责任地滥用权力；三是一个组织的主管人员在根据工作需要把部分决策和控制的权力下放给下级管理人员的同时，必须对下级人员使用权力履行职责的情况进行检查和指导。

第四，精干高效原则。高校思想政治教育管理组织的建立，必须做到精简、节约、高效。精简，即必须以思想政治教育的实际需要为依据，设置最低限量的机构和职位，配置最精干的领导和人员，建立结构合理、编制恰当、精干有力的思想政治教育组织机构，避免并克服机构臃肿、人浮于事和机构残缺、人员不足两种片面性；节约，即要合理地定编定员，尽可能地节约人力、财力和物力，力求以少量支出获取最大的效益；高效，即要从有利于实现学校思想政治教育的总目标出发，减少层次、合理分工，使整个系统沟通便利快捷，运转协调灵活，以便从整体上提高学校思想政治教育组织的效能和效率。

从现阶段高校思想政治教育管理的实际情况来看，高校思想政治教育管理组织主要有以下两种结构类型：一是直线职能式结构。即学校根据思想政治教育的实际需要，在党委领导下设置相应的职能部门，党委统一领导，职能部门在其职能范围内专门从事思想政治教育研究和实施，并为党委的决策提供建议。这种组织结构一方面保证了组织系统中党委的集中统一领导，另一方面党委有相应的职能机构作为助手和参谋，可以发挥职能机构专业化管理的优势。但这种组织结构容易造成各部门之间职责分工不明确，特别是各业务部门容易产生"思想政治教育工作是专业职能部门"的认识误区,并产生相互之间的矛盾和冲突,导致组织系统内部的能力损耗。因此,党委要经常协调,并制订必要的规章制度,明确各部门的职责,使各职能部门的工作规范化和制度化,以利于克服"两张皮"的弊端。二是直线职能复式组织结构。即以直接职能式组织结构为基础,在党委领导下,设立一个由分管思想政治教育的党委负责人主持的,有关行政负责人和各职能部门负责人参加的常设领导机构,专门负责思想政治教育的规划及组织实施,以协调各方面的工作。这种组织结构,可以使党委从繁杂的具体工作中解脱出来,以便集中精力抓方向性和全局性问题,从方向和政策上作出决策和进行控制。同时,由于常设领导机构中有各方面人员参加,可以群策群力,使许多具体矛盾在这里得到妥善解决,便于协调各组织机构之间的关系,减少冲突和能量损耗,实现齐抓共管,形成全员育人的局面。

**(六)高校思想政治教育管理队伍的控制职能**

控制职能也是高校思想政治教育管理的一项基本职能。思想政治教育管理的控制,就是按照预定的思想政治教育计划和标准对思想政治教育计划的实施过程及其结果进行监督检查,为纠正计划实施中的偏差以确保计划目标全面实现所进行的管理活动。

高校思想政治教育管理控制的作用主要在于:第一,它是实现思想政治教育计划目标的重要保证。由于各种内部和外部的原因,在计划执行过程中,实际活动偏离计划的情况经常会发生,只有通过有效控制,及时发现偏差,并采取有效措施加以纠正,才能保证计划目标的实现。第二,它是思想政治教育组织正常运转的必要条件。思想政治教育组织在其运转过程中,不可避免地会遇到一些随机性的外部干扰,内部也会经常产生"涨落"现象,并发生一些矛盾和冲突。如果没有有效的控制,思想政治教育组织就不可能正常运转,就会出现混乱无序的状态。第三,它是为思想政治工作决策和计划提供信息的主要途径。信息是决策和计划的基础。只有获得真实可靠而又全面系统的关于师生员工的思想状况和思想政治教育系统运行状况的信息,才能作出正确的决策和有效的计划。而这些信息中的绝大部分都是通过思想政治教育管理的控制过程获得的。

高校思想政治教育管理控制按不同角度可以作如下分类:第一,按控制点的位置,可分为事先控制、过程控制和事后控制。事先控制是在计划实施之前为了使未来的实施结果与预期目标相符合而预先采取的控制活动。它是针对未来可能发生的情况而进行的预先控制。主要是在科学预测的基础上,完善目标和实施方案;制定明确具体的实施程序和规则,并使之为实施者所了解和掌握;设计各种应急方案和措施,对可能发生的偶然变化作好思想和技术上的准备。过程控制是在计划实施过程中对正在进行的活动给予指导和监督，以保证目标实现的控制活动。它着眼于现场的执行情况及其即时的结果，一旦发现执行情况与计划之间、活动结果与预测目标之间出现偏差，就应进行调整。事后控制是在计划实施之后，把实施结果与预期目标进行比较，以作为确定和修正未来的目标及实施活动的依据或参考。它是针对以往已经产生的结果而采取的控制，因而是一种面向过去的控制形式。事后控制是必要的，但由于它是在活动结束后进行的，活动中的偏差已在系统内造成损害，并且无法补偿。过程控制比事后控制的效果好，但由于从产生偏差到采取纠正措施总要经历一定的时间，因而也常常会发生一些失误。事先控制在一定程度上可以避免和防止活动中偏差的发生，因而越来越受到人们的重视。但由于高校思想政治教育系统的内在条件和外部环境的变化经常会出现某些随机干扰，因而仅靠事先控制还不足以使系统的运行维持在预期的限度内。因此，只有将事先控制、过程控制和事后控制有机地结合起来，才能取得良好的控制效果。第二，按被管理者的作用，可分为外加控制和自我控制。外加控制是管理者为使被管理者的活动符合预期的目标和要求而对被管理者所施加的控制活动。自我控制是被管理者为使自己的活动符合组织的目标和要求而对自己所施加的控制活动。高校思想政治教育管理控制中，在优化外加控制的同时，尤其要注意激励和引导师生员工进行自我控制。

　　高校思想政治教育管理控制必须遵循以下基本原则：第一，目标原则。有效的控制必须具有明确的目标。目标既是控制过程的开端和出发点，也是控制过程的归宿和终结点。因此，要实施思想政治教育控制，首先就必须确定正确而又明确的目标，不能为控制而控制，搞形式主义。同时，在控制过程中，要善于从众多目标中选择事关大局、影响全局的关键性目标着力加以控制，抓住重点，带动全局。第二，相对封闭原则。在思想政治教育的控制过程中，必须运用一定的控制手段，构成一个封闭的信息回路，才能保证系统目标的实现。这种封闭的信息回路，是通过一定的反馈机制来实现的。所谓反馈，是指把调控系统的信息作用于受控系统后所产生的结果和状态的信息，再输送回来，并对信息地再输出发生影响的过程。通过反馈，控制系统的信息输入和输出的过程，就构成一种封闭的信息回路。当然，这种封闭只是就高校思想政治教育系统的内部结构而言的，因而只是相对的。高校思想政治教育系统控制的相对封闭原则，就是依据给定的目标信息与反馈回来的实施结果信息的差异，来调节思想政治教育系统的运行，从而保证系统有效地实现系统目标。第三，能级原则。高校思想政治教育管理是一个多层次的系统，因此，思想政治教育管理控制也就必然具有层次性。这就要遵循能级原则，按照各个层次的控制工作实际需要的能级标准和管理者实际具备的能力，把不同能力层次的管理者安排到各个不同的控制层次上，使各个层次的管理者有能力、有把握、恰到好处地胜任本层次的管理控制工作。

高校思想政治教育管理控制的程序是：第一，确定标准。标准是衡量实际工作绩效的依据和准绳。实施控制，首先就要根据既定的计划目标和控制对象的特点，确定具体的控制标准。标准应是质与量的统一。就质而言，它要反映计划目标的性质；就量而言，它要数量化，以便于能够用它来准确地衡量实际工作的绩效。对于那些不容易定量的项目，如人们的政治觉悟、道德水准、工作作风，等等，也应提出一些具体的定性标准。第二，衡量绩效。衡量绩效就是以控制标准为尺度来检查和评估实际工作的成效，获取实际工作情况同既定计划之间的偏差信息，找出产生偏差的原因。偏差产生的原因往往是多方面的。既可能是由于目标计划本身有误，也可能是由于执行过程中的失误；既可能是由于外部因素的干扰，也可能是由于内部某个环节的差错。只有具体地分析和研究产生偏差的原因，才能找到有效纠正偏差的措施。第三，调节。调节就是根据获得的偏差信息采取有效措施来纠正计划实施结果同计划目标之间偏差的管理活动。调节主要有两种情形：一是通过调整人员，协调各个实施者之间的协作关系，改进实施方法等来维护既定思想政治教育计划目标的实现；二是根据计划实施过程中的实际情况，对既定的思想政治教育管理目标和计划作出必要的修改和调整。

高校思想政治教育管理组织中的决策、协调、执行、监督和咨询等机构是相互联系、相互作用的。其中，高校党委作为决策机构居于核心地位，对整个思想政治教育管理的组织机构实行统一领导，其他机构在党委的统一领导下，各负其责，并紧密配合，由此组成了一个完整统一、结构合理、运转协调的思想政治教育管理组织系统。高校思想政治教育管理队伍的组织功能也是密不可分的。决策功能是主导，高校思想政治教育管理队伍围绕思想政治教育管理的目标计划，进行方案选优、作出决策，这是执行、协调、监督和咨询评价等职能发挥作用的前提。而思想政治教育管理队伍的执行功能、协调职能、监督职能和咨询评价职能的发挥，必须围绕思想政治教育管理队伍作出的决策，才能做到坚持正确方向，才能保证思想政治教育管理效益的最大化。

## 第二节　新时代高校思想政治教育管理队伍建设的要素

思想政治教育管理队伍是管理干部队伍中的重要组成部分，同样也是人才队伍的重要组成部分，因此，思想政治教育管理队伍必然具有人才队伍和管理干部队伍的一般属性。在对高校思想政治教育管理队伍组织成分分析过程中，笔者将运用管理学和人才学的相关原理和知识，从组织和人才学的视角，对其建设的相关要求进行审核和分析。在此基础上，对高校思想政治教育管理队伍建设的概念给予必要的界定。

## 一、高校思想政治教育管理队伍建设的基本含义及其要素分析

有学者认为，高校思想政治教育者队伍的管理，是指对高校思想政治教育者进行选拔、培养、使用和考核的过程。我认为，这个界定太微观，仅着眼于个体，而没有从整体上分析和把握。对于高校思想政治教育管理队伍建设的主体、依据、任务和目的等都还比较模糊。实际上，队伍建设不仅仅是提高个体的素质，对于整个队伍的结构是一个更具有全局性的战略问题。因此，笔者认为，这个定义还不够全面和科学。那么，高校思想政治教育管理队伍建设的含义到底是什么呢？在界定高校思想政治教育管理队伍建设的概念之前，笔者认为，应先了解高校思想政治教育管理队伍的特征。

高校思想政治教育管理队伍作为管理人才群体，具有一般人才群体的特征和要求，要分析高校思想政治教育管理队伍，首先要了解人才的结构和要素。

人才结构是人才系统的固有属性。所谓人才结构，即人才系统的构成形式，是指人才系统内部各要素的排列组合方式。从一般意义上说，人才结构有三个含义：一是指人才系统中要素的数量；二是指人才系统中要素的质量；三是指人才系统中要素间相互关系及配置方式。一般而言，人才结构按其范围又可划分为三个层次：人才个体结构；人才群体结构；人才社会结构。人才个体结构是指人才个体内部的德、识、才、学、体诸要素的排列组合方式。人才群体结构是指一个单位或一个部门的人才按一定的层次、序列和比例组合的构成形式。群体结构一般由若干个亚结构组成，包括性别、年龄、能级、职能、专业、智能、个性等。人才的社会结构是指宏观的人才群体结构。它是指一个地区或一个国家的人才按一定的层次、序列和比例组合的构成形式。除微观的人才群体结构中的诸亚结构外，它还包括人才的行业、地区、民族等亚结构。人才的社会结构，是一个多序列、多层次、多要素的动态综合体。它取决于社会的经济、科技等结构，一定社会的经济、科技等结构要求与之相适应的人才社会结构；人才社会结构又要求社会的教育结构和人才制度与之相适应。

在人才系统中，人才结构的宏观特性是指人才结构自身固有的特性。它主要包括三个方面的内容：一是整体相关性，是指人才系统结构内部整体与部分、部分与部分、系统与环境之间整体联系统一性。它要求我们在组建人才结构时，必须考虑人才结构整体功能优化，考虑人才结构各要素之间相互协调和互补。二是变异调节性，是指人才结构是一个不断变化的动态调节的有机整体。人才结构的变化过程，总是一个由相对稳定—不稳定—相对稳定的波浪式发展过程。它要求我们在组建人才结构时，不能一劳永逸，而应不断地动态调节。三是核心层次性，

是指人才诸要素构成的人才结构，不仅具有多层次性的特点，还具有核心特点，即由作为晶核的人才来统领整个人才结构。它要求我们在组建人才结构时，必须首先抓组建的关键——选用高势能人才为核心，特别是一把手，要坚持"高能为核"原则。

考虑到本书的研究重点和篇幅所限，笔者重点从高校思想政治教育管理队伍微观和宏观的角度，对其个体结构和群体结构做一探讨。

### （一）高校思想政治教育管理队伍的个体结构

高校思想政治教育管理队伍的职能及其劳动的特点，要求高校思想政治教育管理队伍必须具备良好的个体结构。高校思想政治教育管理队伍个体结构的优劣，直接制约着高校思想政治教育及管理工作的效果，关系着中国特色高等教育人才培养的质量。高校思想政治教育管理队伍的个体结构是指思想政治教育管理者的素养程度和水平。

为了避免出现歧义，在这里，有必要对"素质"与"素养"两个概念作一个交代。素养一词的含义，在《辞海》中指"经常修习涵养，如艺术素养、文学素养"。这种解释偏重素养的获得过程，指明素养非一朝一夕所能形成，而是长期"修习"的结果。英语对素养（literacy）的解释则偏重结果，有二层含义：一层是指有学识、有教养，多用于学者；另一层是指能够阅读、书写，有文化，对象是普通大众。无论从过程还是从结果看，二者对素养的解释都持有动态发展的观点。但是不管如何定义，至少有四点是共同的：素养是后天养成的，而不是天生的，在这一点上它区别于更多受先天因素影响的"素质"，因此，素养的养成更多取决于环境和教育；素养是可以培养的，素养的养成是一个从低到高逐步发展的过程。作为发展中的人，思想政治教育管理者与思想政治教育管理对象一样，伴随着时代发展，他们都处在素养提升的某个点上，都需要不断提升自己的素养以适应社会发展和自身发展的需要；素养是多层面的，它涉及了从意识到实践、由心理到生理、从言谈到举止、从思想到行为等全方位的问题；素养是综合的，孤立的素养是不存在的，素养的培养与人的全面发展是相一致的。

基于以上几点认识，在本节中，笔者对思想政治教育管理者个体结构总结了各有侧重的素养，主要包括政治素养、思想素养、道德素养、知识素养、文化素养和技能素养等六个方面。

第一，政治素养。政治素养是高校思想政治教育者应当首先具备的最基本的素养。它主要包括政治立场、政治信念、政治水平和政策水平等方面。高校思想政治教育管理队伍的政治素养主要包括具有鲜明的无产阶级政治立场、坚定的共产主义政治信念、较高的政治水平和政策水平。

鲜明的无产阶级政治立场。所谓政治立场是指一个人在观察和处理政治问题时的基本出发点，它集中反映着一个人所代表的阶级利益。因此，立场问题是一个根本问题。高校思想政治教育者必须坚定地站在无产阶级和广大人民群众的立场上，始终坚持从无产阶级和广大人民群众的根本利益出发来观察和处理各种问题。在现阶段，也就是要坚定不移地坚持党的基本路线，自觉地在思想上、政治上同党中央保持高度一致，坚决地同一切违背党的基本路线、损害人民利益的错误倾向作斗争。

坚定的共产主义政治信念。政治信念是指人们对某种政治主张的由衷信仰和对某种社会理想的坚定不移的追求，它决定着一个人思想行为的政治方向，是人们行动的强大而又持久的动力。高校思想政治教育管理者必须确立坚定的共产主义政治信念，即坚信共产主义必然胜利，以实现共产主义为自己的最高理想，并把远大的理想和现阶段建设中国特色社会主义的实践结合起来，脚踏实地、百折不挠地为实现共产主义理想而奋斗终身。有了坚定的共产主义政治信念，才能有坚定正确的政治方向、强烈的革命事业心和高度的政治责任感，才能以无私奉献的精神、高度自觉的态度和坚持不懈的毅力去从事党的思想政治教育。

较高的政治水平。政治水平主要指政治上分辨是非的能力、政治敏锐性以及认识和处理各种政治问题的能力。它是政治觉悟、马克思主义理论水平和政治实践经验相结合的产物。高校思想政治教育管理者应当具有较高的政治水平，即能够以马克思主义为指导，明辨是非，正确识别各种社会思潮，及时发现错误倾向，并展开有说服力的批判，善于从实际出发正确认识和处理各种政治问题。只有这样，才能在新形势下，始终保持清醒的头脑和正确的方向。

较高的政策水平。政策水平主要指认识、理解、宣传和执行党和国家的政策的水平。高校思想政治教育管理者应当具备较高的政策水平，即能够从理论和实际的结合上深刻地认识和理解党的政策；能够联系实际准确生动地宣传党的政策；能够有针对地、有说服力地解决师生员工在思想上对政策的疑虑；能够从本单位的实际出发，创造性地贯彻落实党的政策。高校思想政治教育管理者尤其要善于正确区分和处理两类不同性质的矛盾，正确区分政治问题、思想问题、认识问题和一般学术问题，正确区分思想意识问题和思想方法问题，分别不同情况，有针对性地开展思想政治教育。只有这样，才能正确贯彻落实党的政策，妥善解决高校中的各种矛盾，调动一切积极因素，为培养社会主义事业建设者和接班人而努力学习、勤奋工作。

第二，思想素养。思想素养是高校思想政治教育管理者必须具备的基本素养之一。主要包括世界观和人生观、思想方法和作风等几个方面的内容。高校思想政治教育管理队伍的思想素养主要包括正确的世界观和人生观、科学的思想方法和优良的作风等内容。

正确的世界观和人生观。高校思想政治教育的核心内容是世界观和人生观教育。这就要求高校思想政治教育管理者自身要确立正确的世界观和人生，也即确立马克思主义世界观，系统掌握辩证唯物主义和历史唯物主义的基本理论，树立主观必须符合客观的观点、全面辩证的观点、实践的观点、历史分析和阶级分析的观点、人民群众的观点和共产主义必然胜利的信念；确立共产主义的人生观，树立全心全意为人民服务的人生目的和乐于奉献的人生价值观，正确看待和处理人生道路上的各种矛盾，努力为人民建功立业。

科学的思想方法。高校思想政治教育管理者要掌握辩证唯物主义和历史唯物主义的根本方法，用联系的、发展的、全面的观点看问题，正确运用矛盾分析法、历史分析法和阶级分析法；要坚持党的解放思想、实事求是的思想路线和"从群众中来、到群众中去"的群众路线，继承和发扬我们党在长期的革命实践中形成的各种行之有效的思想方法；要以马克思主义世界观和方法论为指导，努力探索和掌握适应新的历史条件下高校思想政治教育要求的科学的具体思维方法。只有这样，才能正确地认识事物的本质和规律，准确地把握工作对象思想的脉搏和特点，科学地制定思想政治教育的计划和方案。

优良的作风。高校思想政治教育管理者要继承和发扬我们党在长期的革命实践中形成的优良作风。主要是：实事求是的作风，即坚持一切从实际出发，按客观规律办事，说真话、鼓实劲、办实事、讲实效；民主的作风，即相信群众，依靠群众，密切联系群众，遇事同群众商量，善于集中群众的智慧，坚持把教育和群众的自我教育结合起来；批评和自我批评的作风，即坚持原则，是非分明，敢于同不良倾向作斗争，对同志的缺点能开展诚恳的批评，对自己一分为二，敢于正视自己的缺点错误，经常自我总结，虚心接受批评；严以律己的作风，即能够以身作则，身先士卒，要求别人做到的，自己首先做到，要求别人不做的，自己首先不做。只有这样，才能架起联系师生员工的感情桥梁，赢得师生员工的充分信任，才能影响和带动全体师生员工形成良好的教风、学风和工作作风，推动整个学校优良校风的建设。

第三，道德素养。高校思想政治教育是塑造高校师生员工，尤其是青年学生美好心灵的工作，进行社会主义、共产主义道德教育是高校思想政治教育的一项重要内容。因此，高校思想政治教育管理队伍必须具备良好的道德素养，达到以下几个方面的要求：

大公无私、乐于奉献。这是高校思想政治教育管理者道德素养的核心。它包括：牢记全心全意为人民服务的宗旨，坚持一切从党和人民的利益出发，而不是从个人或小集团的利益出发；坚持集体主义原则，正确处理个人利益与社会利益、集体利益、他人利益之间的关系，大公无私、先人后己；富有奉献精神，乐于在高校思想政治教育岗位上为祖国默默奉献；自觉维护党和人民的利益，敢于坚持原则，同各种错误倾向作斗争；为了党和人民的利益，勇于坚持真理、修正错误。

热爱本职、忠于职守。这是高校思想政治教育管理者对待高校思想政治教育的道德准则。它包括：热爱高校思想政治教育及其管理工作，具有强烈的事业心，具有为实现党的政治任务而渴望在高校思想政治教育岗位上有所作为、有所贡献的抱负和责任感；对工作极端负责任，踏实肯干，不怕辛劳，不计得失；对业务精益求精，刻苦钻研，勇于创新，努力创造第一流的工作水平。

关怀信任、平等待人。这是高校思想政治教育管理者处理自己与工作对象之间关系的道德准则。它包括：热爱和关心工作对象，关心他们的思想政治进步、学习、工作和生活；尊重和信任对象，尊重他们的人格、荣誉和权利，尊重他们的意见和要求，相信他们能够坚持真理、改正错误，放手发动和组织他们自己教育自己；平等待人，以情感人，以理服人，不以势压人，不动辄训人；公正平等地对待工作对象，对他们的关心、帮助、教育和评价不以个人感情亲疏和个人好恶为转移。

团结互助、顾全大局。这是高校思想政治教育管理者处理自己与其他思想政治教育者及管理者之间关系的道德准则。它包括：尊重其他思想政治教育者的声誉和劳动，积极支持和配合其他思想政治教育者的工作；虚心听取不同意见，善于和与自己意见不同的同志讨论问题、交流思想，求大同、存小异，坚持以大局为重，合作共事。

第四，知识素养。高校教职工和学生是具有较高科学文化知识素养的人，高校思想政治教育的过程又是思想性和知识性的统一。因此，高校思想政治教育管理队伍的知识素养必须具有扎实的理论基础和宽广的知识面。具体地说，主要包括扎实的马克思主义理论知识、系统的思想政治教育专业知识和广博的相关学科知识等内容。

扎实的马克思主义理论知识。马克思主义是高校思想政治教育的理论基础，是高校思想政治教育的主要内容，是研究新的历史条件下高校思想政治教育的新情况、新问题的科学指南，也是高校思想政治教育管理者理解和执行党的路线、方针和政策的指针。因此，高校思想政治教育管理者必须认真学习和研究马克思主义，完整地、准确地掌握马克思主义的科学理论体系。要学习和掌握马克思主义哲学、政治经济学和科学社会主义的基本理论，学习和掌握马克思主义和中国革命实践相结合的产物——毛泽东思想的科学体系，学习和掌握当代中国的马克思主义——邓小平理论。此外，还应学习和掌握马克思主义经典作家关于思想政治教育的科学论述和光辉实践。

系统的思想政治教育专业知识。思想政治教育是一种特殊的社会实践活动，有其特殊的专业知识体系。高校思想政治教育管理者要掌握思想政治教育的特殊规律，提高自己的业务能力和专业水平，就必须学习和掌握思想政治教育的专业知识。主要包括思想政治教育原理、思想政治教育方法论和党的思想政治教育史。

广博的相关学科知识。高校思想政治教育涉及多种学科的理论和知识，高校教职工和学生又都具有较高的专业理论水平和较广的知识面。因此，高校思想政治教育管理者必须学习和掌握广博的相关学科知识。一是要学习和掌握与思想政治教育相关的理论和知识。如教育学、心理学、伦理学、政治学、社会学、美学和管理学，等等。二是要学习和掌握与高校工作有关的理论和知识。如高等教育学、高等学校管理学、高等学校心理学和大学生心理学，等等。三是要学习和掌握与自己的具体工作对象和工作环境有关的专业知识。一般说来，各个系科的思想政治教育者都应当掌握本系科的专业知识，各个部门的思想政治教育者都应当熟悉有关本部门业务的专业知识。只有这样，才能和工作对象有较多的共同语言，易于接近和沟通；才能有效地把思想政治教育和专业教学、业务工作结合起来，实现思想性和知识性的统一。

第五，文化素养。思想政治教育管理者的文化素养主要包括人文精神、学科文化素养、教育素养三个层次。人文精神是对人的存在的思考，对人的价值、人的生存意义的关注。思想政治教育管理者的学科文化素养指高校思想政治教育管理者所具有的对本管理学科独立的思考和个体化的知识体系。教育素养，是思想政治教育管理者人生观和价值观在管理工作中的聚合。思想政治教育管理者的人文精神以学科文化素养和教育素养为基石，是文化素养的核心和灵魂，是思想政治教育管理者作为一个"文化人"所具有的由价值观和行为方式升华、凝练而成的相对稳定的准则和精神。学科文化素养，是思想政治教育管理者文化素养的一个重要的组成部分，也是思想政治教育管理者在管理工作中展现出的管理工作特有的理解及感染力。思想政治教育管理者的教育素养，是其作为一名管理者所具有的素养，是管理者的文化素养在管理育人的每一个环节中的体现。思想政治教育管理者良好的教育素养和学科文化素养可以增强管理工作的针对性和实效性。

第六，技能素养。技能是运用于工作实际的各种技能和艺术，它直接影响着工作的开展和工作的效率。高校思想政治教育管理队伍的能力素养主要包括调查研究技能、分析综合技能、决策计划技能、组织协调技能和宣传表达技能等方面。

调查研究技能，即了解师生员工的思想状况和本单位思想政治教育状况，收集思想信息的能力。"没有调查，就没有发言权"。调查研究是高校思想政治教育管理者的基本功。只有认真调查研究，掌握师生员工的思想实际，才能有的放矢地开展思想政治教育。

分析综合技能，即在通过调查研究掌握大量事实材料的基础上，认识和研究人的思想及思想政治教育的内在联系和规律的能力。它包括分析能力和综合能力。分析能力是指能够根据研究对象固有的系统性，对构成这个系统的诸要素分别进行定性和定量的研究，进而从多样性的现象中发现其主要的、本质的东西。综合能力是指能够在分析的基础上，在思维中再把研究对象的各个本质的方面按其内在联系有机地结合为统一的整体，从而把握对象的整个面貌。高校思想政治教育管理者只有具备分析综合能力，才能在调查研究的基础上进一步把握师生员工思想的特点和发展趋势，认识高校思想政治教育的规律。

决策计划技能，即正确地提出开展思想政治教育的决定、方案和措施的能力。它包括决策能力和计划能力。决策能力主要指善于出主意、想办法，能够综合各种情况进行判断和作出决定；计划能力主要指善于把决策具体化，能够依据客观情况科学制定工作目标，正确选择工作方法，合理设计思想政治教育活动。科学的决策和计划是提高思想政治教育有效性的关键。因此，高校思想政治教育管理者必须具备一定的决策计划能力。

组织协调技能，即组织和协调思想政治教育实际活动的能力。它包括组织能力和协调能力。组织能力主要指善于发动和组织各种教育活动，能够独立主持集体活动和会议，善于发现和培养骨干，并通过他们团结和带动一般群众。协调能力主要指善于协调思想政治教育部门之间及思想政治教育者之间的关系，协调思想政治教育同其他工作之间的关系，争取各方面对思想政治教育的支持，以形成思想政治教育的合力。高校思想政治教育管理者只有具备组织协调能力，才能有效地开展思想政治教育，把科学的决策和计划落到实处。

宣传表达技能，即运用文字、语言、形象等方式把教育内容表述出来，使之为工作对象所了解和接受的能力。它包括文字表达能力、语言表达能力和形象表达能力。文字表达能力即写作能力，指能够把教育内容见诸文字，通过报刊、书籍、广播、墙报、文件等形式影响和教育工作对象。语言表达能力即讲话的艺术和技巧，是指善于通过报告、讲解、座谈、个别谈心等方式循循善诱地说服工作对象。形象表达能力是指善于把教育内容见诸艺术形象，通过电视、电影、图片、图表、艺术作品等形式，借助艺术形象的感染力来影响工作对象。

此外，高校思想政治教育管理者还应具备较强的社交能力、应变能力、创造能力和自学能力，这些既是从事高校思想政治教育所必须掌握的基本技能，也是高校思想政治教育管理队伍能力素养的重要内容。

**（二）高校思想政治教育管理队伍的群体结构**

高校思想政治教育管理队伍的战斗力如何，在很大程度上受高校思想政治教育管理队伍群体结构的影响。人才群体结构是指一个单位或一个部门的人才按一定的层次、序列和比例组合的构成形式。人才群体结构一般由性别、年龄、能级、职能、专业、智能、个性等群体亚结构组成。对高校思想政治教育管理队伍而言，其群体结构主要包括性别结构、年龄结构、职称结构、职务结构、专业结构、智能结构和个性结构等。

性别结构，即指高校思想政治教育管理队伍中不同性别的人员的比例。一个优化的性别群体亚结构，应根据思想政治教育管理工作的性质、职能和特点，以及男女性别之比例，适当考虑性别的配比。一个清一色的性别结构，不可能发挥最佳的群体效应。

年龄结构，即指高校思想政治教育管理队伍中不同年龄段的人员的比例。一个优化的年龄群体亚结构，一般应以中青年为主，老、中、青相结合组成合理的梯队，对于一位思想政治教育管理者来说，年龄不仅仅是岁月的标志，更重要的是体现着不同的阅历、经验和特点。年轻人朝气蓬勃，对新生事物比较敏感，敢想敢干；中年人年富力强，具有承前启后的作用；年长者深谋远虑、见多识广、经验丰富，善于应付复杂的局面。一般地说，各年龄段的人员各有其自身的长处，也各有其固有的不足。因此，高校思想政治教育者队伍的年龄结构应是老、中、青三者按适当比例构成的梯形结构，其中，中青年人员应占大多数。这样的年龄结构，有利于发挥各年龄段人员的优势，提高主体系统的整体效应，有利于高校思想政治教育管理队伍的新陈代谢和动态平衡，保证高校思想政治教育管理队伍的稳定性和持续性。

学历结构，学历结构是指高校思想政治教育人员管理队伍的学历或学位的构成比例。学历代表一个人接受正规教育的程度，在一般情况下，它反映了一个人的文化知识水平。高校是知识密集、人才密集的高文化区。思想政治教育管理的对象是大多数都接受过高等教育的高校教职工和正在接受高等教育的青年学生。这就要求高校思想政治教育管理队伍必须具备较高的学历结构。由于历史的原因，目前高校思想政治教育者队伍以大学本科毕业生和硕士研究生为主体。这种状况限制了高校思想政治教育水平的提高。当然，鉴于高校各类人员的文化知识层次不同，对思想政治教育管理队伍的学历要求也应有一定的层次，而不应整齐划一，但从高校实际出发，使高校思想政治教育管理队伍的学历结构，在现有层次水平上有一个显著的提高，则是十分必要的。一般说来，高校思想政治教育管理队伍都应具有大学本科以上的学历，具有双学士学位和硕士学位的人员应逐步成为高校思想政治教育者队伍的主体，同时，要逐步提高具有博士学位的人员比例，从而使研究生、本专科学生的思想政治教育，都能由具有更高学历及以上的思想政治教育者来承担。这样做，才能适应高校思想政治教育的需要，也有利于思想政治教育者队伍在工作对象中建立威信，从而提高思想政治教育的成效。

职称结构，即指高校思想政治教育管理队伍中不同职称的人员的比例。一个优化的职称群体亚结构，一般应以中高级职称为主，高级职称、中级职称、初级职称相结合组成合理的梯队。

层次结构，即指高校思想政治教育管理队伍中不同职务职级的人员的比例。每个专业、每种类型的人员都处于不同的能级状态。通常分为高级、中级和初级三个层级。人员的能级是动态的，可以向高层次职级进化，也可以退化为低层次职级。一个优化的层次结构，一般应以中级职务职级为主，高级、中级、初级职务职级相结合组成合理的梯队，发挥不同职务职级段人员的最优职能，以利于提高高校思想政治教育管理队伍的综合实力。

专业结构，即指高校思想政治教育管理队伍中不同专业的人才的比例。一个高效的专业群体亚结构，应是各类专业人员按工作的性质、任务，以一定的比例合理组合。高校思想政治教育管理队伍中专业结构也是动态变化的，需动态地加以调节。高校思想政治教育管理的科学化，要求高校思想政治教育管理队伍必须专业化。这就不仅要求每一位思想政治教育管理者都必须具有同思想政治教育的实际需要相适应的专业知识，而且要求整个思想政治教育管理队伍，必须形成一个合理的专业结构。单一的专业结构，不可能发挥最佳的群体效应。高校思想政治教育管理队伍主要应由以下几类专业毕业的人员构成：一是思想政治教育专业毕业的人员；二是与思想政治教育直接相关的专业，如中文、心理学、法律、艺术等专业毕业的人员；三是与思想政治教育环境及工作对象直接相关的专业，主要是本校所设各类专业毕业的人员。同时，非思想政治教育专业毕业的人员也必须掌握思想政治教育专业的基本理论；思想政治教育专业毕业的人员也必须掌握一定的相关学科的专业知识。高校思想政治教育者队伍的专业结构，也就应该由以上几类专业毕业的人员，按思想政治教育的实际需要构成，既具有系统扎实的思想政治教育专业知识，又具有广博的相关学科知识的结构。这样，既有利于实现高校思想政治教育者队伍的专业化，从而促进高校思想政治教育的科学化，又有利于把思想政治教育渗透到专业教学等各项业务工作中去，结合业务工作一道去做。

智能结构，即指高校思想政治教育管理队伍中不同智能的人员的比例。一个完善的高校思想政治教育管理队伍智能群体亚结构，应考虑由不同的智能型式或水平层次的人才按恰当比例组合，从而达到群体内人才之间知识互用、技能互补、能力互接，以利于发挥群体的互补效应。

个性结构，即指高校思想政治教育管理队伍中不同气质类型和性格特征的人才的比例。一个和谐的高校思想政治教育管理队伍个性群体亚结构，其气质性格应是协调的。协调的气质性格，即要求互相补充和相互包容。例如，以胆汁质为主的气质类型和以黏液质为主的气质类型，以多血质为主的气质类型和以抑郁质为主的气质类型是一种相互补充。

至此，笔者在以上部分讨论了高校思想政治教育管理队伍的个体结构和群体结构。但是，还有一个问题仍然没有回答，那就是，到底什么是高校思想政治教育管理队伍建设？它的基本含义是什么呢？

从结构上分析，高校思想政治教育管理队伍的结构是指高校思想政治教育管理队伍内部各个构成要素之间相互联系的稳定方式，它是保障思想政治教育管理队伍的整体性和运行有序性的内在根据。笔者认为，高校思想政治教育管理队伍建设，是一个不间断的过程，这个过程，是一个使队伍的群体结构和个体结构不断优化的过程。

从内容上分析，高校思想政治教育管理队伍建设的内容是高等学校根据思想政治教育管理工作的需要，培养、培训和构建组合适应高校思想政治教育管理工作需要的管理队伍所进行的一系列工作。它不只是指有关思想政治教育管理队伍建设中的某项单一的工作任务，而是涵盖了管理人员的录用、选拔、考核、培养、晋升、任用、资源开发与优化配置、职业道德建设和待遇等各个方面的工作。从高校思想政治教育管理队伍建设的总体内容上，要对这支队伍的数量、质量和结构进行规划并提出相应的指标，要有计划地培养管理骨干和建设管理梯队，使高校思想政治教育管理队伍的数量和质量均能适应高校思想政治教育管理改革和发展的需要。

基于以上认识，笔者在这里依据管理学的相关知识，从队伍结构和建设内容角度，对高校思想政治教育管理队伍建设的概念作出如下界定：高校思想政治教育管理队伍建设，是指高校组织系统，为实现思想政治教育管理目标和完成思想政治教育管理任务，依据高校思想政治教育管理的客观要求和人才成长规律，通过科学管理手段的各种功能，有意识地运用高校系统内外的有效资源，最大限度地实现高校思想政治教育管理队伍的群体结构和个体结构优化的过程。

在这个定义中，笔者有五个方面的立意：一是明确了高校思想政治教育管理队伍建设的主体，即高校的组织系统，包括校级组织和中层内设机构组织。如前所述，高校思想政治教育活动本身就是一种思想性和政治性特点鲜明的社会活动，它的主体是高校的党组织系统。在高校思想政治教育管理队伍建设中，其主体系统必然是高校的党组织及其领导下的行政组织和工团组织。需要说明的是，上级组织系统虽然也是高校思想政治教育管理队伍建设的主体，但从队伍建设的任务角度来看，主要还在高校的执行层面。二是指明了高校思想政治教育队伍建设的依据，就是高校思想政治教育管理的客观要求和人才成长规律。高校思想政治教育管理队伍建设首先是一种有目的的社会活动，这个目的就是为实现高校思想政治教育管理的目的和任务。离开了这个目的和根本任务，高校思想政治教育管理队伍建设就失去了其应有的意义。从个体而言，思想政治教育管理者的成长是有规律的，队伍建设必须遵循这个规律，才能避免在队伍建设中出现"揠苗助长"的现象，避免队伍建设走弯路，导致队伍建设效率下降。三是指出了高校思想政治教育管理队伍建设的功能形式，就是科学管理的各种功能。高校思想政治教育管理队伍建设除了借助普通管理的各种功能，还借助更富有科学性的管理理念和方法。四是指出了高校思想政治教育管理队伍建设的任务，就是有意识地调节高校系统内外的各种建设资源，包括人力、财力、物力等建设和管理资源，用于开展高校思想政治教育管理队伍建设。其实，高校思想政治教育管理队伍建设过程，就是一个调配高校组织系统内外资源，为队伍建设服务的过程。五是指出了高校思想政治教育管理队伍建设的目标和结果，就是最大限度地实现高校思想政治教育管理队伍结构的优化，包括个体结构和群体结构。从这个意义上讲，高校思想政治教育管理队伍建设的过程，就是一个优化队伍个体结构和群体结构的过程，是一个通过高校思想政治教育管理队伍结构的优化，实现高校思想政治教育管理效率最大化的过程。

从静态的角度来说，在高校思想政治教育管理队伍结构中，个体结构和群体结构是它的基本要素，或称为一级要素，每一个一级要素中还有若干二级要素。高校思想政治教育管理队伍的个体结构，包括政治素养、思想素养、道德素养、知识素养和能力素养等要素；群体结构，包括性别结构、年龄结构、职称结构、职务结构、专业结构、智能结构和个性结构等要素。每个二级要素，又包括若干三级要素，等等。从动态角度而言，高校思想政治教育管理队伍建设，还包括管理要素、领导体制、运行机制、制度体系等。

## 二、高校思想政治教育管理队伍建设的目的与意义

从历史发展视角来看，加强思想政治教育管理队伍建设是实现思想政治教育和思想政治教育管理与时俱进的需要。当前，国内外形势正在发生深刻变化，思想政治教育既面临着难得的机遇，又面临着严峻的挑战。国际局势风云变幻，意识形态领域斗争日趋复杂，西方敌对势力加紧对我国实施西化、分化，企图动摇人们对马克思主义的信仰、对共产主义的信念、对共产党的信任和对社会主义的信心。在深刻的社会变革中，人们的思想观念、道德观念、价值取向、生活方式等日趋多样化，社会热点难点问题增多，统一思想、凝聚人心的任务很重。网络媒体的出现和迅猛发展，也使思想政治教育的环境、任务、内容、渠道和手段都发生了巨大变化，给思想政治教育提出了更高的新要求，同时对思想政治教育管

理也提出了严峻挑战。面对复杂形势和严峻挑战，只有毫不放松地加强思想政治教育管理队伍建设，不断提高思想政治教育管理队伍整体素养，才能增强战斗力，适应新形势的要求。

全面建成小康社会的奋斗目标，使思想政治教育管理队伍肩负着重大使命。必须进一步加强思想政治教育管理，深入进行党的基本理论、基本路线、基本方略的宣传教育，引导人们树立中国特色社会主义的共同理想，树立正确的世界观、人生观和价值观；切实充分发挥思想政治教育管理的决策与执行、领导与控制、组织与计划、监督与评论等功能，使思想政治教育妥善处理人民内部矛盾特别是涉及群众切身利益的矛盾，保持安定团结的局面；大力繁荣社会主义先进文化；大力弘扬以爱国主义为核心的团结统一、爱好和平、勤劳勇敢、自强不息的伟大民族精神；认真贯彻《公民道德建设实施纲要》，切实加强思想道德建设；加强和改进思想政治工作，广泛开展群众性精神文明创建活动等。完成这些重大使命，迫切需要加强思想政治教育管理队伍建设，不断提高思想政治教育管理队伍素养。否则，就难以胜任党和人民赋予的历史使命。

从领导和管理视角来看，加强思想政治教育管理队伍建设是做好思想政治教育管理的组织保证。众所周知，思想政治教育管理队伍建设是关系到思想政治教育目标、内容、过程、评估、领导能否得到贯彻落实，思想政治教育活动能否取得成效的重大问题。研究思想政治教育管理队伍的建设规律，把握这支队伍的结构、职能和培养、选拔、管理的组织措施，是全面提高思想政治教育管理者的素养，搞好思想政治教育管理的组织保证。思想政治教育管理如何适应新形势，为改革开放和社会主义现代化建设提供重要的保证，成为一个现实而紧迫的问题。自改革开放，特别是进入21世纪以来，思想政治教育及其管理队伍不断发展壮大，从总体来看，这支队伍政治可靠，业务成熟，作风过硬，对思想政治教育及其管理的发展作出了重大贡献。同时，也应该看到，与新形势、新任务的要求相比，思想政治教育管理者政治业务素养、数量、层次、结构等还存在一些不相适应的方面，主要表现为：一是思想理论水平不高，一些思想政治教育管理者没有熟练掌握马克思主义基本理论，对经济社会发展的新情况和新问题，对当今社会的时代特征不甚了解；二是工作作风不扎实，一些思想政治教育管理者工作态度不端正，甚至不安心工作；三是知识结构不合理，利用新技术开展思想政治教育管理的能力较弱，满足于传统的管理方法手段，思想政治教育管理的时效性不强；四是年龄结构不合理，出现思想政治教育管理队伍老化、"青黄不接"的现象。这些问题影响了思想政治教育管理工作的顺利开展，改变思想政治教育管理队伍现状的任务十分紧迫。改革进入攻坚阶段，发展处在关键时期，导致思想政治教育面临许多新情况、新问题。社会上对如何认识社会主义发展的历史进程、如何认识资本主义发展的历史进程、如何认识我国社会主义改革实践过程对人们思想的影响、如何认识当今国际环境和国际政治斗争带来的影响，看法不一。对这些问题的回答和解决是事关社会主义、事关党的发展与前途的大问题，作为政工干部，对干部群众思想上和现实生活中迫切需要解决的重大理论问题和实际问题要作出科学的有说服力的符合实际的解释和说明，任务是相当艰巨的，因此，迫切需要加强思想政治教育管理队伍自身素养，切实加强和改进思想政治教育管理，创新管理方法，提升思想政治教育管理水平，增强思想政治教育管理工作效果。

## 第三节 新时代高校思想政治教育管理队伍建设的路径探索

### 一、关于我国高校思想政治教育管理队伍建设经验的理性反思

高校思想政治教育管理队伍建设的历程是与高校思想政治教育和思想政治教育管理工作相伴而行的。高校思想政治教育的目标和任务，是思想政治教育管理的价值取向，而思想政治教育管理效率的最大化，则必然地成为高校思想政治教育管理队伍建设的价值取向。任何重视思想政治教育的高校，无不重视其管理和队伍建设工作。客观地说，近些年来，我国高校思想政治教育管理队伍取得了明显成绩，这应是队伍建设所带来的主要效果。但是细心观察，不难发现，高校思想政治教育管理队伍的成绩又是参差不齐的，有的甚至是效果甚微的。这个现象，引起了我们的思考：到底是什么原因所致呢？

第一，对高校思想政治教育管理队伍重要性认识的反思。高校思想政治教育管理队伍是做好高校思想政治教育和管理工作的组织保证，是保证高校坚持社会主义办学方向，全面贯彻党的教育方针，培养德、智、体、美、劳全面发展的社会主义事业接班人和建设者的一支不可缺少的重要力量，是高校教师和高校的重要组成部分。马克思主义思想政治教育的基本原理告诉我们，思想认识决定行为。对高校思想政治教育管理队伍建设的程度，首先取决于高校对思想政治教育管理队伍的重视程度。我们很难想象，一个不重视思想政治教育及其队伍建设问题的组织或领导，会主动去思考和探索其队伍建设问题，投入资源更无从谈起。近些年来，重业务、轻管理的现象在一些高校不同程度地存在着。高校思想政治教育管理队伍建设成效出现较大差异的一个很重要原因，就在于高校对思想政治教育管理队伍建设重要性的认识上的差异。

第二，对高校思想政治教育管理队伍建设有效性的反思。从高校思想政治教育管理队伍建设成效来看，理论研究、机制建设、制度建设、能力建设等方面取得了突破，成效是明显的，例如，高校思想政治教育管理队伍规模得到扩大、培

训力度不断加大、结构得以优化等方面。但是存在的不足也还比较突出，体现在高校思想政治教育管理队伍建设尚缺乏整体性的科学规划、思想政治教育管理队伍整体作战能力与承载任务不相协调、队伍的整体素质和正面形象有待进一步提高、高校思想政治教育管理队伍发展的培育机制和保障机制尚不健全。从组织行为学的角度审视，思想政治教育管理者的个体结构素质、队伍整体结构还不合理。从领导学和管理学的角度审视，高校思想政治教育管理队伍建设的领导体制、运行机制和建设制度等还不完善。从系统论的视角来看，队伍建设还不系统，没有从整体上进行根本的改观；从发展和动态的角度来分析，高校思想政治教育管理队伍建设与管理工作不同步，更多的是因队伍"已"不适应管理工作要求，才"被动"地去建设，导致队伍建设滞后于管理工作需要，常常没有预测到队伍"将"不适应管理工作要求，而"主动"地去建设；从建设路径分析，队伍建设的路径不够清晰明确、措施不够具体，更多的是停留于"应然"，即"应该如何"建设层面，而没有从"实然"即"如何"建设去分析研究和组织实施。

第三，对高校思想政治教育管理队伍建设路径及其辨认的反思。马克思主义认识论要求我们，认识事物必须透过现象看本质，即抓住事物的本质。队伍建设只有从根本上入手，有效优化群体结构和个体结构，提升个体素质、增强队伍力量，才能完成承载任务。高校思想政治教育管理队伍建设路径不是单一的，而是多维的：不仅有显性路径，还有隐性路径。加强高校思想政治教育管理队伍建设，必须进行有效的途径的辨认，这是思想政治教育管理队伍建设效率最大化的必要条件。

## 二、新时代高校思想政治教育管理队伍建设路径依赖的文化依据

如上所述，高校思想政治教育管理队伍建设，总是沿着相应的路径来进行。从高校思想政治教育管理队伍建设路径而言，它是多维向的。在本节中，笔者将其划分为显性路径（也可理解为明线）和隐性路径（也可理解为暗线），除此之外，还有程序路径。显性路径包括：组织设计、岗位编制、科学选拔、使用培养、考核监督、调整交流等，隐性路径包括领导体制、运行机制和制度规范体系等；程序路径包括：决策、计划、组织、领导、执行、控制等环节。但是无论何种路径，它应是一条有效的路径。判断和选择路径，将取决于我们的建设理念和文化基础。笔者认为，在新形势下，高校思想政治教育管理队伍建设路径的理念和文化依据主要体现在三个方面：一是必须坚持以人为本，这是高校思想政治教育管理队伍建设的指导思想；二是必须遵循人才成长规律，这是高校思想政治教育管理队伍建设的内在要求；三是必须坚持以科学理论为指导，这是高校思想政治教育管理队伍建设的必然要求。

**（一）坚持以人为本：高校思想政治教育管理队伍建设的指导思想**

坚持以人为本是科学发展观的本质和核心，也就是说，要一切为了人，一切依靠人。思想政治教育管理的主体和客体都是人，出发点和归宿点也都是人。思想政治教育管理队伍建设的主体和客体也都是人，人是思想政治教育管理队伍建设的核心，坚持"以人为本"，既是思想政治教育管理队伍建设的内在要求，也是高校思想政治教育管理队伍建设的指导思想。

开展思想政治教育管理队伍建设，首先，要强化尊重意识，就是要求我们在开展思想政治教育管理队伍建设过程中尊重建设客体。尊重的需要，是人的高层次的需要。教育心理学研究发现，当一个人感受到他人的关爱和尊重时，就会产生积极的归属感，表现为短暂的狂喜、入迷、极大的幸福感和愉悦感。强化这种体验，有助于思想政治教育管理队伍建设的客体认同心理的产生和个性的正向发展。在高校思想政治教育管理队伍建设过程中，建设的客体也是权利主体，他们有权对队伍建设的决策者和执行者、建设措施等提出建议和要求，有权作出接受或拒绝的决定。尊重队伍建设客体，就是要求在思想政治教育管理队伍建设过程中树立尊重意识，尊重客体的主观感受，保证他们的正当权利，做好科学的解释和引导，有意识地鼓励和引导队伍建设的客体积极参与队伍建设的各项工作，使队伍建设工作措施由"要我做"转变为"我要做"。其次，要强化服务意识，就是要求我们在队伍建设过程中，做到服务育人、管理育人。思想政治教育管理队伍建设主体，只有不断强化服务意识，让建设客体真正感受到开展队伍建设与其切身利益密切相关，他们才会自觉地接受，从而增强思想政治教育管理队伍建设的实效性。最后，树立柔性管理观念。要坚持以人为本，突出适应变化、快速反应、及时变革、灵活应对的理念，强调思想政治教育管理队伍建设主体与客体的积极互动、及时反映、灵活应对队伍建设过程中复杂多变的思想情况，并针对思想政治教育管理队伍系统成员的心理品质、社会经验、成长环境等个体差异，进行卓有成效的文化建设，使高校思想政治教育管理队伍建设真正取得成效。

**（二）遵循成长规律：高校思想政治教育管理队伍建设的内在要求**

1.人才成长的基本理论

一般说来，成才是每个人的发展目标，那么，什么是成才呢？如何才能成才呢？这是每个人所关注和思考的问题，同样也是思想政治教育管理队伍建设研究不能回避的问题。从个体角度而言，成才指主体创造性实践获得成功，对社会或社会某方面的发展作出某种较大的贡献。取得创造性劳动成果，则是成才的标志。有人认为，出了名的人才是人才。这种认识具有很大的片面性。人才与名人不能画等号。俄国文学批评家别林斯基说过："一个人可以因为智慧和愚蠢、高尚和卑劣、勇敢和怯懦而同样著称于世。"况且，有许多人出了成果，成了才，却不一定出名。据此，成才与成名不能绝对画等号。成功者往往是成才者，但也不能绝对化，因为成功有多种的性质。只有那些对社会发展作出某种较大贡献的创造性劳动的成功者，才是我们所讲的成才的同义词。

人才成长的内在基础因素，包括生理因素和心理因素。前者是后者的自然前提和物质基础，没有生理因素也就没有心理因素；后者又影响和制约前者，心理因素素质水平直接关系到生理因素健康水平。两者相互联系、相互制约，共同在人才成长过程之中发挥作用，并通过"德、识、才、学、体"等要素表现出来。德即品德，它是政治品德、伦理道德、个性心理品质的总称。识即指见识，它是对客观事物和现象的科学预见性，表现为：能看得准时代的前进方向，善于驾驭各种环境；能抓得准业务领域内具有关键意义的课题；有较高的审美能力、鉴赏力、辨别力等。才即才学和能力的总称，是人才智能中的活跃部分，也是人才成才和发展的基本条件。学即学问、知识，包括哲学知识、专业知识、相关知识、一般知识、经验知识等。体即体质，包括生理健康和心理健康。"德、识、才学、体"等要素随着人们的年龄增长和主客体相互作用而不断地变化，并促进人才的成长。在人才成长过程中，诸要素之间是相辅相成、不可分割的有机结合体。在先天遗传素质大致相同的条件下，后天的内在因素对成才起主要作用。德是人才的政治方向和灵魂，是人才的识、才、学、体综合发展的内在动力；识、才、学是人才的智能、本领，是人才发展和成功的基本条件；体，是德、识、才、学的物质基础。由此可见，德决定着人才创造性劳动的方向和动力，即为谁创造，为什么创造；识、才、学决定人才创造性劳动的内容、方法，即创造什么，怎样去创造；体是德、识、才、学的载体。

人才的成长都要经历一个客观的成长过程，所谓人才成长过程即指人才成才前、成才阶段、成才后的发展变化全过程。人才的成长，不是单因素、单方面引起的，而是主体——人的内在因素，客体——环境的外界因素、交互作用的结果。这种交互作用，是以主体的一般性实践和创造性实践为中介的。这个过程有其共同的特征：第一，它是以主体一般性实践开始，以创造性实践为主轴而展开的；第二，它是连续的，又是呈阶段性的，是量的积累向质的飞跃的转化过程；第三，它是一种复杂高层次的、曲折的螺旋式上升的发展过程；第四，人才成长发展水平的轨迹呈抛物线状，即随着年龄增长，人才内在素质变化的平均水平的轨迹呈抛物线状态。不仅如此，人才成长过程又有差异性，其表现为人才成长的方向、道路、速度、水平等方面的差异，这是由于每个人才不同的内外因素和实践活动所造成的。所谓人才成长阶段即指人才成长过程的分期。我国古代教育家孔子在《论语·为政》中总结了自己的成才过程的经验，明确提出："吾十有五而志于学，三十而立,四十而不惑,五十而知天命,六十而耳顺,七十而从心所欲,不逾矩。"中国人才学界认为,应以人才本质属性——创造性和人才成长过程特征作为理论基础,以人才的主导活动和发展水平为主要依据,将人才成长过程大体分为:胎儿发育期,从胚胎形成到呱呱坠地,历时10个月,是为成才奠定自然素质的时期。学习继承期,从出生到结束普通学历教育,历时20年左右,包括学前、小学、中学、大学和研究生教育。这阶段主要任务是学习继承前人所创造出的系统性知识,并为创造活动作好准备,是为成才打基础的时期。创造活动期,从学习继承进入主动创造,到创造成果被社会公认。其所跨的时间因人而异,有长有短。它是成才的创造实践奋斗期,具体又可分为选择目标、完成目标、争取社会公认等阶段。人才发展期,从创造成果得到实践验证和社会公认,一直到逝世。这里所指的"发展"是广义的发展变化,表现出两种趋势:一是才能持续高涨;一是才能开始逐渐下滑。这四个时期,不仅环环相扣,而且相互交叉。大学高年级和研究生阶段,既是学习继承期的后期,又是进入创造活动的初期。我国有的人才学研究者认为,按人才的主导活动分,人才成长过程可分为两个基本时期:人才素质形成期,这个时期的主导活动是学习;人才素质发挥期,这个时期的主导活动是创造。后者又可分为三个阶段:初创期、成熟期、下降期。

人才成长的综合效应理论认为,人才成长是以创造实践为中介的内外诸因素相互作用的综合效应。其中,内在因素是人才成长的根据;外部因素是人才成长的必要条件;创造实践在人才成长中起决定作用。

第一,内在因素是人才成长的根据。它是指内在因素相对于外部因素而言,对人才成长是第一位的。这可从两方面来分析:一是外部因素要通过人才主体的内因起作用。具体说来,外部因素只有通过人才主体内在因素的评价、选择、控制、内化,才能成为人才主体的内部属性,才能对人才成长起作用。二是人才成长的根本原因在于人才内部矛盾性。这种内部矛盾性,反映为人才内在的创造需要与人才内在的创造可能(人才内在素质)之间的矛盾。当需要高于可能时,即要提高人才内在素质;当可能高于需要时,即要提出新的创造需要。正是这对矛盾的不断产生和不断解决,才推动非人才向人才、低层次人才向高层次人才发展。人才成长的水平,取决于人才内部矛盾的水平。可见,人才成长的根本原因和动力,在于人才内部矛盾运动。

第二,外部因素是人才成长的必要条件。它是指影响和制约人才主体运动和发展的外在系统,对人才成长是必不可少的。其可从下列三个方面来分析:一是外部的社会需要是人才内部矛盾运动产生的基础。因为人才内部矛盾运动,是以外部的社会需要作为必要条件的。人才主体的创造需要,归根结底是由外部的社会需要内化而成的,因而只有在社会不断地出现新的需要时,人才主体的内部矛盾运动才能不断地前进。二是人才内部素质的形成和提高，有赖于外部因素的影响；人才内在素质的发挥，也离不开外部因素。三是人才成长的内外因素是互为条件，相互转化的。从范围来分析，在较大的范围内是人才成长的内在因素；但在另一较小范围内，就变成了人才成长的外部条件，反之亦然。从过程来分析，人才成长过程前阶段的外部因素，与人才内在因素交互作用，内化为人才主体的内在素质，这就变成了人才成长后阶段的内部因素。换句话说，外部因素通过现有的内因起作用，而现有的内因，亦是过去外因与内因相互作用的产物。

第三，创造实践在人才成长中的决定作用。它是指创造实践在人才成长中具有决定性意义。其理由：一是人才成长的内外诸因素交互作用，取决于创造性实践活动为中介（桥梁）；二是人才的类型和层次，取决于创造性实践的领域和水平；三是人才成长的发展方向和进程，取决于创造性实践的方向和程度；四是人才成功与否，又取决于创造性实践活动参与并检验。总之，人才创造实践活动制约和决定着人才成长。没有创造性实践，就没有人才及其发展，人的发展则会永远停留在一般人群的发展水平上。

2. 对人的发展"三因素论"的评析

人的发展"三因素论"是苏联教育家凯洛夫主编的《教育论》中的基本观点，即把影响人的身心发展的因素归结为遗传、社会环境和学校教育三个方面，并认为遗传为人的发展提供了物质基础和潜在可能，环境对人的发展起决定作用，作为特殊环境的学校教育则对人的发展起主导作用。从人才成长基本原理来分析，应充分肯定"三因素论"有可取之处，它为分析人才成长过程提供了一定的理论依据，但确实存在下列不足之处，主要反映在四个方面：一是对人的发展分析缺少辩证、系统的观点。凯洛夫的"三因素论"机械割裂地分析影响因素各自对发展主体的作用，既不分析主体积极的能动的反作用，又没有分析各因素之间的相互作用，更没有从整体上分析各因素对发展主体的综合作用。二是对影响人的发展因素的提法不够全面，且逻辑不清。凯洛夫的"三因素论"，把影响人发展的复杂的、丰富的、多样的诸因素过于简化归结为遗传、环境、教育三要素，势必造成不够全面。这种三要素的并列提法，从系统论角度来看，其分类方式也存在问题。三是不适当地把环境因素提到决定性地位。"三要素论"无视或忽视发展主体实践活动在人的发展中的决定性意义。这是"三因素论"的主要症结所在。四是对人的发展的认识只停留在静态水平上。"三因素论"对人的发展的认识缺乏动态性，缺乏人的发展过程各阶段之间相互关系的分析。

3. 对三种错误人才成长观的批判

第一种错误人才成长观："遗传决定论"。它是历史上资产阶级教育学和心理学关于人的智力和个性形成的一种理论。该理论于1869年由英国人类学家和心理学家高尔顿（F.Galton）首先提出，其后得到美国心理学家霍尔（G.S.Hall）的发展。遗传决定论认为，人的心理发展是受先天不变的遗传素质所决定的，后天的内在因素和外界环境的影响只能延续或加速先天遗传的实现，而不能改变它。霍尔甚至曾说："一两的遗传胜过一吨的教育。"很显然，这种理论在一般情况下，既不符合人才成长的事实，又否认环境对人才成长的影响，否认人才成长自身规律性，更否认人才主体创造实践对人才成长的决定作用。据此，该理论是非科学的。正确认识遗传素质及其对人才成长的影响，应把握两点：一是应承认人们的遗传素质是有差异的；二是应承认遗传素质对人才成长是发生作用的。在这里，要区分两种状态：在常态情况下，遗传素质只是人才成长的物质基础和自然条件，特别是大脑为人的心理发展提供了物质和生理的前提条件；在非常态情况下，包括特殊的天赋、突出的先天性的心理障碍、难以治疗的先天性疾病、身体外部特征的畸形等，遗传素质对人才成长也会产生重大的甚至是决定性影响。当然，这种非常态的比率是极小的。

第二种错误人才成长观："环境决定论"。它是心理学和地理学的"环境决定论"结合的产物。地理学的"环境决定论"的倡导者是德国地理学者F.拉采尔（F.Ratzel）。该理论认为，自然环境是社会发展和人类发展的决定因素。拉采尔在他的《人类地理学》一书中说：环境"以盲目的残酷性统治着人类的命运"。心理学的"环境决定论"，其代表人物是美国行为主义心理学家华生（B.Wat-son）。该理论认为，新生儿是白板一块，可以按照教育者的意愿任意地把他们培养成各种所需要的人才，华生曾说："给我一打健全的儿童，我可以用特殊的方法任意地加以改变，或者使他们成为医生、律师……或者使他们成为乞丐、盗贼……"把环境看成影响个体发展的唯一的决定性的因素。很明显，上述两种的"环境决定论"，均片面地夸大环境和教育在人才成长中的作用，否认遗传素质的影响，否认人才成长自身的规律性，更否认人才主体创造性实践在人才成长中具有的决定性意义。据此，"环境决定论"是非科学的，也不符合人才成长的客观事实。事实上，客观环境对人才成长起着重要的影响，但不起决定的作用。这种作用的非决定性具体地反映在三个方面：一是环境对人才成长的影响大小和内容，取决于人才主体的发展水平；二是顺境与逆境对人才成长具有两重性，其具体影响由人才个体内部心理结构而定；三是人才主体接受环境的影响，不是消极的、被动的，而是积极的、能动的。环境影响人才，人才改造环境。

第三种错误人才成长观："教育万能论"。该理论的倡导者是法国18世纪启蒙思想家、唯物主义哲学家爱尔维修（C.A.Helvetius）。他曾说："教育是万能的，它甚至还能够创造天才。"爱尔维修理解的教育是"一切生活条件的总和"，把环境和教育结合为某种统一体。可见，他所主张的"教育万能论"，实质即是"环境决定论",在人才成长问题上犯了"环境决定论"同性质的错误。当然,我们这样说并不否认教育既是一种特殊的环境,又是一种特殊的活动,是影响人才成长的环境因素和活动因素的组成部分。同时,也不否认教育,主要是学校教育,相对于遗传和其他环境因素而言,在一定条件下对人才成长起主导作用。但是,我们在肯定教育主导作用的时候,绝不能超越社会发展规律和人才个体发展对教育的制约性,绝不能忽视人才主体的主观能动性。

### (三)科学理论指导:高校思想政治教育管理队伍建设有效性的必然要求

在现代科学技术飞速发展、现代科学理论研究成果层出不穷的情况下,出现了许多可用于组织管理的理论、方法和技术手段,引入这些理论、方法,可以提高组织工作管理的效率和质量。

1.系统论

系统管理是现代管理的基本特点。系统论是人们认识和改造自然与社会的一种有效的理论和方法,它要求在管理中自觉运用系统理论和方法,对管理对象、管理过程进行系统分析,通过管理功能的发挥取得较好的管理效果。按照系统论,系统是由相互联系、相互作用的若干部分组成的统一整体。它具有五个基本特征:一是整体性,即它是由若干要素构成的统一整体。二是层次性。一方面,组成系统的诸要素,是由更低一层要素组成的子系统;另一方面,系统本身又是更高一层系统的组成部分。三是相关性,即它内部的各要素、各层次是相依互动的,其中一个要素或层次的变化,必然引起其主要因素、层次及主系统整体的变化。四是非加和性,即它的整体功能,大于各部分功能的简单叠加的总和。五是开放适应性。它寓于一定的环境之中,并与外部环境相互制约、相互作用。系统是事物存在的共同形式,自然也是党的组织工作管理的存在形式。党的组织工作管理,是由各个层级的组织建设和管理工作,党员、干部队伍建设和管理工作构成的统一整体。它的各个层级及其各项工作,既是在内部相依互动,又与外界社会相互影响、相互作用,因此也是一个系统。

思想政治教育管理也应坚持系统性准则,这是因为:第一,坚持系统性准则是由思想政治教育过程自身的特点决定的。思想政治教育的过程是一个复杂的系统工程,包括教育主体、客体、教育内容和方法等多个基本因素和确定教育目标、制定教育计划、选择教育机制、指导受教育者践行社会要求、检查总结等一系列基本环节。这些因素和环节按一定的内在联系构成完整的教育过程体系。思想政治教育中的各个因素都具有不稳定性,它们的组合是动态的组合,这就决定了整个教育过程体系必然呈现不断变化的态势。要想驾驭这样一个复杂的体系,就必须运用系统的方法，从整体上对其进行动态的、层次性的把握。第二，坚持系统性原则是实现思想政治教育根本目标的需要。一方面，人的良好的思想政治品质的形成需要经过多个阶段，是一个极其复杂的思想矛盾的运动过程，只有坚持系统管理，才能做好各个阶段的思想转化工作和各阶段之间的衔接工作；另一方面，人的思想认识具有个性差异，只有实行思想政治教育的系统管理，才能在承认个体性、差异性的前提下，为不同的教育对象创设先进性要求与广泛性要求相结合的教育条件和教育环境，使不同起点的人都能在原有基础上逐步提高，逐步树立共同的理想、信念和高尚的道德情操。第三，坚持系统性准则，也是由思想政治教育内容身的复杂性、不可分割性决定的。思想政治教育包含着理论教育、政治教育、思想教育和道德教育等诸多内容。这些内容是一个有内在联系的整体，在实际教育过程中绝不能把它们割裂开来。片面地、孤立地强调某一个或某几个内容，是不会得到好的教育效果的。例如，如果不顾理论教育和政治教育，单纯抓道德教育和思想教育就会使整个教育缺乏动力和后劲，也不能有效解决现实中的道德问题和思想问题。因此，在思想政治教育中必须坚持整体性、联系性的观点和方法。

　　对高校思想政治教育管理队伍而言，思想政治教育管理队伍既然是一个系统，就应该应用系统方法。那么，何为系统方法呢？系统方法是把事物作为一个系统来对待，分析系统与其组成部分、系统与环境、部分与部分之间的相互关系，从中获得最佳处理问题的方法。在高校思想政治教育管理队伍建设中，应用系统方法，要根据系统方法的基本特点，坚持如下几条基本原则：第一，从整体出发的原则。应用系统方法的目的是提高组织工作管理的总体效率，以求得总体上的最优化。为此，就应在处理整体与部分、全局与局部的关系时，特别是两者发生矛盾时，一定要以整体为主。因为整体高于部分，是系统方法的根本出发点和归宿。第二，全面性原则。高校思想政治教育管理队伍系统与其他系统一样，由各个部分即子系统所构成，这些子系统的特性、状态和相互关系，以及系统外的环境，都对整体系统产生影响。因此，在高校思想政治教育管理队伍建设中，一定要照顾到各个方面，防止顾此失彼。既要提高部门内部各机构的思想政治教育管理者的素质，又要注意协调同其部门人才队伍素质的协同关系。只有经过综合考虑、全面分析，才能求得队伍建设工作整体的最优化。第三，动态应变的原则。系统的相关性以及开放适应性，使系统必然发生变化。这就要求在高校思想政治教育管理队伍建设系统中，不仅要把握现状，而且要对高校内部思想政治教育管理系统以及外部环境进行科学预测，根据新的形势对思想政治教育管理队伍提出新的要求及时应变、灵活处置，从而保持和提高高校思想政治教育管理队伍建设效率。

## 2.信息论

根据信息论的基本原理,高校思想政治教育管理队伍建设系统也是一个信息系统,由一系列收集、沟通、加工、贮存、传递、使用信息的机构组成的系统。其中,高校思想政治教育管理队伍建设工作中的信息在队伍建设中具有特别重要的地位和作用。信息是反映客观事物和客观现实中各种问题、矛盾的事实材料,它是决策的根据。第一,从信息论的角度看,高校思想政治教育管理队伍建设的相关决策,实际上就是高校决策机构收集、处理、输出队伍建设相关信息的过程。如果信息失真、片面、不及时,决策机构就不能作出正确的决策,就不能正确地、有效地指导队伍建设工作。第二,信息是党组织管理工作的"灵魂"。它贯穿于高校思想政治教育管理队伍建设的各个方面,支配、维系着高校思想政治教育管理队伍的建设过程。从这个意义上说,高校思想政治教育管理队伍建设系统,就是信息系统。信息是这一系统的灵魂。第三,信息是提高高校思想政治教育管理队伍建设效率的关键。高校思想政治教育管理队伍建设效能的发挥,在很大程度上取决于对队伍建设信息的利用。只有决策机构及时、全面地收集,正确处理加工,并准确明了输出队伍建设的相关信息,执行机构才能准确接收来自决策机构的信息,正确执行、实施信息的内容,并将关于执行中有关情况的信息及时、全面地反馈回决策机构,高校思想政治教育管理队伍建设才能充满活力,保持高效率地运作下去。

既然高校思想政治教育管理队伍建设是一个信息系统,而且信息在高校思想政治教育管理队伍建设中占有尤为重要的地位,具有特别重要的作用,那就应该用信息论的原理和方法来加强党的组织工作,管理系统中的信息机构,建立、沟通信息网络,搞好队伍建设信息的收集、处理、贮存、输出、反馈等各项工作。在高校思想政治教育管理队伍建设中,应建立、健全队伍建设信息网络。这种信息网络,应由纵横的信息渠道所构成。在纵的方面,建立思想政治教育管理机构自上而下和自下而上的信息传递渠道;横的方面,应建立同级思想政治教育管理部门间相互传递信息的渠道。作为网络纽结的各级信息机构,应由具有准确理解、接收信息,正确分类、处理、贮存信息,准确输出信息能力和经验的干部来组成,并配备电子计算机等信息处理设备。要求各级信息机构,收集来自下级、上级、同级的信息;全面,并理解清楚信息内容;转换、处理信息应正确无误,输出即向它的决策机构、上级信息机构提供和反馈信息,向下级机构发出指令性信息,向同级机构通报信息,都要全面、准确、及时、明了。

按照信息论的要求,高校思想政治教育管理者和管理机构,必须善于在调查研究的基础上,寻找事物内部、事物之间的内在联系,从中把握事物发展的客观规律。通过对客观事物现状的透彻观察和分析,正确估计和预测发展的趋势和结果,制定具有前瞻性的思想政治教育管理队伍建设战略和策略。按照现代决策的基本程序来确定决策目标,依据主客观条件,拟订、评估和优选决策方案,广泛征求意见,进行试点检验,最后普遍实施决策。在决策中,要遵循客观性原则、可行性原则、系统性原则和民主性原则,把调查研究方法、经验判断方法、智囊咨询方法、集体讨论方法有机结合起来。只有这样,高校思想政治教育管理队伍建设的整体效益才能得以实现。

## 第四节 新时代高校思想政治教育管理队伍建设的模式设计

从逻辑学角度来看,高校思想政治教育管理队伍建设的每一种效果均归因于某一种或多种建设措施的投入使用。从数学模型视角来看,高校思想政治教育管理队伍建设的模型可用数学函数关系直观表示。如果用X表示高校思想政治教育管理队伍,F表示经过建设后的高校思想政治教育管理队伍,则函数表示着高校思想政治教育管理队伍建设的内涵。高校思想政治教育管理队伍建设的数学直观模型表示如下所示:

$$F = f(X)$$

在高校思想政治教育管理队伍建设的逻辑关系中,一种建设措施和手段必然会引起队伍建设的效果变化,但高校思想政治教育管理队伍建设的整体变化却是多项措施或手段综合运用的结果。一种措施或手段可能会使队伍建设立竿见影,也可能形成潜移默化的效果。因此,这种数学模型的函数关系,可能是线性函数关系,也可能是非线性函数关系。

高校思想政治教育管理队伍是高校思想政治教育管理者的集合体。若 $X_1$,$X_2$,$X_3$,…,$X_n$(或$X_1$)表示着高校思想政治教育管理者,则X代表着高校思想政治教育管理者的集合体,即高校思想政治教育管理队伍整体。为了直观起见,用数学集合形式表示如下:

$$X = (X_1, X_2, X_3, \cdots, X_n)$$

从以上数学函数关系和队伍建设逻辑关系中分析,不难看出,X中隐含着对高校思想政治教育管理者个体结构要素,f(x)中隐含着对高校思想政治教育管理队伍整体结构要素,而f则隐含着高校思想政治教育管理队伍建设措施和手段等要素的有效性,F则隐含着高校思想政治教育管理队伍建设的最终效果,即队伍建设的效率和效益。

如上所述,X代表着高校思想政治教育管理者的集合体。

$$X = (X_1, X_2, X_3, \cdots, X_n)$$

关系式中,隐含着对高校思想政治教育管理者个体结构的优化要素。

$$F=f(x)$$

或

$$F(x)=f(X_1, X_2, X_3, \cdots, X_n)$$

其中隐含着对高校思想政治教育管理队伍结构的优化要素。高校思想政治教育管理队伍建设，就是要追求或实现效益的最大化，即 F 的最大值（而不是数学意义上的极大值）。

$$F=f(x)$$

从上面函数关系式中也不难看出，影响 F 值（高校思想政治教育管理队伍建设效益）的要素有两个大的方面：X（高校思想政治教育管理者要素）和 f（高校思想政治教育管理队伍建设要素）。高校思想政治教育管理队伍建设效益的最大化取决于高校思想政治教育管理者要素的既有水平或起点状态，以及高校思想政治教育管理队伍建设手段和措施要素的有效性。

因此，如何使 F 值最大，即如何使高校思想政治教育管理队伍建设效益最大化，既是高校思想政治教育管理队伍建设普遍关注的问题，也是本节重点解决的问题。

## 一、新时期高校思想政治教育管理队伍建设的模式设计依据

思想政治教育管理队伍建设模式是对思想政治教育管理队伍建设形态的综合概括，它所反映的是思想政治教育管理队伍建设这一特殊领域的全部内容、功能、特征和实践活动。它不是被动地反映或排列组合，而是按照思想政治教育管理队伍建设内容要素的功能性质，运用整分合原理进行分类和综合主动探索。

从结构与功能的关系来看，两者是相互联系的。功能是一定结构的功能，结构也是一定功能的结构。它们又是相互制约的，系统内部各要素必须建立稳定联系，形成结构，才能显示出系统预设的功能。若结构不合理，显示出的功能就小，若结构优化，显示出的功能就变大。这是结构对功能的决定作用。同时，功能也反作用于结构。一方面是积极的反作用，如新的功能需要启示人们发明新的结构方案；另一方面是消极的反作用，如功能发挥不适当就会导致结构受到损伤。思想政治教育管理队伍是一个包含多个要素的复杂系统，这些要素相互联系、相互作用的形式就是思想政治教育管理队伍的结构。然而，结构有合理与不合理之分。如结构不合理，思想政治教育管理队伍就不能很好地发挥其整体功能。我们研究思想政治教育管理队伍的结构，就是要用整体的观点来看待思想政治教育管理队伍的系统，构建思想政治教育管理队伍合理结构，从而显示出强大的整体功能。同时，在功能发挥过程中带动思想政治教育结构的优化，形成结构与功能的良性互动。

从建设的内容上看，高校思想政治教育管理队伍建设的内容是高等学校根据思想政治教育管理工作的需要，培养、培训和构建适应高校思想政治教育管理工作需要的管理队伍所进行的一系列工作。它不只是指有关思想政治教育管理队伍建设中的某项单一的工作任务，而是涵盖了管理人员的录用、选拔、考核、培养、晋升、任用、资源开发与优化配置、职业道德建设和待遇等各个方面的工作。从高校思想政治教育管理队伍建设的总体内容上看，我们要对这支队伍的数量、质量和结构进行规划并提出相应的指标，要有计划地培养管理骨干和建设管理梯队，使高校思想政治教育管理队伍的数量和质量适应高校思想政治教育管理改革和发展的需要。每一种模式的设计，都有其相应的依据。模式设计的科学程度取决于其设计依据的科学程度和其设计理念、原则和方法的科学程度。高校思想政治教育管理队伍建设模式设计的依据分为理论依据和实践依据。

构建高校思想政治教育管理队伍模式，需要借用多种队伍建设的相关理论知识。根据现代科学的高度综合、高度分化，各学科相互渗透、相互作用的发展趋势，这些理论主要有：马克思主义的系统结构理论、系统科学理论、结构主义理论、管理学科理论等，它们为高校思想政治教育管理队伍建设提供了理论指导。

中华人民共和国成立以来，我国在党政管理、专业人才队伍和高校思想政治教育管理队伍建设的实践中积累了大量经验，为我国高校思想政治教育管理队伍建设提供了实践基础。同时欧美、东南亚诸国等国外高校思想政治教育管理队伍建设领域形成了许多好的经验，在构建高校思想政治教育管理队伍建设模式中应得到重视并加以借鉴。

理论和实践相统一是构建高校思想政治教育管理队伍建设模式的基本原则。思想政治教育管理学是以理论与实践性为共同特征的科学，思想政治教育管理队伍建设理论包括了领导理论、结构理论、结构优化理论以及党在不同时期关于思想政治教育管理队伍建设的论述等。党的思想政治教育管理队伍建设理论主要来自对思想政治教育管理队伍建设实践的科学总结，是在实践中形成的，它的形成过程是一个"实践—认识—再实践—再认识"的过程，一刻都离不开实践。

## 二、新时期高校思想政治教育管理队伍建设模式设计的主要参数

高校思想政治教育管理队伍建设过程是对其个体结构进行优化的过程和对群体结构进行优化的过程，其建设效果取决于个体结构优化程度和群体结构优化程度。因此，高校思想政治教育管理队伍的建设成效，就是群体结构优化的效果和个体结构进行优化的效果的综合体现。对我国高校而言，思想政治教育管理队伍建设无一例外地从这两个方面来展开。其模式设计，重点也在于此，即个体结构优化模式设计和群体结构优化模式设计。

### (一) 群体结构优化模式

从组织设计来看,首先,根据高校思想政治教育管理工作的发展情况做好队伍建设规划,预测并设计队伍的发展规模,科学设置思想政治教育管理的机构和岗位。其次,对队伍的职责定位、发展方向和构架体系等予以明确,按照"人员精干、素质优良、结构合理、专兼结合、特色鲜明、相对稳定"的要求加强学校编制管理。最后,按照"高进、明选、严管、精育、优出"的原则,构建科学化模式、实行专业化培养、推动职业化发展。

笔者认为,高校思想政治教育管理队伍建设的理想模式应该是:以后备队伍为"塔座"、以现有基层专兼职队伍为"基础"、以现有中层专兼职队伍为"塔身"、以职业型优秀领导层干部为"塔尖"的金字塔形的人员充足的高校思想政治教育管理梯队。

马克思主义结构理论认为,结构也是生产力。结构是否科学合理关系到高校思想政治教育管理队伍建设的整体水平和队伍的整体"作战"能力。从角色结构来看,高校思想政治教育管理队伍建设的目标应该是:性别结构、年龄结构、职称结构、职务结构、专业结构、智能结构和个性结构等亚结构比例适当、配备合理。

当然,高校类型不同,思想政治教育管理队伍承载的任务量和工作的具体要求也有差异,与高校类型相应的角色结构的比例要求也有所不同。但是无论取何种比例,有一点必须是不变的,就是其结构比例必须协调、科学、合理。

### (二) 个体结构优化模式

如前所述,在高校思想政治教育管理队伍建设的数学关系模型:

$$F = f(x)$$

F表示经过建设后的高校思想政治教育管理队伍,如果用变量X表示高校思想政治教育管理者的集合体,则函数f表示着高校思想政治教育管理队伍建设的内涵。那么,对个体素质的优化模式便可以理解为:确定X(高校思想政治教育管理者要素)和f(高校思想政治教育管理队伍建设要素)的内涵。

## 三、新时期高校思想政治教育管理队伍建设的主要模式注解

### (一) 思想政治教育管理队伍建设的"321"模式

1. "3E培养模式":提高思想政治教育管理队伍整体素质的关键

按照"高进、明选、重用、严管、优出"原则,并结合思想政治教育管理队伍培养发展目标以形成的"严格选留(Entrance)、重视培养(Education)、畅通出口(Export)"的"3E培养模式"是提升思想政治教育管理队伍整体素质的关键,

也是避免人才短期效应，使思想政治教育管理队伍能够科学化、专业化地进行自身建设和开展工作，不断提升工作能力和水平的有效举措。

第一，严格选拔（Entrance）。提升思想政治教育管理者职业门槛，以高标准严流程引进思想政治教育管理人才势在必行。采取多渠道引进，不断优化队伍结构，形成既继承本校思想政治教育管理优良传统，又融汇其他高校的管理育人理念的工作格局。同时，建立高标准的职业准入标准和岗位准入条件，注重思想政治教育管理者的科学判断形势、准确把握方向的能力、组织管理能力、群众工作能力、预防应对和处理突发事件的能力以及语言文字能力。

第二，重视培养（Education）。目前我国高校的思想政治教育管理者普遍缺乏必要的岗前、岗后专业培训，队伍状况还处于以老带新、自行摸索、经验总结的初级工作阶段，工作方法简单随意，工作管理缺乏计划性、系统性，知识结构单一，难以适应现阶段高校对思想政治教育管理工作的要求，思想政治教育管理的工作效率大大削弱。因此，建立专业化、科学化的思想政治教育管理从业人员学习、培训制度，是高等学校当前和今后的一项重要工作。在队伍建设中，要坚持岗前培训和岗位培训相结合、日常培训和专题培训相结合、理论培训和实践培训相结合，着重抓好先培训后上岗、边工作边培训、工作交流研讨和外出调研、提高学历层次四个环节。通过这些举措，基本保证思想政治教育管理者每年有一定的集中理论培训时间和工作交流调研活动，同时，鼓励思想政治教育管理者提高学历，满足高校思想政治教育管理工作对思想政治教育管理者专业素质的要求。

第三，畅通出口（Export）。思想政治教育管理者职业发展规划是思想政治教育管理队伍建设构建长效机制的重要内容，采取多种渠道，疏通多个出口，畅通专职思想政治教育管理者的发展出路，这是消除思想政治教育管理者后顾之忧的根本，是吸引和留住人才的重要保障。要建立、完善思想政治教育管理者职业化、专业化发展的相关制度，认真实施思想政治教育管理者职业发展规划，重点帮助思想政治教育管理者确立自己的职业发展目标，开展专业化培训，推进思想政治教育管理者职业化建设。畅通思想政治教育管理者与各级教师职务聘任的通道，积极搭建激励专职思想政治教育管理者专业化发展的平台，使思想政治教育管理队伍逐步走向专家化、职业化。坚持从思想政治教育管理者中培养和选拔学校管理干部制度，把思想政治教育管理队伍作为党政后备干部培养和选拔的重要来源。

2.两个评价体系：激发思想政治教育管理者荣誉感和自豪感的源泉

科学的绩效评价体系不仅仅是对思想政治教育管理者工作质量的比较、评价与认定，更是对思想政治教育管理者行为过程控制和工作成效的激励。健全监督考评制度是促进思想政治教育管理队伍不断提高自身素质、发挥工作主动性和创造性、加强和改进工作方法的有效途径。

科学、公正的考核体系是提升思想政治教育管理者工作绩效的有效动力。科学公正的考核体系主要由思想政治教育管理者的基本素质、工作作风、工作方法、教育效果等方面组成。考核体系应采取量化的考评办法，其中要特别关注思想政治教育管理对象的评价。抽样方式必须随机和有一定的覆盖面，高校考评应侧重工作思路、创新点、工作显著业绩和深入细致的基础性工作等。考核结果可分优秀、良好、称职、不称职试用和不称职淘汰五个等级，形成一定的退出机制。实践证明，思想政治教育管理者考核有力促进了思想政治教育管理工作的开展。考核体系使思想政治教育管理者找准了定位，发现了不足，促进了自身素质的不断提高，更调动了他们工作的主动性和创造性，激发了他们加强和改进工作方法的热情，起到了对思想政治教育管理者行为过程的控制作用和对工作成效的激励作用。同时，考核成绩为思想政治教育管理者的决策提供了有力的支持，可以帮助管理者通过对工作者考核结果的统计分析，建立符合思想政治教育管理队伍特点的干部素质模型。当然，对思想政治教育管理者的考核评价标准仅有定量的描述是不够全面的，应增加数据研究和绩效分析说明考核项目，从而进一步推动思想政治教育管理者工作经验的传承和教训的总结。

科学的激励机制是思想政治教育管理队伍素质提高的有力保障。思想政治教育管理者考核体系既是激励机制，又是退出机制。高校应积极建立健全相关正激励机制，将其体现于思想政治教育管理者职务晋升、先进评选、奖教金和奖干金获得、业绩津贴发放等与思想政治教育管理者工作密切相关的各个领域。在此基础上严控考核程序，考核不合格的思想政治教育管理者要直接淘汰，考核为优秀和良好的思想政治教育管理者可以得到荣誉激励、晋升激励和机会激励等各种激励。如西北工业大学规定，对考核为优秀和良好的思想政治教育管理者，可以优先或提前晋升职级，同时根据考核成绩的高低获得不同等级的奖金，并按考核等级发放特殊补贴，对考评为不称职试用的思想政治教育管理者，划定一年试用期，一年后考核仍为不称职的淘汰处理。这些制度的建立，有效地保障了思想政治教育管理队伍整体素质的提高，有力地推动了思想政治教育管理队伍的发展。

3.一根主线：衡量思想政治教育管理者工作热情和责任感的标尺

高校思想政治教育管理者的本职工作在于思想政治教育管理的方方面面，其中，不断提高思想政治教育管理工作成效应是思想政治教育管理从业者的一根工作主线。这也是衡量思想政治教育管理者工作成效的一个标尺。

高校思想政治教育管理队伍建设是一个系统工程。面对社会发展对高校教育工作带来的内涵深化与外延拓展的新挑战，我们应突出思想政治教育管理队伍的专业化培养，推进队伍优化发展，提高队伍的整体素质，探索并建立起思想政治教育管理队伍建设的长效机制。充分发挥思想政治教育管理队伍建设的综合效应，培养和造就一支素质高、能力强、作风正、结构合理的思想政治教育管理队伍，在高校思想政治教育管理工作中发挥更大、更积极的作用。

### （二）高校思想政治教育管理队伍的"专业化+职业化"建设模式

第一，最优化组合。在高等教育大众化的大背景下，高校思想政治教育管理队伍承担着思想政治教育管理工作的重任，在人员队伍组合的优化建设方面，需要坚持这样三个原则：一是选择性。按照高校思想政治教育管理队伍专业化和职业化的标准，进行严格的遴选和较长时间的培养，把那些具有良好的政治思想道德品质、热爱高校思想政治教育管理工作、敬业精神和工作能力强的人才选拔出来，充实到高校思想政治教育管理队伍中去。这种选择要定好位，把握好标准：一方面，注意高校思想政治教育管理队伍的学历层次，严格确定本科生、硕士研究生的比例和与所面向专业教学单位的专业相同性、相近性或互补性；另一方面，注视管理经验，特别是要选择从事过管理工作（专职或兼职）的人才优先进入高校思想政治教育管理队伍。二是前瞻性。高校思想政治教育管理队伍必须由那些政治信念坚定、掌握现代管理理论和教育技术的人员组成。能把当代最新人文、社会科学、自然科学和现代理论的最新成果运用到高校思想政治教育管理工作的具体过程中，特别是应该有信息技术能力，能熟练地运用网络开展思想政治教育管理工作。三是综合性。高校专职思想政治教育管理队伍，要有丰富的文化素养，了解政治、经济、文化、哲学以及自然科学知识等。其次，要兴趣广泛，多才多艺，具有文艺、体育、文学等多方面的才能。再次，要有较强的活动管理和组织能力。最后，能开展广泛的教育科研。研究的领域广，既有理论研究，更要有针对性强的实践性研究。特别是要研究高校思想政治教育管理、德育教育等领域，善于研究那些能对高校思想政治教育管理实践有指导意义的应用型课题。

第二，管理机制的科学性运转，体现在思想政治教育管理队伍的领导体制和运行机制。在我国，高校思想政治教育管理队伍建设的领导体制和运行机制集中表现在两个方面：一是，党委统一领导，党政共同负责，党委职能部门齐抓共管；二是，以专职思想政治教育管理队伍为骨干，专兼职结合，社会力量广泛参与。党委统一领导是开展思想政治教育管理队伍建设的根本保证，行政负责是有效开展思想政治教育管理队伍建设的重要条件，社会力量的广泛参与是思想政治教育管理队伍建设的重要部分。

高校思想政治教育管理队伍建设的科学性主要应体现在：一是进口窄、出口宽。可以将高校思想政治教育管理队伍作为向高层次高校职员管理队伍输送人才的预备队，也可以作为新教师到高校工作后一个必要的锻炼阶段。同时，要在政治、生活等待遇上，给予高校思想政治教育管理队伍应有的不低于高校其他人员水平的倾斜性政策。二是机制活。高校思想政治教育管理队伍可以作为高校教育队伍和管理队伍的特殊分支，在照顾到工作特点和性质的前提下，对其教学工作量、教学内容和管理手段，进行特殊化要求。三是管理到位。党委领导下的校长负责制要在高校思想政治教育管理队伍上有一定的具体体现，可以把高校专职高校思想政治教育管理队伍作为学校党组织的后备力量进行引导、培养和锻炼。

第三，发展性系统运转。思想政治教育管理者的能力和水平不可能与生俱来，培训是很重要的环节。在高校思想政治教育管理队伍建设中，通过加强培训基地建设和加强思想政治教育管理者的培训，提高其专业化、职业化的能力和水平。高校应采取具体措施，有计划、有步骤地对高校思想政治教育管理队伍进行系统培训。重点应是政治理论培训、现代教育管理理论和现代教育技术培训。高校思想政治教育管理队伍就应该是一湾活水，在思想政治教育管理工作中不断发挥作用，同时高校思想政治教育管理者自身也要充分锻炼，健康成长，经验和能力不断提高，为学校管理水平的持续提高提供支持性服务。

# 第七章　高校思想政治教育的反思

## 第一节　学生干部队伍建设的思想政治教育反思

### 一、学生干部的选拔与培养

青年学生是民族的希望，祖国的未来。随着我国改革开放的深入，经济建设的高速发展，社会越来越需要既有科学文化知识又有领导和管理才能的人才。因此，高等学校不仅是为社会培养既有较高思想觉悟和道德修养，又具有较高科学文化知识和专业技能的建设人才，还要为社会培养有较强组织领导能力的领导和管理人才。而高等学校的学生干部队伍是这种人才的主要来源。

学生干部作为学生中的骨干，大多数是政治素质过硬、责任心强、谦虚好学、品学优良的学生。他们是党、团组织和辅导员联系学生的纽带和桥梁，是各项教育管理工作的具体参与者和实施者。学生干部可以把学生紧密地团结在一起，配合学校及辅导员开展各种思想政治教育工作和丰富多彩的第二课堂活动，使学校呈现出勃勃生机。同时，学生干部群体也是学校各项教育管理工作延伸的主要网络。所以，学生干部成为了解学生思想动态，掌握学生学习、生活规律的信息来源之一，为制订出正确的教育管理措施提供依据。因此，抓好学生干部的教育，一直是高校德育工作中的一个关键，也是搞好学校教育管理工作的需要。

#### （一）科学合理地选拔学生干部

**1.选拔标准是关键**

要提高学生干部队伍的质量，关键是选拔高素质学生。要把那些品学兼优、作风正派、有热情、有能力、愿为同学服务的学生选到干部队伍中来。对于那些虽有能力但思想素质差或不愿意为同学服务，或者拉帮结派的学生是不能选拔的。学生干部，尤其是核心干部，更应该选那些光明磊落，敢于坚持原则，德才兼备的学生，只有这样的学生干部，才能得到学生的信任和支持，才能保证各项工作的顺利进行。

2.注重德才兼备，以德为先

在选拔标准上，概括起来是"德"和"才"，而"德"是最重要的。我国古代在人才的培养上就有"德者，才之帅也；才者，德之资也"的标准。江泽民同志在第三次全国教育会议上的讲话中指出："要说素质，思想政治素质是最重要的素质，不断增强学生和群众的爱国主义、集体主义、社会主义思想，是素质教育的灵魂。"选拔培养学生干部，首先就是要看是否具有这种"德"。即把政治上是否要求进步，有无崇高的理想、坚定的信念，端正的工作态度，是否乐于为广大同学服务作为考察的对象。其次是"才"，即才能和智慧，对广大学生干部来说就是指工作能力和专业素质。才能是资本，是实现"德"的工具。总体而言，"德才兼备"才是高质量学生干部合适的人选，两者是统一的整体，不能偏废。

3.采用聘用制方法

即每学年的开始，由班级推荐较为积极、进步和优秀的学生，由班主任审核后上报系学工办。对团员、学生干部的竞选采取"三试制"。即第一试是考核学生干部管理的硬性条件，如需是班级学生干部、积极参加院系活动，且有突出成绩者，学习成绩优秀或优良，无不及格成绩者。第二是组织应聘者在公开场合进行竞选演说，一方面使应聘者的表现公开化、公平化；另一方面也是考察应聘者语言表达等各方面的素质；第三是根据应聘者所应聘部门，让其写出工作计划和工作想法，再由各部部长开始逐层审核，直到系学工办最后考核通过。

经过三试后进入团、学组织的学生干部仍有一个试用考察期。通过考察期可以更进一步在工作中考核和考察其工作能力和各个方面的表现，使学生干部选拔机制更加科学合理。经考核后最终留下来的学生干部，颁发聘书并签订聘用期限。期限满后还要进行新一轮的选拔。聘用制旨在合理科学地规划用人机制，杜绝部分学生干部一劳永逸的思想，使其有危机感和责任感。

4.解放思想，不拘形式招揽人才

平时要留意和发现具有各种人才和才华的学生。如专业水平较高，有各种特长的学生。对于具有这样特殊才能的学生。要解放思想，摒弃一些陈旧的思想观念，适当放宽对这类学生的要求，并根据学生的特点来培养学生，使其能更好地发挥特长，为院、系做更多的贡献。

## （二）学生干部培养

**1.抓紧思想政治建设不松懈**

思想政治教育是德育和学生干部培养的主要内容。思想政治教育的内容既要继承传统，又要赋予其新的时代特点。坚持用马克思列宁主义、毛泽东思想、邓小平理论和"三个代表"重要思想为指导，努力用先进的思想、科学的理论构筑学生会组织以及学生会干部的强大精神支柱，最大限度地培养、激发他们的爱国热情。同时，也要加强学生会干部的思想建设，使他们坚定理想信念，树立正确的世界观、人生观、价值观。加大党课培训在学生干部中的力度和比例，使学生干部队伍的政治素质过硬，思想觉悟不断提高。只有思想政治建设好了，学生干部才能有好的组织纪律性和忘我的工作热忱。这也为其日后工作创造了条件。

首先，从基层组织生活着手，做好学生思想政治工作。团总支对各个专业各个班基层团支部实行硬性规定：即每周必须开展团支队活动，每月必须开展以某些内容为主题的主题团队活动，并邀请其他专业兄弟支部参观。只有基层生活过好了，组织好了，学生的积极性才能真正地调动起来。

其次，开展各种特色活动。为了强化学生和学生干部的真正思想建设，要经常开展有针对性的特色活动。如党团知识竞赛、各种思想观念、价值观念讨论会和征文活动、学雷锋日、"一二·九"主题活动，等等。通过这些活动有针对性地加强学生和学生干部的政治觉悟和组织纪律性及全局观念。

最后，加强学生干部党员教育。学生干部的大部分是入党积极分子。学生向党组织递交入党申请书，是为了得到更好的培养和发展机会。通过对学生入党积极分子的培养，采取理论政策学习、不定期谈话、谈心等形式，提高他们对党的认识，坚定对党的信念，不断提高自身的政治觉悟与素养。

**2.要求学生干部加强专业知识学习**

作为一名学生，学习永远是第一位的，尤其是作为一名处处要起到模范带头作用的学生干部来说，好的学习态度与成绩更是不可缺少的。有些学生干部为了工作常常忽视学业，导致成绩落后。为了避免这种现象的产生，就要始终把学生干部的学习成绩放在重要的位置上。对在团总支、学生会内任职的学生干部，可采取学习成绩一票否决制的方式，即每学期有两门不及格者就自动离职。给学生干部学习"加压"，使其不放松学习，在同学中充当学习的表率。

**3.建设学生活动平台，提高学生干部的实践能力**

古人云："纸上谈兵终觉浅，要知此事需躬行。"培养学生干部至关重要的一点就是要懂得如何放手让他们自己去做事情，在工作中、在实践中、在切身的体会中提高自己的为人处世的能力。为了更好地锻炼学生干部，一些小型的活动采取完全放手，让他们独立去做；在大型活动中，教师只是扮演"旁观者""裁判员"的角色,在必要时候给予指导,比如,一些原则的事项。通过独立开展各种活动平台,让学生干部得到更好锻炼,使其迅速成长。

学生干部作为学工办和党团组织工作的得力助手,起到了和广大同学联系的桥梁和纽带作用,发挥着"自我教育、自我管理、自我服务"的职能。近年来,随着社会主义市场经济的进一步发展,高校内部体制改革的深入,网络的应用和普及等,对在校大学生的思想在广度和深度上都产生了较大的影响,同时对高校学生干部管理工作也提出了前所未有的机遇和挑战。在今后的工作中,我们要继续思考并研究这一课题,为培养新时期合格的大学生和学生干部而更加努力工作。

## 二、加强高校学生干部队伍建设

高校从事思想政治教育工作的教师,要对学生加强政治素质的培养,促使他们尽快成为德智体全面发展的社会主义接班人。特别是对大学生干部,更要按照"三个代表"的要求,把他们建设成为一支思想素质高、政治意识强的学生干部队伍。这样既能充分发挥学生干部的先锋模范作用和辐射作用,又能更有利地加强大学生思想政治教育工作。

### (一)以"三个代表"的重要思想加强学生干部队伍建设

以"三个代表"的重要思想加强高校学生干部队伍建设,是保持学生干部在学生中领导核心作用的重要保证。"三个代表"重要思想作为一个新的完整的科学体系,全面体现了党的基本理论、基本路线、基本纲领,涵盖了经济、政治、文化各个领域,需要不断地深入学习。高校是文化建设的主力军、是高水平人才的培养基地,学生干部作为学生群体中的优秀分子,在学生中须树好形象,带好头,组织带领学生完成学校的工作,在学校与学生之间起着桥梁纽带的作用。因此须对他们抓好"三个代表"重要思想的学习和实践工作,保证其学生核心的作用。

学生干部是学生的领导者,各方面要起着先锋模范的带头作用。因此作为学生领导者必须讲究自身的建设,尤其是作风建设。而现阶段我们许多高校有些学生干部却出现贪图安乐、不思进取、学业不佳、纪律松散等现象,也产生了不深入群众,脱离学生群体的官僚主义作风。

这些现象极大地损毁了学生干部的形象,严重地败坏了学生干部的名誉,动摇了学生干部在学生中的领导核心地位,在一定程度上加大了学生教育与管理等工作的难度。这些问题的出现,原因是多方面的,但一个很重要的原因,是缺乏政治思想,没把"三个代表"重要思想作为自己的行动指南。因此,我们必须大力加强对学生干部队伍进行"三个代表"重要思想的学习和实践。这是我们把广大学生干部从思想上精神上正确武装起来的根本保证,也是保持学生干部领导核心作用的根本体现和根本要求。这对于深化教育教学改革，培养他们具有正确的世界观、人生观、价值观，具有创新精神及实践能力的全面发展的人才和保持他们的领导核心作用都有着极其重要的战略意义。

以"三个代表"重要思想加强高校学生干部队伍建设，是高校加强学生思想政治教育工作本身的必然要求。思想政治教育是我们党的工作内容。高校大学生正处在人生观、世界观、价值观形成时期，具有不稳定性和教育可塑性强的特点，因而在思想政治教育中加强对"三个代表"重要思想的学习，促进其健康成长，是一项十分重要而又紧迫的任务。我们要利用一切可利用的机会对高校学生干部队伍进行"三个代表"重要思想的宣传、教育，使他们发挥龙头作用。这是学生干部队伍本身的要求，也是思想政治教育的必然要求。

以"三个代表"重要思想加强高校学生干部队伍建设，是维护高校安定团结的迫切需要。当前国际环境发生了深刻的变化，即世界多极化、经济全球化、信息网络化；国内，我国正处在社会主义初级阶段，人民生活水平日益提高，国民经济稳步上涨，民族团结，社会安定，但随着改革开放的深入和社会主义市场经济的发展，社会经济成分、组织形式、就业方式、利益关系和分配方式日益多样化，新事物新问题层出不穷，如可能诱发的拜金主义、个人主义、享乐主义、极端主义、自由主义等。所有这些使高校思想道德建设的难度不断加大，对高校教育也提出了严峻的挑战。加之高校是西方国家始终进行政治渗透的对象，面对这样的现实问题，我们一定要从关系党和国家生死存亡的高度，深刻认识维护好高校安定团结工作的重要性和必要性。

"三个代表"是解决在新的历史时期下出现的系列问题的金钥匙，是我们加强新时期党的建设的基本方针。因此，我们必须按照"三个代表"的要求加强高校学生干部队伍建设，保持他们的先进性，让他们站在学生群体的前列，发挥其学生领导的核心作用，这是维护高校的安定团结工作的迫切需要，也是使我们党后继有人的根本保证。

只有维护好高校的安定团结作用，我们党才更好地团结和带领全国各族人民创造性地推进改革开放和社会主义现代化建设，实现中华民族伟大复兴。

### （二）以"三个代表"重要思想加强学生干部队伍建设的途径

1.加强学生干部候选人的考察工作，认真做好学生干部的选拔工作

学生干部是学生中的优秀分子，是广大学生的表率，是为同学们服务的群体，代表着广大同学的根本利益。因此，我们必须保证学生干部的先进性。认真做好学生干部候选人的考察、选拔工作是保证学生干部先进性的根本要求。

首先，新生入学时，认真了解学生的信息情况，包括家庭背景、家庭经济、

兴趣爱好及特长和在中学担任职务情况等。家庭背景和家庭经济状况会直接影响到一个学生的性格和内心世界。一般来说，家庭背景好、经济状况佳的学生性格较活跃，比较适合担任学生干部。而有书画、体育、文娱特长的学生适合担任宣传干部、体育干部和文娱干部，让他们担任学生干部可充分发挥其特长，同时又是进一步完善和提高了自己的重要途径。

其次，组织学生开展一些集体性活动，在活动开展的过程中，注意观察学生的举止言行，把在活动中涌现出的组织能力强、号召力强的学生作为重点考察和培养对象。

再次，有意识、有目的地找学生谈话，了解他们对学生干部的看法、当学生干部的欲望及对如何当好一名学生干部一些看法。通过谈话，了解学生当干部的经验情况，为选拔学生干部工作打下基础。

最后，进行公开竞选，从竞选演说了解学生竞选的职位、目的及学生的胆量、口头表达能力等。

总而言之，学生干部的物色工作不能操之过急，要有耐心、有计划、有目的地进行考察，尽可能把学生中的先进分子选到学生干部队伍中来，发挥其先锋模范作用，为学校的学生工作贡献自己的力量。

2.组织学生干部学习"三个代表"重要思想，充分发挥形势与政策教育课及学生干部会议的作用

"三个代表"具有丰富的思想内涵，要领会好它的精神实质，必须重视学习。通过学习，要求学生干部都要作为"三个代表"学习的骨干，在学习中起引导和带动作用。

在学习中，注意解决长期困扰学生思想的一些重大理论问题和实际问题，确保理论学习的有效性。同时特别注意解决个别学生思想中的消极态度和错误思想，强调以正面教育为主，把看似大道理的东西用学生的身边事、用学生关注的事情来教育学生，使"三个代表"重要思想日益深入人心。

3.充分发挥其组织课外活动的作用，促进"三个代表"重要思想与实际相结合

我们要指导学生干部在实践中学习"三个代表"，在实践"三个代表"中努力提高自己，不断取得新成果，创造新业绩。

通过组织课外活动，可以使学生干部把课堂上学到的知识运用于实际，可以培养学生独立思考的能力和实践能力。在实践中，不断提高他们的工作能力，充分发挥其主观能动性，教育学生干部着眼于世界科学文化发展的前沿，着眼于中国特色的社会主义文化，组织一些内容健康丰富、反映新时代大学生要求的文体活动，不断满足同学们的精神文化需求。

教育学生干部要为最广大同学的根本利益着想，及时向上反馈同学们的心声，积极为广大同学排忧解难，培养为同学们服务的意识，坚持做到"一切为了同学，为了一切同学，为了同学一切"，为人办事公平、公正、公开，坚持民主集中制度。

高校学生干部只有深刻认识、牢牢把握"三个代表"的精神内涵，用以指导自己的思想和行为，才能自觉地肩负起时代赋予的历史责任，以实际行动投身于伟大的社会主义现代化建设的实践中去，这不仅是时代发展的客观要求，更是高校学生干部这一特殊群体的现实需要。

## 第二节　辅导员队伍建设的思想政治教育反思

### 一、高校学生思想政治辅导员的工作

按国家有关文件规定，学生思想政治辅导员是学校从事思想政治教育和管理工作的专职干部，是高等学校教师和管理队伍的重要组成部分。顾名思义，辅导员就是学生并与其打交道的人员。我国高校培养人才的目标，是为社会主义现代化建设造就大批德才兼备的合格人才，他们不仅要有扎实的专业知识和科学文化功底，还必须具有良好的思想政治素质，必须热爱社会主义祖国和社会主义事业，具有为国家富强和人民富裕而艰苦奋斗的献身精神，以及实事求是、勇于创新的科学精神。如果不具有良好的思想政治素质，就不可能很好地为我国的社会主义现代化建设服务，有的人还会在日益复杂的政治斗争中迷失方向。因此，高校培养人才，必须坚持德才兼备的标准，而要坚持这个标准，就必须重视思想政治教育工作。

高校政治辅导员是贯彻党的教育方针、对大学生进行思想政治教育、培养大学生具有较高政治思想觉悟的直接实践者，是高校思想政治教育工作的重要组成部分，其工作核心是培养大学生具有较高的思想政治觉悟。辅导员工作与大学生的理想、信仰等密切相关，在很大程度上应起着保证大学生坚持正确政治方向的作用。辅导员工作一方面，体现我党对高等教育事业的政治领导，保证党的方针、政策、指示精神的贯彻执行；另一方面，又把同各种错误思想和行为作斗争、帮助大学生抵制错误思想，树立正确思想作为重要内容。

## 二、辅导员应具备的基本素质

### （一）树立服务意识

辅导员工作是一项以人为本的工作，面向的对象是在校的大学生，其工作应该是在学习、生活、思想领域等给予帮助与引导；注意了解倾听学生的想法，并及时将其意见及建议向有关部门反映；尽量帮助贫困生解决勤工助学、申请贷款等问题，使其安心于学业；组织大型课外活动，丰富同学们的业余生活。总之，要时刻关心学生、注意其思想动态，帮助其树立正确的世界观、人生观、价值观。

### （二）加强自身学习

由于工作性质的决定，辅导员不仅需要有一定的思想政治教育方面专业知识，还需要有较广的知识面，同时，要理论联系实际，一方面要时刻研究当前青年学生的思想状况；另一方面要经常学习更新的知识，这样才便于和学生沟通，了解学生。辅导员是教师，这就要以"学高为师、身正为范"来要求，因为教育者思想道德品质越高尚，思想教育就越有说服力。

### （三）掌握一定心理学知识

辅导员是做学生工作的，需要有心理学方面的知识。辅导员要常常面对和处理学生的心理健康问题，工作压力就显得非常大，也常常会感到自身知识尤其是心理学专业知识的不足。因此，要解决这些问题，辅导员要多学习心理健康知识，掌握更多的解决自身和学生心理问题的知识和方法。

## 三、辅导员的工作职责及其诸种关系

对辅导员角色定位的不明确实际上是对其工作职责的不明确。明确辅导员的工作职责，给予正确的定位是使辅导员更好地履行其基本职责并有效地开展学生工作的基础。

### （一）辅导员的基本职责

辅导员是以思想教育为主要职责的，包括学生的思想政治教育、品德教育、学生党建和团建的指导、学习与成长的指导、就业指导、学风建设、心理健康的一般咨询与指导。同时，配合有关部门做好学生的日常管理、特困生的评定及有关工作、评奖评优、违纪处理、课外活动等。传统的教师职责是"传道、授业、解惑"，辅导员是教师，按照国家有关文件规定，学生政治辅导员"是高等学校教师和管理队伍的重要组成部分"。这个定位不能只在一些待遇上体现，而更应该在工作制度上表现出来。

## （二）辅导员与心理咨询员的关系

在日常的大学生工作中，辅导员无形中也在不同程度地扮演着心理咨询员角色，做着心理辅导的工作。但是，必须明确的一点是辅导员并不等同于专业的心理辅导人员。学校心理辅导人员主要任务就是通过运用心理学及其他相关学科的知识及技巧，帮助学生减轻情绪和行为的困扰，帮助他们认识自己、接纳自己，面对困难、分析困难、排除困扰的能力，使他们在困惑中学会面对，促进自我完善，促进自我成长。

因此，辅导员与心理咨询员之间的共同点都是帮助学生树立自尊、自信、自强、自立的品质。辅导员是通过各种有效的学习、文体活动，营造良好的氛围与学生进行思想交流，配合学校做好学生的培养教育工作。心理咨询员则是通过建立良好的咨、访关系，让学生能清楚地认识自己，树立正确的人生态度及积极的心态。

这两者间的区别是：辅导员平时的大量工作是解决一些显性的问题和矛盾及一般性的问题；而学校的心理咨询，虽然也会解决一些表面的问题，但更多的是想方设法去解决学生深层的心理问题。

虽然高校的思想政治教育工作辅导员和高校心理咨询员的心理辅导工作，是两个相对独立、相辅相成的部分。两者如果能及时交流沟通，有利于及时发现、了解学生的心理、思想状况，这对于提高学校的思想政治教育工作会有很大的作用。

因此，在了解辅导员性质的同时，也应该看到学校心理咨询工作的重要，并且及时调整这两者间的工作关系是十分必要的。

## （三）辅导员与班主任的工作关系

《中共中央、国务院关于进一步加强和改进大学生思想政治教育的意见》中指出"辅导员、班主任是大学生思想政治教育的骨干力量"，同时明确"辅导员按照党委的部署有针对性地开展思想政治教育活动，班主任负有在思想、学习和生活等方面指导学生的职责"，这实际上也指出了辅导员与班主任的工作关系。

目前，辅导员大部分专职的，而班主任基本上是兼职的，这也就意味着在学生的思想、学习和生活等方面的工作中，辅导员还应发挥主要的指导作用。因此，很多班主任便误认为学生的思想政治教育工作只要由辅导员来做就可以了，作为班主任只需要传达一下上级的有关文件要求，处理一些日常工作就行，而很少在学生的思想、学习和生活方面做更深层次的工作。因此，在班级的日常管理工作方面，还需要班主任积极主动地深入了解学生思想状况，及时发现学生中出现的苗头性问题。同时，为了更好地做好学生思想政治教育工作，班主任应主动地与辅导员进行交流，及时反映班级情况，彼此建立一种良好的合作关系，及时发现问题、解决问题。

在高校的思想政治教育工作中，辅导员的学生思想政治教育工作不是独立进行的，它需要各方面的协调、支持，唯有明确定位辅导员的工作，才能使其在自身的职责范围内有成效地开展思想政治教育工作。

辅导员的工作是让大学生"明方向、知礼法、上境界"，其工作性质决定了工作内容的多样性和工作程序的复杂性；工作的目标和任务决定了高校辅导员工作的艰巨性和光荣的使命感。因此，在新时期下高校必须充分重视辅导员队伍建设。

### 四、新时期高校辅导员队伍建设存在的问题

#### （一）辅导员定位不明、职责不清

高校辅导员被誉为：青年学生的领袖，书记院长的助手；是校园稳定的"镇海神针"，是教学秩序的"监测仪器"；是广大同学的良师益友，是高校管理干部的后备人才；是勤务员，是指南针。因此，辅导员的工作包括了大学生的思想、学习、生活、劳动、社会实践、文体娱乐、人际关系等方面。由于工作性质和职能的关系，辅导员的工作确实难以定位，辅导员职责往往容易同一般行政人员或学生工作人员的职责相混淆，为了做好思想政治教育、学生党建与团建、贫困生工作、助学贷款工作、学生综合测评、学生心理问题、维持校园秩序和稳定等，不得不在院内外到处奔波，全力周旋于学生处、教务处、公安处、组织部、校团委、后勤中心、校医院等部门之间，整天忙于事务，致使有些辅导员感觉自己戴着教师的"帽子"，却干着学生的"保姆""警察"、学校机关部门的"勤务兵"、院系的"服务员"等工作。

#### （二）多头管理和用人机制

大多数高校辅导员编在学校各学院（系），日常工作安排、辅导员管理和考核由院（系）负责，工资报酬、人事管理由人事处负责，专项工作任务的安排则在学工处、教务处、公安处、宣传部、校团委等职能部门，任用、选拔、提升、流动由校党委组织部负责。多部门指挥调动的用人机制，使辅导员处于"多人用，少人管"的状况，处于"说起来重要，体现出来次要，总结起来可以不要"的尴尬中。

#### （三）辅导员队伍学历职称层次偏低

根据调查，目前在经济最发达的沿海地区广东省，其高校辅导员具有研究生学历的仅占5%，有本科学历的占64%，还有专科以下学历的占31%；具有中级以上职称的仅占23%，初级职称的占77%。发达地区如此，欠发达地区的形势就更

加严峻,地处海南特区的华南热带农业大学,具有研究生学历的辅导员仅占3.8%,具有中级以上职称的仅有12.5%。这样的学历职称层次,使大学生思想政治教育的说服力和影响力大打折扣。同时这样一支学历职称结构偏低的辅导员队伍,因为经历较少,缺乏经验,面对新时期层出不穷的学生思想问题,他们在政治理论、文化修养、心理素质等方面都有待进一步提高。

### (四) 辅导员队伍配备不齐,工作水平低下

与教育部有关文件规定相比,按120~150名学生配备一位专职思想政治教育工作者,但目前高校思想政治教育工作队伍的缺员情况却十分严重。根据调查,目前60%以上的高校按180名学生配备一位辅导员,26%的高校按超过200名学生的比例配备一位辅导员,有的学校甚至按500名学生配备一位辅导员,还有个别学校根本就不设辅导员岗位。如此队伍配备现状,根本无法完成辅导员的艰巨任务。另外由于某些学校或个别主管领导对辅导员的引导不力、教育不够、关心不到位,使有的辅导员无论在精神上,还是物质上都无法看到光明的前景,工作无动力、业务无创新、生活无激情,思想政治教育工作的质量和效果低下。

## 五、新时期高校辅导员队伍建设的方法和途径

### (一) 提高认识,正确定位

高校要提高对建设辅导员队伍的思想认识。首先要明确辅导员的工作目标和工作任务,是使学生具有明确坚定的政治方向,全心全意为人民服务的思想和高尚的道德情操,具有远大的共产主义理想信念;帮助大学生能够自觉抵制封建和西方腐朽思想的毒害,正确处理个人、集体、国家三者之间的关系,诚实守信,互助友爱,能用马克思主义的观点、方法,分析和解决问题,从而成为我国社会主义现代化建设的合格人才。其次要对辅导员队伍进行科学定位,高校辅导员队伍是高校教师队伍的一部分,是高校思想政治教育工作队伍的主体,是学生工作的"导演"和"参谋"。说明思想政治教育要紧密地和学生工作相联系,这是辅导员工作的着眼点和抓手,通过学生工作,可以及时调查、了解学生的思想动态,为思想政治教育提供参照、确定对象、选准时机、准确入手;但辅导员又不能行使"演员"或"前线战士"的职能;同时,又要正确界定辅导员同班主任之间的关系,要区分辅导员同各学生工作职能部门职员之间的不同。因此辅导员是教师,更是"军师",工作目标是培养和提高大学生的思想政治觉悟,同时把自己锻炼成为思想政治教育的专家,这就是对高校辅导员的科学定位。从思想认识上明确辅导员的工作目标和科学定位,是高校辅导员队伍工作动力的源泉。

### （二）集中领导，科学管理

高校要从组织形式上完善辅导员队伍的管理。辅导员是党员，是贯彻执行党的教育方针政策的。因此必须成立专门的思政工作部门，接受高校党委的统一、直接领导。高校辅导员在校党委的统一、直接领导下开展工作。各职能部门对辅导员进行业务指导，各学院（系）作为辅导员的派驻单位，辅导员接受学院（系）的监督，承担相应的工作任务。辅导员的考核由校党委、各职能部门、学院（系）三方负责，考核结果与辅导员的工资报酬、职称评定、职务晋升等挂钩。这种组织形式既是对辅导员功能性质定位的正确反映，提高了辅导员的地位，又明确了辅导员的职责，让辅导员有明确的归属感，有利于增强工作的协调性和有效性。尤其是对年轻的辅导员来说，这种组织形式更有利于发挥辅导员的群体作用，克服经验不足的矛盾。此外，在集中领导的前提下，要加强辅导员队伍的管理。一方面通过制定完善《辅导员管理条例》和《辅导员工作考核办法》等制度，科学确定辅导员的工作性质，严格规定辅导员的工作范围、工作要求和日常行为规范，对辅导员的工作进行全面细化和科学量化。另一方面建立科学的辅导员队伍结构，通过设置处级辅导员、科级辅导员等职务或聘任高级辅导员和中级辅导员等职称，从行政级别和学术地位上体现辅导员工作的职业性质。这能充分发挥每一位辅导员的潜能，体现每一位辅导员的价值。所以，从组织形式上对辅导员集中领导、科学管理，是高校辅导员队伍顺利开展工作的前提和基础。

### （三）精心选拔，加强引导

高校要从提高人才标准上建设辅导员队伍。辅导员队伍的建设，选"苗"是关键。在选拔辅导员时必须有明确的要求，在思想政治素质、科学文化素质和动手能力、身心素质等方面都应有明确而严格的条件。在选"苗"的方式上，要采取"主动出击"和"提前预定"的方式，以扩大选苗的范围和增加选择的对象。在选拔方法上要采用笔试、面试、电话采访、实地考核等，尤其要进行实事处理的考核项目，考查其动手能力和解决问题的能力，在全面考核"苗"的素质和功能的基础上择优录用。为了更快适应工作，提高工作质量和工作效率，学校要重视对"新苗"的引导和培养，既要给"新苗"施加压力，又不能压制"苗"的成长，更不能"揠苗助长"，要采取有效措施和方法加以引导。首先可以指派"老"辅导员对其进行"领航"，让"新苗"找准定位、明确航向，快速进入工作主航道。其次也可以通过交流、讨论、座谈、现场上注意由易到难、由浅到深循序渐进开展工作，努力增加辅导员的信心。总之，对新辅导员的引导是必不可少的环节和十分有效的工作方法。把"选苗"和"育苗"有机地结合起来，是高校辅导员队伍健康成长的关键环节。

### (四) 改善环境，培养队伍

高校要从改善人才成长环境上建设辅导员队伍。辅导员的成长、成才必须有适当的环境，包括文化环境、制度环境、学习环境、工作环境、生活环境和物质环境等。高校可以通过改善文化环境，使辅导员能及时学习和了解新的思想和理论，准确掌握党和国家的大政方针，坚定为社会主义服务的信心；通过改善制度环境，使辅导员减少委屈、消除怨气，职责明确、工作顺畅，积极向上、认真负责；通过改善学习环境，使辅导员在不断丰富自己业务知识的同时，提高自己的科学文化素质；通过改善工作环境，创造良好的工作条件，提高辅导员的工作效率；通过改善生活环境，使辅导员生活方便，身心愉快，精神饱满；通过提高物质待遇，使辅导员劳有所获，不为其基本生活发愁，从而提高工作效率、增强工作效果，更好地完成工作任务。良好的成长环境是高校辅导员队伍建设的必要条件。

### (五) 要多途径建设队伍

高校要多途径建设队伍。一是配齐、配全辅导员。配齐、配全辅导员队伍是保障思想政治教育工作质量、提高辅导员素质、促进辅导员全面发展的前提条件。辅导员队伍不齐，人手不够，任务繁重，是辅导员全面发展的"拦路虎"；辅导员队伍不全，"老中青"结构不合理，上下级职责不分明，是辅导员全面发展的"绊脚石"。因此要使辅导员队伍全面发展，必须配齐、配全辅导员。二是努力提高辅导员思想政治理论水平，加强辅导员的业务能力培训，促使辅导员向思想政治教育专家方向发展。三是对工作实绩突出，管理能力、组织协调能力很强的辅导员及早列为党政管理干部的后备力量，在压担子、交任务时予以重点培养。四是鼓励辅导员"双肩挑"、双向发展，辅导员在做好思想政治教育工作的同时，可以从事专业科研和教学工作。五是开通校内人才校外锻炼的人才培养渠道，通过送科技干部、管理干部到基层或企业服务的方式，培养锻炼辅导员，服务期满后再回到辅导员岗位工作。六是允许辅导员进行脱产学习，帮助他们"升级"，提高学历和学位，增强辅导员自身的分量。

高校辅导员队伍为广大同学成长、成才服务，为高校的稳定、发展服务，为国家的教育事业和现代化建设服务。必须把高校辅导员队伍建设成为政治强、业务精、纪律严、作风正的坚强队伍，使辅导员通过服务和管理等职能，真正体现大学生政治思想引路人、学风建设有心人、社会实践带头人、文化活动热心人、日常生活贴心人的功能，全面提高大学生的综合素质，为社会主义事业培养千千万万合格的建设者和可靠的接班人。

### 六、高校学生辅导员的角色反思

高校学生辅导员是高校学生思想政治教育工作者，是高校培养社会主义接班人的重要力量，在高等教育实施过程中有着不可替代的作用。2004年10月，中共中央、国务院颁发的《关于进一步加强和改进大学生思想政治教育的意见》（以下称《意见》）中指出：大学生思想政治教育工作要坚持以人为本，贴近实际、贴近生活、贴近学生。因此，在新的形势下，高校学生辅导员在学校内必须能够充当、胜任新的多重角色。

**（一）作为德育理论的研究者必须注重自身德育水平提高**

在现实生活中，我们常听到这样的一些议论："搞不了专业就只好干辅导员"，"什么也干不来，就去干辅导员吧"，……而大学生也常表露出对辅导员不满意甚至失望的神色。为什么这些品学兼优、才华出众的大学毕业生当了辅导员后会出现这样的现象呢？主要原因是他们在繁杂事务中已很少再去对思想政治教育领域知识的学习和研究，出现了知识的断层，理论水平和知识的含金量不高，这在一定程度上影响了辅导员队伍的形象，降低了学生工作的权威性。因此，首先辅导员必须加强自身知识结构的建设，提高德育理论水平。学习教育学、心理学、管理学、政治学等方面知识，掌握高校学生工作基本理论和基本规律。其次，要从烦琐的事务中解脱出来，积极参与思想政治教育的研究工作，每年至少完成理论探讨、经验总结等学生工作方面的学术论文一篇，积极参加学校思想政治教育研究会和省高校思想政治教育研究会的学术论文报告会或经验交流会，用正确的理论指导实际工作，减少工作的主观性、片面性和盲目性，把自己锻炼成为德育工作的行家能手。

**（二）作为心理医生必须掌握学生的心理问题积极疏导**

现代社会节奏加剧，人与环境的冲突日益增多，大学生承受来自各方面的心理压力越来越大，其心理健康受到严重威胁。一项以全国12.6万名大学生为对象的调查显示，20.3%的人存在不同的心理障碍，在一所全国著名的学府里，两年内就有十几个学生因有严重的心理疾病而休学或退学。应该说心理障碍与疾病已成为大学生健康成长的"拦路虎"，大学生呼唤心理医生。面对新形势，高校学生辅导员扮演心理医生的角色则是理所当然义不容辞的。而要扮演好心理医生的角色，一是辅导员本身要心理健康。由于辅导员处在高校学生工作的第一线，无论学习，还是工作生活，面临着来自各方面的挫折、失败、困难和障碍，因此，高校学生辅导员首先必须能依据环境、条件的变化来调整自己内部心理结构，不断地进行自我心理调节与保健，完善心理防御机制，与外界保持一种动态适应的心理平衡，使自己具有较强的心理承受和调适能力。二是要学习心理咨询理论，掌握心理咨询的方法和技巧，参加心理健康教育的培训，最好是做到持证上岗。三是心理健康教育是指运用心理学及相关学科的理论和技术，帮助大学生逐步达到心理平衡、逐步提高大学生的心理素质。

### （三）作为人际关系的艺术家必须恰当地协调

"一个篱笆三个桩，一个好汉三个帮"。成功者之所以成功，除了自身的智力与能力，还得有良好的人际关系，可以使人们获得事业发展的契机，良好的人际关系，可以使人受到更多的关爱。辅导员工作是一项复杂的系统工程，战线长，配合多，条件差。要做好工作，就必须协调好上下左右、前后各方面的关系，善于处理好院、系、党、团、学生会组织的关系，和教师、广大青年学生、学生干部的关系，等等。此外，还要配合有关部门开展有益的文体活动。只有搞好各方面的关系，才能使辅导员工作取得人、财、物各方面的支持，不断开拓高校学生辅导员工作的新局面。辅导员要成为人际关系的艺术家：一要掌握说的艺术，要说对集体和别人有益的话，比如，建议性的话、安慰性的话、激励鼓舞性的话或礼貌性的话等；二要懂得做事，要做对他人和集体有益的事；三要懂得关爱自己和周围的人；四要懂得适应大的生活环境，要让自己的小环境顺应大环境。

### （四）作为良好形象的楷模必须时刻以身作则

良好的形象包括资质（先天禀赋）和才气（才能、才干、才智等）。表现在独特的个性品质、行为方式和人格特征方面。良好形象不仅影响着高校学生辅导员对待工作、生活的态度，而且对于青年大学生的健康成长，个性发展有着潜移默化、耳濡目染的榜样作用。这是一个包含多种因素的动态结构系统，而意志品质、能力结构、情操特征、自我意识、兴趣爱好等则是其中最重要的组成部分。因此，高校学生辅导员要做好良好形象的楷模。

一是要有正确的政治方向。《意见》中指出：所有从事大学生思想政治教育的人员，都要坚持正确的政治方向，加强思想道德修养，增强社会责任感，成为大学生健康成长的指导者和引路人。在事关政治原则、政治立场和政治方向问题上要永远与党保持一致，要用马克思列宁主义，毛泽东思想、邓小平理论和"三个代表"重要思想武装自己的头脑。

二是有良好的意志品质高尚的道德。良好的意志品质，即具有高度的自觉性、果断性、坚持性和自制性。高尔基有这样的名言："意志是不可战胜的，在意志前面，一切都得弯腰低头"。作为高校学生辅导员，要充分认识到自己的责任重大，在任何时代，任何情况下都要自觉地、主动地把工作做好；遇到困难，要百折不挠，坚持不懈；遇到是非问题，要保持冷静、清醒的头脑。诗人北岛曾有两句诗：

卑鄙是卑鄙者的通行证，高尚是高尚者的墓志铭。为人师表是高校教师的职责，要成为一名合格的学生辅导员，首先自己必须是一个道德高尚的人。具体表现在爱自己，爱别人，严于律己，宽以待人，奉行"正人务先正己，人师当须楷模"的人生信条。

三是有创新精神和综合职业能力。创新精神就是人们在社会实践中，勇于冲破传统观念的束缚，积极探索，开拓进取，不断有所发现、有所发明、有所创造的个性品质。综合职业能力是劳动者在职业素质上的集中和综合的表现，它是在职业实践的基础上，经过劳动者个人多种能力的组合而形成的一种职业能力，由专业能力、方法能力、实践能力和社会能力组成。在新形势下，高校学生辅导员工作面临着许多新情况、新的课题，而要解决好这些问题，就要具备创新精神和综合职业能力，首先思维方式上要实现三个转变，即由封闭型思维转变为开放型思维，由滞后性思维转变为超前性思维，由平面性思维转变为立体性思维，用新形势、新实践、新观念来全面打造自己。其次要敢于破旧，大胆试验，凡是有利全面贯彻党的基本路线方针政策，有利于高校思想政治教育，有利于大学生全面发展与健康成长成才的新途径要敢于开辟，新方法要敢于运用，新领域要敢于开拓。

**（五）作为职业指导者必须把握就业形势辅助就业**

随着我国改革开放的不断深入，社会主义市场经济的建立和逐步完善，以及劳动人事制度的不断改革，"双向选择、自主择业"的就业方针已逐步为大学生所接受。今后的路该怎样走，如何使自己少走弯路或不走弯路，如何更科学、更完美、更合理、更有价值地安排或优化自己的人生旅程，这是大学生永远无法回避的一个客观现实和极为关注的一个焦点问题。因此，高校学生辅导员应在充分发挥自身优势的基础上不断地充实和完善自己，勇敢地承担职业指导者这一光荣而艰巨的角色。让大学明白寻找职业要经过了解职业、准备职业、选择职业、适应职业、转换职业的五个阶段；引导大学生面对市场经济的竞争激烈现实，既不能自卑，也不能好高骛远，要在了解自己、了解职业、了解社会的基础上，恰当定位；帮助大学生树立"三百六十行，行行出状元""天生我才必有用"的思想，形成"此处不用人，自有用人处；到处不用人，就当个体户"的自主精神；让大学生确切懂得只要珍惜在校的学习与生活，职业理想就一定能插上翅膀，凌空翱翔。

面对新形势，高校学生辅导员要从陈旧的单一角色向符合时代要求的多重角色转变，不断提高自身理论水平，用正确的理论指导我们的工作，做到角色上能上能下；才干上能文能武；情感上能进能出；交友上能老能新；工作上能紧能松，不断开创高校学生辅导员工作的新局面。

## 第三节 班主任工作的职责和队伍建设反思

### 一、班主任的职责

班级是学校最基层的学生组织，也是组织学生进行思想道德教育、引导学生树立正确人生观、价值观的基本单位。班主任作为一个班级的"领路人"，在这一系列德育工作过程中，担负着重要的作用和责任。班主任工作直接影响到大学生健康心理的成长、校园文化的建设和学校的教育成效。因此，班主任工作与当前大学生思想道德建设有着密切的联系，提高班主任的工作水平，对实现院校升本目标、对培养具有诚实守信、积极进取的大学生有着不可估量的作用和深远意义。

大学班主任不仅仅是班级的管理者，更是思想政治教育的工作者。建立健全有关大学生班主任工作的一套行之有效的规章制度，既是规范班主任工作、使学生管理工作顺利展开的一个重要环节，也是改进大学生思想道德建设的一项重要制度保证。

制定并完善《班主任工作手册》，明确地规定班主任的权力与责任，使班主任在工作过程中权责明确，以便有计划、有步骤、有重点地开展班级各项活动，改变目前有责无权、无章可循的涣散局面。

班主任工作也需要量化的、具体的考核制度。优秀班主任、优秀班集体的考核评比要有依据、有数据，最好打破系的界限，按照既定的量化指标精心考核、公开评比。对于总结出来的行之有效的、操作性强的好的做法，要及时修订进《班主任工作手册》。

学生工作部门应定期召开教师班主任和学生座谈会，开展系列调研活动，了解情况，听取意见，制定并不断完善可操作的规章制度，使班主任工作得到加强。

### 二、班主任的具体工作

班主任工作是高校思想政治工作和教学管理工作的重要组成部分。做好班主任工作，这是时代对我们的要求。一个班级的面貌，很大程度上取决于班主任的工作态度、教育艺术水平、教育方法、组织管理能力以及以身作则的表率作用。一个班级能否培养出素质全面的学生，也在很大程度上取决于班主任。

#### （一）应建立新型的师生关系

中国传统的师生关系是"师道尊严"、所谓"一日为师，终身为父"，教师在学生心目中不但是绝对的思想权威，而且是道德完人。封建传统教育在本质上是奴才教育，教师的地位与权威依附于对统治者的神化之中。

新型的师生关系应该是"朋友"关系，教师与学生只是教学活动中地位不同，并没有人格的高低贵贱之分，教师必须平等对待每一位学生，尊重他们的个性，教师尊重学生的人格等于尊重教育。学生无论大小都需要获得尊重与理解。由于种种原因他们在各方面发展不平衡，教师应承认落后也是一种权利。教师只有民主、平等、科学地对待学生、管理学生，学生才能自由地和谐地发展，素质教育的实施才有可能。班主任不是班级的统治者，学生也不是班主任的臣民，专制只能培养专制，只有民主才能培养高素质的和谐发展的大写的"人"。

### （二）营造良好的班级气氛

某高校2011级旅游管理（2）班的学生从大一到毕业，每年的评优都涌现众多的三好学生标兵，而且遥遥领先于其他班级，很大程度上得益于该班级良好的学习气氛和竞争环境。在班级理念上，他们积极主张这样一个理念：积极的人像太阳，照到哪里哪里亮；消极的人像月亮，初一十五不一样。从学生来校军训的第一天，他们班主任就把这样的一个理念教给了全班学生。这个理念一直贯穿于班主任治理班级的整个过程中。学习上，班主任大张旗鼓地鼓励学生向老师发问甚至是发难。要问到所有的科任老师回答不出的问题，满头大汗的时候才算真正地动了脑筋。纪律上，积极主张"先专政后民主"，一个班级必须有铁的纪律，一切行动听指挥，步调一致才能得到胜利。凡是违反纪律的学生一定要受到纪律的处分，而且班主任一定要坚守自己的原则，一旦有一次没有遵守自己的原则，那么班主任将变成一个没有原则的人。在处理违纪过程中，必然会有少数学生对于处理不满意，那么班主任在这个时候应该马上进行疏导工作，这就是"法"和"情"的关系，法律不外乎人情，我们先讲法律再讲人情，这是班主任的工作原则。比如，有一次班上有名男生，被班干部记名之后做出了很强烈的反应，认为自己不过是迟到几分钟而已，觉得太严了；班主任按规定作了违纪处理，处理当晚，班主任就与其长谈，进行思想上的疏导工作，在没有要求他赔礼道歉的情况下他自己主动向主管纪律的班干部承认错误，鉴于他的进步，班主任后来试用该学生担任班干部，结果他很成功地组织了几次班级大型集体活动，由对纪律不满的学生变成了对班级纪律积极维护者。

### （三）正确引导班级舆论

班主任在教育、教学、生活和各项活动中，根据是非标准进行褒贬，该肯定的就肯定，并给予适当的表扬和奖励；该否定的就否定，并给予适当的批评和教育，在全班形成一种能够扶持正气，伸张正义、制止错误思想、阻止不道德现象的集体舆论。这种集体舆论不是班主任的单向灌输，而是建立在全班多数的正确认识与言论基础上,对全班成员都有感染力和道德上的约束力。在具体实施的过程中,方法是借力用力,借助集体力量。举个例子:凡是期末考试监考(2)班的老师都会知道在考试的过程中从来没有一个学生提前交卷,更加没有学生作弊等违纪现象。如何做到这一点的呢?在大一的时候该班有80%的学生钱物都被别人偷过,针对这个现象,班主任在班上召开主题班会——"偷东西与作弊",班上对小偷的行为深恶痛绝。班主任利用辩论等各种方式引导学生得出结论:考试作弊与小偷偷东西没有本质上的区别,前者是偷别人的精神财富,后者是偷别人的物质财富。甚至前者更可恶。同时班主任还宣布,每次考试后,所要做的第一件事情全班通过无记名投票的方式检举揭发在考试中有不规范行为的同学,结果这一招还真管用,考试再没有学生作弊。真正触动学生的往往是集体的舆论,学生最不愿意的就是在班级集体心目中的形象受损。

### (四)培养一支高效率的班干部队伍

班主任工作伊始,每天忙得不亦乐乎,但效果并不理想,问题的症治就在于没有很好地培养一支高效率的班干部队伍。班主任,班干部及学生三者之间的关系如同伞柄、支架和布,一个再好的伞柄如果没有支架的支撑是无论如何也撑不起一片天空的。海南某高校的一次班主任研究会上,一个老师曾介绍过给予班干部戴高帽的方法来培养班干部,这一招还是蛮有用的。虽然可以激励班干部的斗志,但是无意中也会引起另外一部分学生的不满情绪,认为老师过分夸大班干部的作用。给班干部戴高帽子后班干部做事情的积极性明显高涨。但每一个人的情绪,不可能永远高涨,班干部遇到挫折的时候也很容易沮丧,这个时候班主任应该教他们一些工作方法和技巧。举一个例子,有个班干部抱怨他举办的活动同学反应冷淡,不够热情。比如,他提出星期六晚上在班上搞一台文艺晚会,表示要参加者寥寥无几,结果泡汤了。其原因是其他干部说是他的工作方式令很多人无法接受,他的工作方法多是命令式的。他说"星期六晚上搞文艺晚会,全班同学都必须参加",很多刚上任的班干部或者新班主任都喜欢用这种语调,其实很多学生都不太接受这种方式。班主任教这个班干部用这样一种方法:首先讲出这次晚会的节目设想如何丰富多彩,整个晚会的安排,等等,将同学们的胃口吊起来,提高大家的兴趣,然后问大家:"同学们是觉得这周搞晚会好呢还是下周搞晚会好一点?"这种方法叫作二选一,既暗示了晚会肯定要搞又留有全班商量的余地,而且以这种商量的语气讲出来让所有的学生都感觉到了自己的意见受到了尊重。他一讲完班上就讨论得很激烈,有的说这周,有的说那个周。少数几个表示不参加,但大部分人都说下周好,最后大家达成共识,有几个犹豫不决的同学也被感染了,最终这次晚会搞得非常成功,不仅如此还吸引了大批别的班学生参加,后来别班也纷纷效仿,该班的学生脸上由此充满了自豪感。可见同样的事情,工作方式不同,取得的效果是如此的不同。

### 三、方式探索

中共中央、国务院发出的《关于进一步加强和改进大学生思想政治教育的意见》中指出,要引导大学生勤于学习、善于创造、甘于奉献,成为有理想、有道德、有文化、有纪律的社会主义新人。在当前国际国内形势已发生深刻变化的背景下,大学生思想政治教育既面临有利条件,也面临严峻挑战。最突出的,由计划经济向市场经济转轨的过程中,大学生由"天之骄子"一下子被抛到了市场的最前沿——自主择业、自谋出路。在这种情况下,如何采取更有效的教育方式以适应形势的变化,是值得每一位班主任仔细思考的。

#### (一) 建立班委

在班主任的工作有了明确界定、权责对等以后,就需要具体实施了。但毕竟一个人的力量有限,而一个班至少有40人,投入再多的精力也不可能及时、全部地掌握学生的思想动态,最终导致工作流于形式。要想解决这个矛盾,关键在于培养一批得力的助手——学生干部。学生干部这个群体,在高校学生工作中扮演着十分重要的角色,是加强和改进大学生思想政治教育的重要依靠力量。

学生干部与普通学生吃、住、学都在一起,面临着和普通学生一样的实际问题,普通同学也更愿意向他们敞开自己的心扉。通过学生干部,我们可以比较准确地了解学生实际的思想状况。一般而言,学生干部都是在德、智、体等方面表现优秀的学生,他们有着高度的责任感、积极进取的精神状态和较好的自我教育、自我服务、自我管理的能力。一个优秀的学生干部就是一个榜样、一面旗帜,对周围的同学起着其他方式不可替代的示范作用。

学生干部在加强和改进大学生思想政治教育工作中发挥着积极作用。但是,我们同时也要看到,学生干部是学生中的一员,自身是需要接受教育的,在一定意义上,加强和改进大学生的思想政治教育首先就是加强和改进大学生干部的思想政治教育。

学生干部的管理是班主任必须抓好的一项工作。应该定期召开学生干部座谈会,把班干部在工作中碰到的不好解决的问题摆出来,班主任同大家一起想办法;班干部思想中存在的障碍也通过谈话、聊天及时地反映出来,班主任可以就问题展开剖析,有问题及时解决。不管是严厉的、还是慈祥的,不管是年长的、还是年轻的班主任,多与学生干部沟通,多关心他们,使其具备相当的政治敏锐性和社会责任感,协助班主任做好学生的思想政治教育以及其他各项工作。

一般教师做班主任之前都会感觉当班主任很费心，是因为如果工作思路、工作方式存在问题，那么一定会出现一些问题配合对于班主任工作至关重要。好的班集体关键在班委，没有一个团结向上的班委，仅凭班主任一个人的力量是远远不够的。

（二）因材施教

教育学讲究因材施教，我在管理班级时，也采取了这种观点。首先把班级的全部学生进行分类，大致分为三种：第一种是知道自己该怎么做也正在做的，一般来说是班里的好学生；第二种是不知道自己该怎么做、仅仅是按部就班地学，这些人大部分学习成绩一般；第三种是知道自己该怎么做但就是不做的，这部分人为数较少，多是一些个性非常强、很聪明的"调皮学生"。对于第一种学生，要经常询问他们的学习进展，及时鼓励他们，这样可以在不经意间加强他们的决心，使这种学习的动力持久地保持下去。第二种学生，要采取谈心、聊天的方式，发现他们的兴趣所在，让他们自己认识到自身的优势，引导他们找到一条适合自己发展的方向，方向有了，再不断强化他们"我能行"的意识，取得成绩及时表扬。第三种学生的管理比较费心，每个人个性不同，采取的教育方式也不相同。对于性子较直、能听进别人话的，批评与耐心教导向相结合，以理服人；对于慢性子、你别人怎么说我该怎么还怎么做的，批评的方式就不太管用，要细心发现能够激励他的人或事，以情感人。总之，要让学生明白一个道理：人的一生没有谁能耽误谁，只有自己能耽误自己。明白了这个道理，他就会将不自觉的行动转化为自觉的行动，这时班主任的工作才算做到家了。

总之，班主任工作是无止境的，而且需要我们在实践中不断地完善工作方法。无论教学任务多繁重，班主任应一如既往、关爱学生，坚持以最大的热情投入到班主任工作中，就能带出优秀班，带出优秀学生。同时，班主任工作是做好大学生思想道德建设的一项重要环节，做好班主任工作需要制度的保证，需要得力的助手，更需要在工作中开动脑筋、结合形势的变化不断探索新的教育方式，并不断进行反思修正。

## 第四节　学校整体建设的思想政治教育反思

### 一、师德建设反思

中共中央颁发的《公民道德建设实施纲要》，体现了中国先进文化的前进方向，是新时期加强师德建设的指导性文献。在新的历史条件下，师德的内涵应包括如下内容。

### （一）志存高远，热爱教育

忠诚和热爱人民教育事业是教师道德的基本原则。这是由教育的社会主义性质决定的，它体现了社会主义道德的核心——为人民服务的基本原则——集体主义的本质要求。忠诚人民教育事业，就是要热爱教育事业，有为人民教育事业奋斗终身的理想。教育作为一个民族最根本的事业，是发展科学技术和培养人才的基础。它对教师道德修养，师德建设提出了更高的要求。热爱共产党，热爱社会主义，体现了社会发展和教师职业道德的政治要求。各级各类学校教师都要努力做到志存高远，坚持学习和实践"三个代表"重要思想，牢固确立在中国共产党领导下，走中国特色社会主义道路，实现中华民族伟大复兴的理想信念。忠诚和热爱人民教育事业，为中华民族伟大复兴建功立业，是教师职业道德的灵魂，是教师道德实践的根本源泉和动力。

### （二）为人师表，教书育人

教师要把为人师表、教书育人视为天职，坚持教书与育人相结合。既要当传授知识的"经师"，又要做善于育人的"人师"。老教育家徐特立先生倡导"人师与经师合一"的思想。主张"人师"即为人之师。教人为人之道，教人为人之事，首先自己应会做人。教育者的权威是建立在身体力行的基础上的。要坚持言教与身教相结合，既注重言教，又注重身教。既要重视真理的育人功能，又要突出人格的育人作用。教育无小事，教师无小节。教师的一言一行都应成为学生学习的表率。教育者先自教在高校思想道德建设中尤为重要。

### （三）严谨笃学，与时俱进

良好的学识学风是做教师的必备条件，是师德建设的重要内容。教师应具有时代精神，适应新形势新特点的要求，努力学习新知识、新思想、新观念，把握时代的脉搏。发扬严谨自律的治学态度、学术精神和学术道德。中华民族历来把坦诚作为当教师的基础。孔子言："人不信不立"。古人曰："诚五行之本，百行之源"。教师是教人做人之人，做学问之人，唯有诚实，才能心正，心正方能人正，人正教人才能出正人。堂堂正正做人，表里如一，是教师的第一人品。教师要赢得学生的尊敬和爱戴，必须精通业务，具有丰富的知识和高深的理论修养。同时要身正，具有崇高的人格魅力。师德要求教师要刻苦学习，与时俱进，钻研业务，通今博古，学而不厌，严谨治学，珍惜时光，不误子弟。时代不断发展，学生不断进步，教师必须不断进取，成为热爱学习，善于学习，终身学习的楷模。

### (四) 热爱学生，诲人不倦

教育的宗旨是育人，教师是学生增长知识，学会做人、做事的导师。教师要坚持以德高为人师表，以善教去育人之魂，以真才实学去传授真理。教育实践证明，爱是师德教育的基础和核心。教师要认真履行职责，坚持爱生敬业，树立正确发展观、教育观、人才观、质量观。全面关心学生的成长，不仅要关心学生的知识学习，还要注重学生的品德修养。教师要以身立教，言传身教，用先进的思想、高尚的道德情操和丰富精湛的科学文化知识培养教育学生。要尊重学生的主体地位，开发学生潜能，培养学生创新能力。要热爱学生，关心学生，善待学生，善教学生。当前教师善教，就要用中国特色社会主义的共同理想，用爱国主义、集体主义、社会主义去教育青年学生，自觉抵制拜金主义、享乐主义和个人主义，使之成为社会主义"四有"新人。

### (五) 关心集体，团结协作

社会主义、集体主义是我们国家道德的基本原则和价值取向，是教师德高的前提。教师要善于处理好个人与集体、与同行之间、师生之间的各种关系，取人之长，补己之短。在处理个人与集体的关系时，要以集体利益为重，团结友爱，精诚合作，携手共进。在处理同事关系时，要尊重别人，谦虚友善，真诚相待，坦诚相处，热情相助。教师要强化大局意识、责任意识、政治意识和团结协作精神。团结就是力量，团结出凝聚力，出战斗力，出生产力。要尊重科学，讲究学术道德。要宽宏大度，不搞文人相轻，不计较个人得失。要甘当人梯，淡泊名利，善于扶植新秀。

### (六) 求真务实，开拓创新

求真务实，开拓创新，是辩证唯物主义和历史唯物主义一以贯之的科学精神，是人民教师应具备的政治品格。教育家陶行知先生说："教人求真"与"学做真人"是教师、学生的共同职责。要使学生热爱真理，教师应该有真知灼见，肯讲真话，不讲假话；要使学生爱国亲民，教师就应该有为民办实事、为民造福的思想。教师作为人类文明和科学知识的继承者、传播者，要正确处理继承与创新的关系，坚持在继承的基础上创新，在创新中发展。教师应该勤奋上进，博学多识，学而不厌，严谨治学，严肃执教，不断增强业务水平和教学能力；坚持解放思想，实事求是，大胆探索，锲而不舍，刻意求新，遵循科学规律，紧跟科学前沿，不断攀登科学高峰。

### (七) 清正廉洁，严于律己

清正廉洁，严于律己，是人民教师应具备的思想政治品质，是加强师德建设的内在要求。古人云："其身正，不令而行，其身不正，虽令不从"。教师应具有这种为师的威望和人格力量，以自身良好的师德境界、师德规范、师德行为为学生做出表率，成为遵纪守法、践行师德的模范，并积极地影响学生，使他们健康成长。教师应树立正确权力观、荣辱观、义务观和幸福观，自觉做到严于律己，以身作则，两袖清风，一身正气，自觉抵制各种不正之风。教师还应在职业道德、社会公德、家庭美德中做出表率，加强个人道德修养，做到举止文明，仪表大方，品行端正，在学生面前和心目中树立一座"身正为范"的丰碑。

## 二、师德的时代性要求

教师的职业道德，简称师德，它是教师的道德意识、道德关系和道德活动的总和，是教师素质的核心。它作为教师的一种较为稳定的道德观念和行为规范，是社会对教师的基本要求，是教师所应遵守的行为规则。

在新的历史时期，师德体现了教师个人、教师群体与社会主义事业利益的一致性，具有鲜明的时代特征和新的内涵。"三个代表"重要思想是高校师德建设的评价标准。以人为本，促进人的全面发展是师德建设的本质要求。

第一，师德具有鲜明的思想性和政治性。新时期的师德，是以马克思主义、毛泽东思想和邓小平理论和"三个代表"重要思想为指导，并反映广大人民群众的根本利益。这就要求教师以对国家、民族和子孙后代有高度负责的精神，严格审视自己的教育行为，自觉主动地执行党的教育方针，明确社会主义的教育思想，树立素质教育观念，既要教好书、又要育好人。这是时代对师德的要求，人民的共同愿望，因此，师德具有鲜明的思想性和政治性。

第二，师德具有明确的发展性和开拓性。当今社会是信息时代、知识剧增的时代，科技兴国，关键在教育。创新是民族的灵魂，提高国民的素质是教育的根本，会做人、会学习、会生活、会劳动、会创造，是素质教育的基本目标。教师必须树立"以人为本"的素质教育理念，研究教育规律、研究青少年的身心发展规律和认知规律。教师要终身学习，博学多闻，求真务实、不断进取、勇于探索。因此，师德具有明确的发展性和开拓性。

第三，师德具有全面的协调性和民主性。新时期教师与学生的关系是平等互助的教学相长的同志的关系，一方面教师指导学生学习，另一方面学生帮助教师教学。"以情育人，热爱学生；以言导行，诲人不倦；以才育人，亲切关心；以身求范，新生信任"既是教师的道德行为准则，又是教育的艺术。尊师爱生，是一种理性化的高尚情感，对待学生，管而不死，严而不厉，爱在其中。因此，师德体现了全面的协调性和民主性。

《中共中央、国务院关于深化教育改革全面推行素质教育的决定》（以下简称

《决定》）指出："教师要热爱党，热爱社会主义祖国，忠诚于人民教育事业；要树立正确的教育观、质量观和人才观，增强实施素质教育的自觉性；要不断提高思想政治素质和业务素质，教书育人，为人师表，敬业爱生；要有宽广厚实的业务知识和终身学习的自觉性，掌握必要的现代教育技术手段；要遵循教育规律，积极参与教学科研，在工作中勇于探索创新；要与学生平等相处，尊重学生人格，因材施教，保护学生的合法权益。"《决定》对教师素质的要求，既是教师师德修养的目标，又是教师教育活动中要遵循的行为准则，是学校师德建设的方向。

一般来说，人的素质包括思想素质（方向）、道德素质（品质）、能力素质（本领）、身体素质（健康）、心理素质（意志力）和思维素质（创新）等方面。由此，"忠诚于人民的教育事业，坚定正确的政治方向；遵循规律，为人师表；严谨治学，探求创新；热爱关心学生，保护学生的合法权益。"构成了师德的基本内容，是一个合格教师必须遵循的师德规范。

"志存高远、爱国敬业""为人师表、教书育人""严谨笃学、与时俱进"。是一个相互联系、相互贯通的整体。"志存高远、爱国敬业"，主要是对教师思想政治方面的规范。它要求教师热爱中国共产党，热爱社会主义祖国，热爱本职工作，忠诚于人民的教育事业，牢固确立在中国共产党领导下、走中国特色社会主义道路、实现中华民族伟大复兴的理想信念，以自己良好的思想政治素质、崇高的理想信念教育引导学生。

"为人师表、教书育人"，主要是对教师道德品质方面的规范。所有教师都要坚持教书与育人相结合。既当传授知识的"经师"，又做善于育人的"人师"。要坚持言教与身教相结合，既注重言教，又注重身教，既体现真理的育人功能，更突出人格的育人作用。教育无小事，教师无小节。教师的一言一行都应当成为学生学习的表率。"学为人师，行为世范"，这应当成为所有教师的座右铭。

"严谨笃学、与时俱进"，主要是对教师学识学风方面的规范、教师作为教育者必须先受教育，无论是科学文化还是思想道德方面都是如此。学生不断发展，教师必须不断进步，成为热爱学习、善于学习和终身学习的楷模。这里最关键的是求真务实、勇于创新、严谨自律的治学态度和学术精神、学术道德，并以良好的学识学风启发和影响学生。

## 三、新时期师德建设的反思

完善的师德规范只有通过有效的途径才能转化为教师的师德意识，进而成为教师的师德行为。新时期教师的思想观念趋向多元化、价值趋向多样化，学校的师德建设是一个塑造人格的系统工程，必须开辟新途径，探索新办法，创造新经验，从原则上、从战略上、内容上、方法上有新的突破，有所创新。

**（一）师德建设遵循的原则思考**

首先，要遵循政治首位原则。加强师德教育不能就道德论道德，而是要站在讲政治的高度，以战略的眼光来认识师德建设的重要性和紧迫性。这就必须扭转当前在师德建设中忽视和淡化政治的倾向，坚持以邓小平理论和"三个代表"重要思想指导师德建设的全过程。

高校师德建设坚持以人为本的原则，就必须充分调动教师在教书育人中的主动性、积极性、创造性，使广大教师树立共同理想，培养高尚的道德情操和敬业爱业的精神，成为学识渊博的人民教师，集社会公德家庭美德职业道德于一体的公民典范。

再次，要遵循贴近生活的原则。教师道德建设应注重实效，贴近教师的生活，反对空泛的脱离实际的空谈，要实事求是，从实际出发，关心、理解、体贴教师，将思想道德教育寓于做实事、办好事的实际活动中去，使师德建设落到实处。

最后，要遵循与时俱进的原则。由于师德具有明确的发展性、开拓性和典范性。因此，师德建设必须在继承中创新，在创新中发展，使师德建设充满生机和活力，以新型的师德风尚带动校风和社会风气。

**（二）师德建设的途径思考**

1. 注重自我高尚人格的塑造

师德建设要求教师在实践中，注重自我学习、自我修炼、自我约束、自我调控，做到活到老，学到老。学习政治理论，坚定理想信念，强化献身精神；学习教育理论，其次，要遵循以人为本的原则。教师道德建设的对象是教师，根本任务是提高教师的道德素质，着重点是教育人、培养人、引导人，不断提高人的素质。以人为本，体现了师德建设的内在规律。更新教育观念，遵循教育规律；学习专业知识，优化教学过程，提高教学效率；学习教育法规，增强法律意识，实行依法执教。

2. 运用人文环境塑造

崇高的思想行为和精神境界，往往与人文素养、学识深浅相关联。净化校园环境，营造高雅的校园人文氛围，调动教师学习和活动的积极性和参与性，分辨各种社会思潮，实施灵魂塑造工程。新时期的思想政治教育工作不能停留在口头上、会议里、文件中，应当贴近群众、贴近工作、贴近生活，由偏重灌输向注重渗透拓展，渗透到教学科研活动中，渗透到生活的各种领域中，渗透到丰富多彩的文化娱乐活动中，渗透到精神文明的创建中。寓教于知、寓教于乐、寓教于美、寓教于行，用知识开启心扉，使教师的思想境界始终处于时代的前沿。

### 3.运用科学制度的塑造

机制、制度、法制是对人进行制度塑造的三种主要形式，它们构成了一个系统，其中育人和用人是系统内的两个有机关系的阶段。育人为了用人，用人必须育人。在维护教师合法权益的基础上，要科学制定用人制度，确保人力资源得到最大化的开发和利用。机制既要有激励性，又要有约束性。学校的内部管理要有利于吸引和培养一批批优秀专家型人才，对于师德差、业务水平低、不适合当教师的人就请他们下岗和转岗。

### 4.运用先进典型的塑造

要加强对教师的舆论宣传，弘扬主旋律，大力宣传优秀教师、模范教师，特别是像吴玲、马祖光和陈学求等为中国教育事业奉献全部青春和心血的先进人物。宣传学习他们热爱祖国、热爱人民、忠诚于人民教育事业的崇高思想；学习他们关爱学生、教书育人、辛勤耕耘、无私奉献的高尚品德；学习他们鞠躬尽瘁、艰苦奋斗、勇于探索、开拓创新的敬业精神。正确处理好师德建设的几个关系，提升师德建设水平。一是继承与创新的关系，努力把师德凝练的传统文化与时代精神的结合起来，赋予师德新的内涵。二是师德与师能的关系，促进师德师能全面发展。三是自律和他律的关系。把师德教育与人文关怀和人本理念紧密结合起来，既对教师严格要求，又注意帮助教师解决实际困难。

### 5.开展做人民满意教师活动的塑造

开展做人民满意教师活动塑造，必须坚持以马列主义、毛泽东思想、邓小平理论和"三个代表"重要思想为指导，以《教师法》为依据，以人事制度改革为动力，以造就为人民服务、让人民满意的教师队伍为目标，力行师德规范，强化动力机制，优化制度环境。营造良好氛围，进一步调动广大教师教书育人的积极性和创造热情，推动教育的改革发展。过去行之有效的好传统、好方法要坚持，更重要的是要适应新情况，在内容、形式、方法、手段、机制等方面努力改进创新，特别要在增强时代感，加强针对性、实效性上下功夫，使师德建设更加贴近实际、贴近教师、贴近生活，使广大教师对师德规范和行为准则积极认同，入耳、入脑、入心，全面提高师德水平。

## 四、校园管理的反思

### （一）建立系统化思想政治教育保障机制

完善的保障机制是学校思想政治教育内容整体构建有效实现的组织保证。学校思想政治教育内容整体构建缺失的原因是多方面的，既有教育工作者自身整体性教育意识欠缺的影响，又有缺乏有效保障机制的制约。因此，学校思想政治教育内容要真正实现整体构建与有效衔接，光有教育者的主观努力，只希冀于增强思想政治教育者的整体性意识，提高思想政治教育者的工作素养是不够的，更重要的是要建立一整套科学规范的保障机制。

只有建立健全一套完善的思想政治教育内容体系整体构建保障机制，才能真正促使学校思想政治教育内容整体构建工作步入科学化和制度化轨道，也才能从根本意义上实现学校思想政治教育内容的整体构建。

第一，建立健全系统化的思想政治教育领导组织管理机制。思想政治教育领导管理是教育管理的重要组成部分，是依据党和国家有关要求，按照学生身心发展的基本规律和思想品德形成规律，组织协调思想政治教育实践，以使思想政治教育系统保持良好的机能状态，从而合理组织各种力量提高思想政治教育实效，完成思想政治教育目标和任务的有效手段。思想政治教育领导管理系统是整个思想政治教育工作的指挥和保证系统，是协调、组织、实施教育工作的核心和不可或缺的保障。虽然，学校思想政治教育系统化建设问题已经得到党和国家的政策性的确认，但是直到目前，学校思想政治教育的领导管理体制却并没有发生相应的根本变化，不论是宏观层面的整体性领导管理体制，还是微观层面的学校内部的领导管理体制，都尚处于一个相对分离的状态。这也是造成学校思想政治教育内容缺乏整体构建的重要原因之一。因此，当前，要有效实现学校思想政治教育内容体系的整体构建，首要的问题就是要实现思想政治教育领导管理体制的整体化。而且，这种整体化领导管理体制的建立，既包括宏观国家层面的，也包括微观学校层面的。

其一，建立健全宏观国家层面的整体化领导管理体制。教育主管部门是学校思想政治教育工作的直接管理者，是教育效果评估的领导者和承担者，是提高思想政治教育系统化的组织保证。但目前，由于教育体制的缘故，我国尚没有一个统一的思想政治教育领导管理机构，大学与中小学的思想政治教育工作还分属于不同的机构来管理——大学思想政治教育领导管理工作被划归为"思想政治工作司"负责，而中小学思想政治教育的领导管理工作则由"基础教育司"负责。由于政府职责划分和行政管理归属的差异，致使目前大中小学思想政治教育在组织实施、监督管理以及人员配置等诸多方面都从属于两个不同的教育集团。而这直接导致了原本为一个和谐统一整体的学校思想政治教育系统被人为地分裂开来，在实践过程中缺乏完整性、连续性的整体规划，并由此导致大中小学思想政治教育内容衔接整合问题没有得到应有的重视，更没有在实际工作中得到很好的贯彻和落实。当前，思想政治教育内容体系所出现的诸如内容简单重复、层次倒置、侧重点不明确及缺乏有效联系等一系列问题实际上都与思想政治教育领导管理体制的人为分离有直接关系。即使目前不少地方或学校之间已经创设了各类沟通与合作机制，但体制上先天的分割依然无法从根本上解决思想政治教育内容有效衔接的问题。因此，当前，要有效实现思想政治教育内容的整体构建，就首先需要教育主管部门厘顺当前学校思想政治教育工作的领导管理体制，打破原有教育体制的壁垒，站在"系统思想政治教育"的高度上来通盘规划，改变目前条块分割的组织管理局面，从而在组织管理层面上形成思想政治教育整体衔接的机制和保障，以使思想政治教育既在各自的教育阶段发挥功能，又从整体上保持其完整性、连续性及顺畅性。最好是建立一个统一的思想政治教育领导管理机构，统揽大中小学的思想政治教育工作，从而有效实现思想政治教育工作的统一部署，切实做到学校思想政治教育的通盘考虑、循序渐进，充分保证不同学段思想政治教育工作间的交流和对接。笔者建议，可以探索构建一个自上而下的思想政治教育领域到管理中枢系统，由教育部至各省市的教育行政部门建立由主管领导挂帅、各学校相关思想政治教育负责领导参加的思想政治教育工作委员会，有针对性地研究理论和实际问题，从而发挥宏观规划、政策统筹和工作协调等方面的重要作用，加强大中小学思想政治教育内容构建实施的协调。

其二，建立健全微观层面的学校内部领导管理体制。对于学校内部的思想政治教育领导管理体制问题，各级教育部门、学校都对此进行了诸多的探索，付出了不少的努力，如中小学实行了校长负责制，高校实行了党委领导下的校长负责制，等等，这些无疑使得学校的思想政治教育工作有了学校主要领导的直接负责。但即便如此，目前就多数学校的现实情况来看，依然是两个主管领导、两套工作班子和两种工作制度。而这种状况及其内含的违反系统逻辑的问题至今并没有得到根本性的改变。虽然为了改变这一问题，党和国家付出了较多的努力，但目前的多数做法还是学校思想政治品德课教学由分管教学的副校长领导，而日常思想政治教育工作则分属于分管德育工作的副书记或副校长负责。领导管理的人为分离，领导管理理念以及管理模式和套路的差别，必然造成两种思想政治教育形式无法形成有效配合的局面，甚至在很多时候出现相互抵触的问题发生。如在中小学阶段，囿于应试压力的影响，教学工作往往受到更多的重视，而思想政治教育工作则会被依照"说起来重要，做起来次要，忙起来不要"的态度所对待。当前，思想政治品德课程内容与日常思想政治教育内容体系缺乏整体构建与配合的问题实际上都与领导管理体制的人为分离有直接关系。因此，当前，要有效实现学校思想政治教育内容体系的整体构建，尤其是思想政治品德课程内容体系与日常思想政治教育内容体系的相互配合，就应当按照思想政治教育内容整体构建的客观要求，高度重视改革和创建学校内部的一体化思想政治教育领导管理体制。当然，要有效实现学校内部思想政治教育内容的整体性构建实施不能单纯依靠统一的领导体制，具体的教育实施者的作用也是不容忽视的，但这仍然无法否认学校领导体制的监督作用和引导价值。

第二，建立健全系统化的思想政治教育者交流沟通机制。有效实现学校思想政治教育内容的整体性构建，离不开整体性学校思想政治教育领导管理体制的建立，但企图单纯依靠统一化的领导管理体制显然也是不可取的，具体的教育实施者的作用也是不容忽视的重要因素。因此，在确保领导管理体制一体化之后，就需要在教育者的交流与互动沟通上下功夫、做文章。建立学校思想政治教育者的沟通交流机制，就是加强大中小学思想政治教育工作者以及教育研究者之间的合作与沟通，建立并完善学校思想政治教育衔接协作工作的交流渠道，使不同学段、不同途径的思想政治教育者建立经常性、制度化联系。建立健全大中小学思想政治教育者的经常性互动交流机制，是凸显教育者作为思想政治教育工作主体在实现思想政治教育内容整体构建过程中主体价值的有效渠道。学校思想政治教育者沟通交流机制的建立，不仅包括纵向不同学段间思想政治教育者沟通协作机制的建立，而且包括横向同一学段内部不同途径的思想政治教育者间沟通协作机制的建立。

其一，纵向沟通机制的建立。正如前文所述，目前各学段思想政治教育者对思想政治教育内容衔接的重要性还是有着比较清醒的认识的，但是由于缺少一个有效的沟通衔接渠道，导致长期以来不同学段的思想政治教育者基本处于一种"各自为政"的封闭状态，相互之间缺乏应有的交流与沟通。而这也成为学校思想政治教育内容缺少有效衔接的重要原因之一。而且，由于缺乏足够的交流与沟通，使得各级学校不是出于做好思想政治教育衔接的思考来做工作，而是陷于相互指责之中，而没有采取切实的方法来共同解决这个问题。因此，当前，必须建立健全一套完善的思想政治教育交流互动机制，探索不同学段思想政治教育者间相互交流沟通的有效渠道，以充分保证思想政治教育内容体系科学衔接的有效实现。笔者认为，加强大中小学思想政治教育队伍的纵向沟通协作机制可以着重从以下两个方面着眼：一是要建立学段间思想政治教育者定期磋商机制。各学段思想政治教育者就思想政治教育中的突出问题乃至突发性问题进行有针对性的定期磋商和联动，以增强应急反应和管理能力。目前类似于"全国优秀高中与高校衔接培养拔尖创新人才论坛""著名大学中学校长峰会"都是可取的尝试。但问题在于，目前这样的交流往往仅限于高层次领域，尚未扩展到全局范围，尤其是以一线教育工作者为主体的类似交流尚不多见。因而，加强类似于此的沟通渠道建设至关重要。二是要加强大中小学思想政治教育信息平台建设。信息平台建设的目的在于实现政治教育信息共享，从而使得大中小学各学段都能够及时相互通报学生的思想政治品德状态和思想政治教育实施情况，针对问题及时进行沟通分析和共同研判，找出解决对策。而且，笔者认为，最好是建立一个以网络为主的信息平台，以实现信息间的快捷传递和无限制交流。

其二，横向沟通机制的建立。与学校思想政治教育内容体系学段层次衔接缺失一样，学段内部思想政治品德课程内容与日常思想政治教育内容不能相互配合，各自为政、各行其是的现象也一直是长期以来严重妨碍学校思想政治教育内容整体构建的重要因素。那究竟为什么会长期存在"思想政治品德课程内容与日常思想政治教育内容整合缺失"的问题？当然，正如前文所指出的，这肯定与两支队伍缺乏整体意识和合作精神有关。但是若要问为什么会缺乏整体意识和合作精神，又当作何解释呢？是两支队伍的人们思想政治觉悟不高或工作责任心不强？显然不是。恰恰相反，"两张皮"问题之所以长期存在，根本的原因是没有整体意识来统摄思想政治教育全局，没有良好的沟通协作机制所造成的。因而，当前，实现思想政治品德课教师与日常思想政治教育者的协作沟通，从而切实保证两者在实施教育的过程中相互协调教育内容，是目前解决思想政治品德课程内容与日常思想政治教育内容缺乏整合问题的有效办法。

第三，建立健全系统化的思想政治教育科学评价机制。思想政治教育评价是思想政治教育全过程中的一个重要组成部分。评价具有监督和导向功能。在对思想政治教育的评价中，有什么样的评价标准，思想政治教育者就会向什么样的方向努力；有什么样的评价内容，思想政治教育者也就会注重什么方面的工作。因而，通过评价标准的引导，可以为教育者实施教育指明方向，引导其在教育过程中注意与其他学段、其他途径的思想政治教育内容间实现整体构建。长期以来，因为缺乏一个有效的思想政治教育衔接评价机制，使得学校思想政治教育实际运行过程中一直没有一个强有力的指挥棒来导向教育内容整体构建问题。虽然近几年来，随着党和国家对思想政治教育整体构建问题的重视，大中小学各层级的思想政治教育工作也越来越重视思想政治教育整体构建特别是思想政治教育内容整体构建问题，对于思想政治教育整体构建问题的考评也逐渐纳入到学校思想政治教育评价体系中，部分学校甚至已经开始探索思想政治教育整体构建评估的指标体系。但从目前的总体状况而言，这项工作还处在起步阶段，思想政治教育整体构建实施的质量评估还有很长一段路要走。因此，当前，我们要搞好学校思想政治教育内容体系整体构建工作，就必须建立一套完善的思想政治教育评估体系，将思想政治教育内容体系整体构建纳入思想政治教育评估标准之中，以希冀通过教育评价的监督功能和导向功能引导思想政治教育整体构建工作的真正落实与实施。

**（二）环境渗透的反思**

1.思想政治教育环境渗透及其特征

思想政治教育环境渗透是一个大系统，是由大大小小、各式各样的环境渗透要素构成的。思想政治教育环境渗透的特征就是思想政治教育环境渗透本身所具有的从根本上决定环境渗透的发生、发展与变化的属性。它是全面、正确地反映思想政治教育环境渗透系统并科学地预测这一环境渗透系统运动变化方向的基础。研究思想政治教育环境渗透的特征，有利于更好地了解和把握思想政治教育环境渗透的内部结构，从而使人们能更好地利用环境渗透的影响，增强思想政治教育活动的实际效果。

第一，思想政治教育环境渗透导向性。导向指使事情向某个方面发展，指所引导的方向。思想政治教育环境渗透的导向性，体现了思想政治教育的阶级归属。自有阶级以来，便有建立在一定经济基础之上，体现统治阶级利益、意志和需要的意识形态思想。统治阶级的思想在任何时刻都表达着社会一定阶级、利益集团的利益和政治要求，其性质和功能与统治阶级的处境和历史地位紧密关联。马克思深刻地指出："统治阶级的思想在每一时代都是占统治地位的思想。这就是说，一个阶级是社会上占统治地位的物质力量，同时也是社会上占统治地位的精神力量。"任何一个阶级的统治不仅需要相应的物质基础，而且需要将本阶级的思想、观念等转化成为全社会普遍接受的公共文化和意识形态，以此来稳固本阶级的政治统治，这就是说，任何一个国家的统治阶级，为了巩固其政治统治，都要竭力维护和发展其占统治地位的意识形态。"不仅是社会主义国家，世界上任何一个国家的统治阶级为了巩固其政治统治，都要竭力维护和发展其占统治地位的意识形态。从宏观的国家思想、法律、社会意识，到微观的个人思想与行为，都要受到本阶级的直接或间接的影响。"思想政治教育这一社会实践活动，就是一定的阶级或集团，为实现一定的政治目的，有目的地对人们施加意识形态的影响，以期转变人们的思想，进而指导人们行动的社会行为。"思想政治教育的阶级性决定了思想政治教育环境渗透的具有导向性的特征。环境渗透的内容和因素要与特定阶级相一致，这种阶级性决定了思想政治教育环境渗透的基本内涵和价值倾向性，并影响环境渗透的各因素的发展变化。外界环境中任何要素的变化，都必然会在思想政治教育活动中得到反映。随着外界环境的变化，思想政治教育调整目标、选择内容、采取措施。相应的，思想政治教育环境渗透中就应该随着思想政治教育的改变而输入反映相应改变的信息，强化人们的认知，影响着人们的行为。

第二，思想政治教育环境渗透隐匿性。人的心理过程是由认识过程、情感过程、意志过程三者有机组成的。当人们处于清醒状态时，每时每刻总在感知他周围的环境，对客观事物有一定的内心体验，并根据自身的需要采取相应的行动。以往思想政治教育突出传承性，倾向于统一的教育要求和评估标准，单一的教育内容和教育进度，模式化的教育格局和教育方式，等等。目前这种模式已经不能适应社会主义市场经济、信息社会发展的要求。现代环境中人流、物流、信息流十分活跃，人与环境的思想互动比过去任何时代都更加凸显。信息对人的思想影响是非自觉的、无目的的，是一种自发性存在，是在不知不觉、随时随地中产生的。这种影响是不规则的、非定向性的。在时空上不存在恒定性，在因果上也没有必然性，往往是通过人的直觉与感性发生作用的。"信息社会，社会思想信息的多源性导致受体思想接受具有多源性、多向性、跨时空性的指向特点。他们的思想接受要作多向度的追求，他们的思想弃取要经过多源性的验证，他们的开放性心理扩大了他们的思想空间，放大了他们的思想容量，放大了他们对思想差异的宽容度。同时由于受体主体性意识强化，在其思想接受过程中，往往有很强的联想跨度和求异性追求。"环境中的信息对人的影响作用是泛化存在，不仅存在于人的生活方式、生存方式，而且在人的思想、情绪、心理、习性等多方面都产生影响。有人能意识到的，也有人未能意识到这种影响，有被动接受环境影响的，也有人是在与环境的互动中受影响的。这种影响常常是潜在的、隐形的、一点一滴的，是产生于人的直觉而非理性。人的思想具有渐变性，这种渐变是人的思想的常在、基本状态，表现为思想变化的缓慢性、稳定性、持续性，是一种静悄悄的变化、有序性的变化、差异性的变化。思想政治教育环境渗透在空间上是开放的，可以使思想政治教育信息多端进入，涵盖了人的日常生活和非日常生活，人的知、情、意、信、行、学习、工作、生活等，都可以是思想政治教育环境渗透的起点，无一定之规，各有不同适应性，"渗透"无时不有，无所不在、无孔不入，思想政治教育信息在主体生活的过程中不知不觉地通过有形的、无形的，客观存在的，复杂多变的环境刺激，日积月累就会由量变到质变，出现情感的升华，政治思想认识的升华。一个人若生活在理性平和、积极进步、和谐向上的社会环境中就会使这个人受到强烈的感染，受到高尚道德情操的熏陶，从而养成积极健康的思想品德，促进个体身心健康发展。反之，不良的思想政治教育环境则会使人受到消极的影响，削弱甚至抵消思想政治教育的功效，人们就难以形成良好的思想品德。思想政治教育环境渗透对人的思想政治品德、价值观的影响不是靠强制手段来实现的，在很大程度上已不具备其形式化特征。思想政治教育环境渗透已成为一种"隐性"行为，具有强烈的隐匿性的特征。

第三，思想政治教育环境渗透整合性。整合就是将零散的东西通过某种方式组合在一起，从而实现信息系统的资源共享和协同工作，并最终形成合目的的、有价值、有效率的一个整体。思想政治教育历来是对人们思想意识、观念形态整合的工具之一。按照辩证唯物主义的观点，任何事物都是对立统一的矛盾体。思想政治教育环境渗透同样是一个统一的矛盾体，其内部结构复杂，组成要素繁多，但在整体上表现为统一的境况或氛围，具有整合性的特征。随着时代的发展，思想政治教育环境渗透的信息日益丰富多彩，加大了人们对其选择的广度和深度。

思想政治教育环境渗透必须进行整体性的统一协调，才能使其处于一种良性运行状态，保证思想政治教育目标的实现。思想政治教育环境渗透整合性体现在系统内诸要素、各部分的相互制约和相互协调两方面。首先，体现在相互制约上。思想政治教育环境渗透系统内部诸要素、各部分之间相互联系，呈现出纵横交错的格局。构成思想政治教育环境渗透系统的诸要素、各部分虽然在理论上、形式上按照不同的属性或不同的作用范围等区分标准可以划分出不同部分、不同类型的子系统。这些子系统看似独立，实际上又是由一根红线连接在一起的，是以人为核心、以人的活动范围及群体隶属关系为红线来进行排列与分类的。如政治生活环境、文化生活环境、社会生活环境、生态生活环境等离不开经济生活环境，而经济生活环境又受到政治生活、文化生活、社会生活、生态生活等环境的制约。即使在一个日常交往环境渗透子系统中，各种环境渗透因素都不是孤立的、独立存在的，而是相互影响、相互作用、密不可分的。如人际交往环境也会因为生产力的发展，物质条件的丰富而使人的社会交往不断超越时空范围的限制。

2.思想政治教育环境渗透的具体实践路径思考

思想政治教育环境渗透是一种社会精神生产活动，它的实现路径是思想政治教育信息流变的综合组织形式，"使用那些直接感觉和知觉的材料"，使本质上超出全部感觉领域的精神内容被翻译成为可感觉的形式，成为看得见、听得见、摸得着的东西，思想政治教育信息只有被人们所需要才能被选择、吸纳，进而接受、认同，才会对思想政治教育活动产生影响。任何人如果不同时为了自己的某种需要和为了这种需要的器官而做事，他就什么也不能做，他们的需要即他们的本性。需要是主体一切活动的源泉、动力和目的。需要是人对实践对象的依赖，各种层次的需要都不会自发地得到满足，而必须通过人的自觉活动追求才能得到满足。人的思想是在其所从事的各项实践活动中形成和发展起来的，是在人与对象世界的相互联系和相互作用中形成和建立起来的，并通过其对社会基本形式、社会交往中的品德表现而体现出来。思想政治教育环境渗透作为一种社会精神生产活动，从思想引领、舆论助力、校园文化指引三个方面来思考其实现路径，这三个方面不是单一发挥作用的，而是相互联系、相互制约、共同作用，通过主体在实践活动中将选择的信息在现实环境中进行确证，从而使信息有目的地作用于主体的建构活动和功能再现过程之中，使其获得强化或消解，实现主体对思想政治教育信息资源的整合、利用和认同。

第一，思想引领：社会主义核心价值体系领环境渗透的方向。社会主义核心价值体系是党的十六届六中全会提出的一个重大命题。社会主义核心价值体系包括马克思主义思想、中国特色社会主义共同理想、以爱国主义为核心的民族精神和以改革创新为核心的时代精神，以"八荣八耻"为主要内容的社会主义荣辱观四个方面的基本内容。社会主义核心价值体系作为党在思想文化建设上的一个重大理论创新，在我国社会价值体系中居于核心地位，发挥着主导作用，决定着整个价值体系的基本特征和基本方向。党的十八大报告在阐述加强社会主义核心价值体系建设时，更进一步地对社会主义核心价值体系从三个层面提炼和概括，提出了社会主义核心价值观，即国家层面的"富强、民主、文明、和谐"，社会层面的"自由、平等、公正、法治"，公民个人层面的"爱国、敬业、诚信、友善"，涵盖了从宏观到微观，不同群体和阶层的适用性。因此，在全球化和社会转型的双重视野下，要实现思想政治教育环境渗透，就必须坚持以社会主义核心价值体系对生活的引领，才能把握住环境渗透的方向性，才能在生活中实现马克思主义的时代化、大众化、民族化的过程中，自觉抵制大众文化中的消极颓废庸俗化的倾向。

　　第二，舆论助力：校园传播媒介凝聚环境渗透的正能量。舆论是社会中相当数量的人对于一个特定话题所表达的个人观点、态度和信念的集合体。新闻传播工具在反映舆论和形成、引导舆论过程中有很大作用。在当前错综复杂的国际形势下，在全面建成小康社会的国内工作大局面前，形成积极向上的社会舆论是动员、组织和团结最广泛的社会力量，发展中国特色社会主义的重要思想保障。高校更要借助各种传播媒介为学生传递社会主义核心价值观为基础的正能量。

　　第三，文化支撑：校园精神文化丰富环境渗透的形态。文化是一个包括从社会习俗、社会心理、思维方式、社会意识形态到价值观念体系的复杂结构，人是文明与文化的最终目的，文化则是人与文明的丰富内容与存在方式，人及其文明的丰富性、多样性和整体性，都是以文化的方式形成和存在的。校园文化是由校园的符号和语言、价值观、规范、物质产品等因素构成，其中，价值观是文化的核心，具体化的规范是文化的表现形式。文化是思想的载体，人们是通过文化的交流进行思想政治的宣传和教育的。提高全民族的思想道德素质和科学文化素质，形成健康向上的精神状态和社会风气，既是发展先进文化的根本要求，也是新时期党的思想政治工作的根本任务。……从一定意义上说，思想政治工作就是运用先进文化去教育人和影响人，在思想政治观点层面上逐步消除分歧和隔阂，在校园文化认可之中接受并遵循正确的价值观念和理想信念。党的十八大报告指出："文化是民族的血脉，是人民的精神家园"。校园文化生活是体现校园生活的一个重要方面，是校园的精髓所在。借助校园文化的渗透进行思想政治的间接教育是高校思想政治教育的重要途径之一。

# 第八章 高校思想政治教育教学改革实践探索

思政课教学存在诸多现象级问题，有其成因，也有指向——标示着思政课教学质量存在一定的问题。根据本研究质性检验和量化评价的结论判断，上述现象级问题所标示的思政课教学质量问题的确存在，在不同领域程度不同，要解决这些问题，提升思政课教学质量，就必须系统推进思政课教学改革。

本研究选取课程评价视角的价值意义在于，课程评价可以诊断和改进供需双方问题，以实现课程均衡价值，主要的路径是通过对教学的现象级问题分析，通过质性研究验证研究假设，即供需失衡是学生怠学的主要因素、组织创新不力是教学互动不佳的主要因素、运用失活是教学方法效果不佳的主要因素、评价不力是学习成效不彰的主要因素、队伍建设不力是教学倦怠的主要因素、条件支撑不力是教学保障不到位的主要因素，这些现象级问题既是教学改革的必要所在，又是推进改革的切入点。

本研究通过质性访谈和量化评价，对思政课的整体教学情况进行了充分的研究，形成了比较客观、准确的判断：一是思政课教学在回应时代环境变化、回应课堂教学变化和回应教学对象变化等方面存在诸多不足；二是部分人口统计学因素使学生对思政课教学质量评价方面出现显著差异，非人口统计学因素对思政课教学质量影响显著；三是思政课教学质量总体有待提高，通过学生视角的量化评价分析了人口统计学因素、价值认知与目标、教学内容与方法、教学互动与组织、学习投入与支持和学习成效与评价等六个因素对教学质量的影响程度各有不同且呈现一定差异，质性评价还认为教师队伍建设、教学服务保障等因素对思政课教学质量影响显著。

由前文论述可知，各种现象级问题标示着思政课教学质量不佳，两者具有一致性。研究认为，造成各种现象级问题的成因，与造成思政课教学质量不佳的成因互相印证、相互影响，在质性访谈中，不少教师对此深表认同。即要解决现象级问题，必须针对其关键成因进行剖析、设计解决对策，在推进这些改革对策的同时，一方面现象级问题得以解决，另一方面影响质量提升的关键因素也得以缓解或者解决，进而推动思政课教学质量提升，这就为开展思政课教学改革提供了重要依据。

鉴于质性和量化研究的结论相应，为使研究更加聚焦，根据前文的论证分析，本研究将上述八个领域进行进一步提炼、凝聚，归纳为教学设计、教学互动、教学方法、教学评价、教学团队、教学条件等六个领域。

具体而言，本研究在前文质性研究、实证评价和论证推进的基础上，按照有关结论和理论指导，提出基于学生需求开展教学设计、瞄准教学过程加强教学互动、依循传统基础革新教学方法、遵照学习投入鼎新教学评价、始于教学实践建设教师团队、依照教学需求改善教学条件等六个方面的改革举措。改革对策对部分领域和问题进行了一定的重组，虽未与质性和量化结论一一对应，但基本将两者统一于改革实践，为后期开展系统性的教学改革奠定建设基础，提供可靠依据（图8-1）。

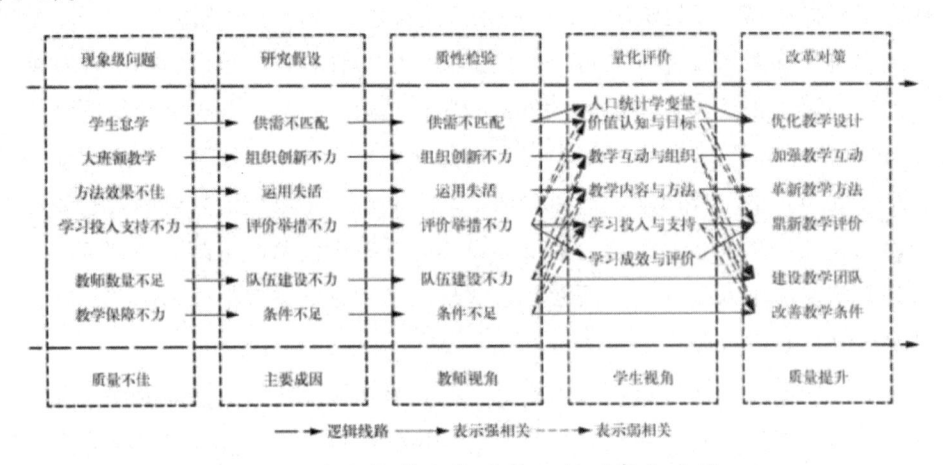

图 8-1 思政课教学改革对策研制逻辑线路图

一要基于学生需求开展教学设计。要解决学生怠学的现象级问题，必须推动供需匹配，实现供需均衡，高校应该运用课程评价技术诊断需求、改进供给，改革教学设计推动供需均衡实现。供需不匹配是学生怠学的关键因素，解决供需不匹配问题，必将大大改善学生怠学问题，进而推动思政课教学质量提升。

二要瞄准教学过程加强教学互动。要解决大班额教学质量不佳的现象级问题，必须推动组织创新，进而推进教学互动改革，在组织与技术创新运用的双重作用下，大班额教学等现象级问题得以破解。大班额教学质量不佳问题得到破解后，思政课教学的普遍梗阻点得以疏通，进而推动思政课教学质量提升。

三要依循传统基础革新教学方法。要解决方法运用失活的现象级问题，就必须实现方法与内容的匹配运用和灵活运用，守正和创新是实现这一目标的关键举措，即通过守正和创新推动方法改革。通过守正和创新的兼容并蓄，思政课教学方法效能得以激活，该现象级问题得以充分缓解，进而推动思政课教学质量提升。

四要遵照学习投入鼎新教学评价。要解决学生学习成效不显的现象级问题，就必须弄清楚学生的学习动力机制，并给予针对性的评价激励，通过改革教学评价模式，引导学生学习投入和激发积极性。遵照学生学习投入影响要素，借力评价引领激励，激发学生学习积极性，彰显学习成效，进而推动思政课教学质量提升。

五要始于教学实践建设教师团队。要解决教师数量不足的现象级问题，就必须推动师资队伍的数量、结构、能力等方面的建设与重构，以应对教师海量教学任务、知识能力恐慌等引发的职业倦怠问题。依靠数量增加、培养培训、优化结构，提升能力素养解决团队本领恐慌，则可助力缓解教师职业倦怠，进而推动思政课教学质量提升。

六要依照教学需求改善教学条件。要解决教学条件支撑不力的普遍问题，就必须解决教学投入、加强教学设施建设、构筑教学支撑政策体系等，这就必须加强教学保障体系建设，形成比较完善的教学支持条件。通过政策投入等各项服务与保障措施的落地，教学条件支撑会得到大大缓解，为推动思政课教学质量提升。

## 第一节　需求与供给：基于学生需求优化教学设计

课程评价的诊断功能可以发现课程教学问题、学生学习需求问题，找准这些问题的核心，对于分析成因、研究对策具有很强的借鉴意义。从前文分析的教学理论流派来看，有人本主义和建构主义的思想可以在当前的教学设计中借鉴使用，即坚持以学生为本，坚持需求导向，运用一定的教学设计进行顶层构建，为学生学习构建一个相对匹配的知识体系。同时，教学设计是教学改革的先导，必须在设计阶段就充分参照的本位论思想，将人本位、知识本位和社会本位引入思政课教学改革，在设计阶段中，将需求供给的匹配均衡作为贯彻本位论思想的重要方式。在问题领域，学生学习需求与教师教学供给始终是一个焦点问题。

供需匹配问题涉及因素较多，从图8-1来看，涉及人口统计学因素和课程价值认知与目标达成，应该通过优化教学设计来解决因供需不匹配而引发的学生怠学的现象级问题。从图8-2来看，需求供给不匹配是造成思政课教学出现现象级问题的主要原因之一，课程评价是诊断、改进供需、确证现象级问题的重要路径。在实证研究中，学生对课程价值认知和目标达成维度的评价平均分居于五大因素的第二位，足见学生对思政课的价值认可及目标追求的重视。同时也指出了思政课教学改革的重要方向，即围绕提升学生价值认知和目标达成来开展教学实践，这其中需求的满足就成为关键内涵，没有需求的满足，价值认知无法提升、目标无法有效达成。

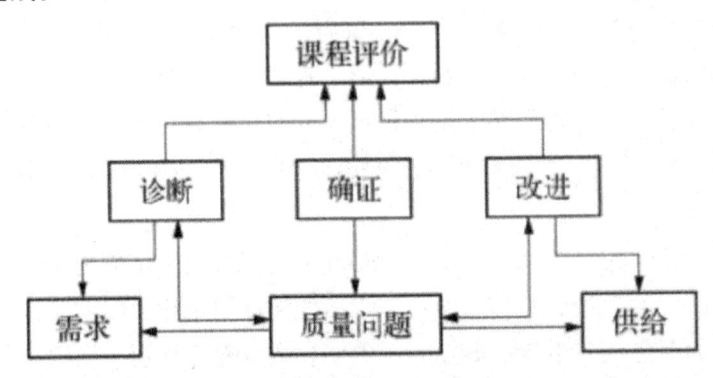

图 8-2 课程评价视角下的供需匹配

供需理论既强调需求，也强调供给，要求供需平衡以实现课程均衡价值。思政课教学的供需是指导教学设计改革的关键。首先要明确供需的价值导向。坚持人本位，学生成才是大学题中应有之义，人才培养应以学生成才为本。因此要特别关注学生的人口统计学因素，加强对象研究，注重需求导向，要"以学生为中心"，以满足学生需求为目标。其次要实现供需主体间的教学连接。坚持知识本位，师生之间互为主客体，各为供需主体，知识是重要的载体，要实现供需平衡，就必须通过知识将供需主体连接一体，达到平衡。只有以供需理论为指导，以学生为中心，突出需求导向，力求均衡价值，推动思政课教学设计改革，才能实现优质教学。

根据前文研究结果，在人本主义和建构主义理论的指导下，通过融合人本位、知识本位和社会本位的关照，协同供给需求，实现课程均衡价值是学生悦学的重要法宝，是提升思政课教学质量的重要前提。协同供需必先明晰供需，一方面解决"供"出优质的"输出"，另一方面可以解决"需"的"输入"。因此，在开展思政课教学改革设计之前，必须了解各方面的"供"与"需"。

## 一、供需理论的价值导向

思政课教学应该积极关注供需均衡，具体包括三个方面：一是关注学生学习情况与学习需求，二是关注教师教学供给，三是关注师生供需匹配均衡。这三个方面有一个共同的价值导向，即"需求导向"。基于需求导向，思政课教师更加积极地研究学生需求，更加致力于解决学生怠学的症结，开展深度的教学研究与设计，将学生需求与教学供给结合起来，寻找需求与供给的均衡价值。在这个逻辑链条中，一要加强对象研究、分析对象需求；二要研究课程教学内容供给；三要针对需求与供给开展教学设计。

### (一) 加强对象及其需求研究

当代大学生有几个显著的特征标签，人口统计变量方面有年龄逐渐以"00后"为主，越来越个性化，学习背景因高考分科而各有不同，家庭经济与文化存在普遍差异，此外还因人格因素，例如性格因素、兴趣因素而有别。不同的人群对于思政课学习的价值判断略有不同，以致影响其学习需求与追求。因此要开展对象研究、分析对象需求并借以推动思政课教学设计改革。

1.开展对象研究

根据调研和课程评价结果，学生性别、年级、学科专业、家庭经济条件等人口统计学因素对学生思政课教学质量评价存在显著差异。以社会学为视角的院校理论，认为学生的背景信息，包括家庭背景、种族、性别、入学前的经历和专业都会直接影响到学生的学习结果和退学的情况。这与本研究判断一致。当前大学生群体正处于代际更迭时期，原先的"95后"群体逐渐更迭为"00后"群体。以"00后""大学生"两个关键词在中国知网"篇名"栏中检索仅得29篇文献，其中核心期刊或者CSSCI来源期刊文献更少，这说明学界对"00后"大学生研究显著不足。对于即将成为大学生主力军的"00后"而言，这种被重视的程度和"待遇"与其地位形成鲜明对比。高校思政课教师要加强该群体的对象研究既是对学生群体的尊重，也是开展教学设计的必要前提。研究应该注重以下三个方面：

一要关注"00后"的整体特征。他们成长于经济高速发展、互联网络普及的信息时代，他们是中国改革开放成果的"既得利益者"，也是互联网科技发展的"网络原住民"。不管家住城市、乡镇、农村，家庭经济水平都远胜于父辈，基本实现小康。不管学校在东部、中西部、东北部，互联网都基本覆盖。与此同时，"00后"大学生还更乐意于表达自我，愿意分享观点，享受互动。

二要关注"00后"的分类特征。根据调查结论，以学科专业背景为代表的认知基础和取向不同对学生价值认知和目标追求影响差异显著。"00后"大学生有很强的类别属性，比如，高考分科考试，有学生选考政治、有学生没考政治，这对于进入大学生的思政课学习影响显著。选考政治的学生对政治理论、政治文化、政治案例、政治实践都比较了解，长期的学习训练使其形成了比较清晰的政治逻辑思维和判断能力。未选考政治的学生多数在高中会考之后就不再进行政治学习，而把精力投入到其他课程的学习之中，政治理论、政治文化、政治案例、政治实践等知识掌握和实践能力都显著落后于选考政治的学生。显然开展分类教学会更适应不同类别学生的实际情况和需求。再比如成绩好坏，有学生在意成绩好坏，或者因为成绩好（主要还是因为对自己学习要求高而努力学习，成绩总体优于其他学生）而更期望每门课的成绩都能好些，以期获得更高的绩点而重视每门课的学习，专业课、思政课都被此类学生列入重要课程之中。有的学生成绩差，学习能力、学习态度都存在这样那样的问题，"主课"都顾不过来，思政课就更加容易被忽视。这就造成了一个重要的现象，总体成绩好的学生思政课学习成绩总体优于总体成绩不好的学生。

三要研究"00后"的认知背景。根据调研结论，学生专业学习背景、年级、经济条件等对学生价值认知和目标追求影响显著。高招等因素对学生学习背景影响最为显著。首先，高招对高校学生群体产生两大影响。一是招生模式变革加大了学生能力差异。以前高招按照"先高校后专业"的模式招生，学生成绩的整体区分度不大，学生学习能力水平差异相对不大。新高考改革试行之后，不少地区按照"平行志愿、专业大类"的模式招生，这很容易出现学生成绩的区分度加大，学习能力水平差异性加大的情况。二是考试科目变化加强了学生认知差异。以前高招以文理两大类招生为主，文科生考"语数外+政史"，理科生考"语数外+物化"，学生知识背景差异主要体现在政史、物化科目上，学生群体主要被分为文科生、理科生两类，这使得大学思政课堂的教育对象相对简单。当前不少省市高招采用"3+3"模式的招生，前一个"3"主要是语数外，后一个"3"则是从化学、物理、生物、地理、政治和历史这6门学科中选择3门进行考试，学生考试科目差异加大，势必造成认知背景差异变大，教育教学难度陡增。其次，家庭经济环境会显著影响学生认知水平。家庭经济条件好的学生，普遍会有更加丰富的学习机会和平台，眼界更加开阔，综合素养相对较高；家庭经济条件差的学生，经济因素对学习的制约作用显著，除学校基础学习外，校外辅导班、专业学习班、兴趣班以及各类拓宽视野的平台相对较少，认知提升的效能相对较低。这也会导致课堂教学过程中学生互动和反应不一的情况，并不是说学生见解不一，而是视野不一样，是"0"和"1"的差别，不是"1"和"2"的差别。最后，性别因素会直接影响学生思维方式。男女有性别差异，核心是思维方式的差异，男大学生思维偏于逻辑和线性思维，女大学生偏于想象和感性思维，对同一知识点的理解男女可能会有不一样的结果，要避免知识和理论理解的分歧就必须加强教育引导，细化教学设计、实施分类教学。

2.加强对象需求研究

在充分研究思政课教学对象的基础上，要进一步研究对象的需求，以便开展针对性的教学设计。在"00后"大学生逐渐成为思政课教学主要对象的背景下，关注"00后"的需求就越发重要。从实际的教学实践中，不少教师提出"95后""00后"大学生的需求正在发生一些变化。主要表现在，"00后"大学生更加喜欢表达，因此更需要课堂表现机会；"00后"大学生更加喜欢认同，因此更需要加强激励认可；"00后"大学生更加需要融通，因此更需要优质分享。

激励是很多课堂教学经常使用的手段之一，如果运用得当，则会很好地刺激学生学习参与、投入的积极性。对于"95后""00后"大学生而言，他们越来越需要被激励，他们喜欢在课堂上发表自己的观点，尽管不一定很成熟，但表达出来就是一种进步，获得表达机会也是一种认同。因此，思政课教师要积极创造一些互动机会，引导学生参与课堂互动，并通过激励和认可等方式增强学生的自我认同感。同时，在表达、分享的基础上，要进一步引导融通，"00后"大学生的认知结构是模块化的，他们从小接受各种培训机构培训，单门课程的知识深度明显强于"90后"和"95后"，但知识之间的融通性不够，在课堂教学中应该有意识地加强不同学科领域的知识融通，这样更能激发"00后"大学生的求知动力。思政课是综合性课程，内容涉猎颇多，有条件采集更多的学科知识优化本课程教学供给和供需匹配，进而推动思政课教学质量提升。

**（二）优化课程内容供给**

供给侧改革的主要指向是提高教学质量，推动课程内容供给是关键。教学是一个教与学的双向互动过程，内容供给是"教"的任务，主导者是教师。教师要根据教材、教学要求、教学目标和教学计划开展教学设计，确定教学供给内容、供给形式和供给组织。思政课教材为国家统编教材，内容规定要求高、创新空间相对较小，故在本研究中未将该部分作为研究主体部分。

1.加强供给内容改革

当前，思政课教学内容存在"产能过剩"情况，主要体现在三个方面：一是思政课课程内容与高中阶段政治课内容重复性较多，具体包括经济常识、政治常识、哲学常识以及相关基础理论。二是思政课程之间的内容重复情况也存在，比如"纲要"与"概论"的课程内容存在不少的重复性。三是思政课程与其他选修课程之间也存在或多或少的重复性，比如一些历史类课程、政治类课程与思政课的内容重叠度较高。"产能过剩"导致的直接后果就是教学供给处于低质量徘徊，重复性高、新鲜感低导致学生兴趣索然，实效性肯定会差。要加强供给内容改革，首先要改革教学体系，即教材体系转变为教学体系，教材的内容相对固定、经典，但时效性略显不足，教学中可以秉持教材体系的严密逻辑、辅以教学体系的灵活表达，将理论、案例、实践有机结合起来，形成新的教学内容供给。其次要创新教学内容产品，从供给侧改革视角看课程教学改革，内容是关键，优化内容质量、提高内容针对性和实效性，从需求角度看，学生更加喜欢融通式的知识体系，思政课内容供给可以更加关注各个学科的思政育人内涵，充分挖掘各个学科的思想、政治、道德、心理、法治教育内容内涵，运用案例教学、精品课程等热点资讯，打造一个个教学产品，最终形成学生喜闻乐见的教学内容。最后要加强有效内容供给，即内容供给要有针对性，要加强学生需求的排摸和研究，对学生整体的动态、静态情况要有所掌握，及时回应学生关切和需求，尤其是社会热点、校园热点以及其他学生关注的事件，在教学中要有适当呼应、给予正确引导。同时内容供给还需要注重引领性与教育性的结合，即在关注学生需求的同时，推动教育的根本任务落实、落地。要强化理论自觉、树立理论自信、抢占理论制高点，锻造思想产品的核心竞争力。将学生需求与教育任务相结合，推动两者和谐统一，这样才能实现思政课教育教学内容供给恰到好处，适应并满足发展需求。

2.加强供给形式改革

思政课教育供给形式多种多样，过去许多年来，思政课一线教师、科研工作者都在试图运用各种教学方法丰富和发展供给形式，探索出不少新的、行之有效的教学方法和教学形式，但随着教育内外部环境的变化和发展，教学对象的不断更迭，对供给形式提出了新的更高的要求。思想政治教育的对象是人，所解的是人的思想问题，而大学生的思想是复杂多变的，如果高校思想政治教学形式和方法不能够适应大学生思想政治教育的需要和变化，必然会影响思想政治理论课的教学效果。因此，加强供给形式的改革成为一种必须。一是要加强教学方法的创新。创新永无止境，创新的魅力在于可以将固化的内容穿上新衣，增强内容的吸引力、强化内容的互动性、增强学习的趣味性。教育方法的综合化和教学形式的多样化是供给形式改革的重要内容，综合化在于思政课教育教学方法要综合运用心理学、社会学和哲学等多学科的方法，多样化在于思政课教学要灵活运用案例教学、探究式教学、沙龙式教学、参与式教学等多种教学方法和形式。二是要加强新技术的运用。以大数据和移动网络为代表的新技术的运用是一种时尚，更是一种教育发展趋势。大数据可以更好、更快地发现大学生的兴趣点、学习需求以及困惑处，移动网络可以帮助师生搭建更好更快的沟通渠道，助力问题的解决和教学的推进。大数据和移动网络的推进运用，是教育工具现代化、教育载体信息化的重要体现。使用大数据和移动网络技术也有些问题需要注意，一方面要注意师生的现实互动性，不能陷于工具主义无法自拔；另一方面注意保护学生隐私，趋利避害。三是要加强教学方法的灵活恰当运用。供给形式变革并不是一味强调教学方法创新，传统教学方法并不是一无是处。供给形式变革的主要目的是提高教学质量。因此要充分、灵活运用传统的教学方法，使其能够在部分教学过程、教学阶段发挥理想作用。守正与创新相结合，灵活恰当使用教学方法，才是关键所在。

3.加强供给组织改革

组织是管理学中非常重要的概念，是指一定的结构方式。具体到教学供给组织而言，从班额规模区分，有大班、中班、小班、小组、个人等不同规模的供给组织；从供给关系区分，有师生直接互动供给、师生间接互动供给和生生互动供给三种；从供给组织模式上分，有课程班、建制班、项目班等多种供给组织模式。加强供给组织改革，核心是提高组织效能，并以组织效能提高教学质量。针对当前供给组织存在的种种弊端和问题，供给组织改革主要应针对大班化、混合化等问题加以研究改进。一是大力推进小班额教学。大班额教学与小班额教学组织效能差异显著，大班额容易陷入僵化、低质化怪圈，小班额可以做出更多的教学组织尝试、方法运用以及内容深化。比如，小班额教学可以拉近师生距离，增加学生表达机会，提高课堂参与度和存在感，还可以开展精细化教学，找准每个学生的需求和特点，有针对性地开展教学指导。二是改变混合选课模式。混合选课模式容易将不同认知背景、认知基础、认知路径的学生混合到同一个课程班中，增大了课程教学的难度，不利于课程实效的提升。要尽可能地将同样学科专业背景的学生组合在一起上思政课，这种组合可以是同一专业建制的，也可以是同一学科混选的，还可以是高考有相近学习背景的学生。这样学生能够拥有更多的共识基础、更大的互动可能，教学组织效能自然更高。三是线上与线下相结合。经过多年的发展，线上课程已经成为广受大学生青睐的教学组织形式，具有灵活性、随机性的特点，方便学生随时随地开展学习。线下课程更加传统，更加直接，师生、生生直接发生互动，效果要比通过网络平台发生间接活动要更加准确、高效。因此线上、线下相结合，发挥两种教育模式的优势推动教学组织变革是未来的一种方向。

**（三）匹配需求与供给设计教学**

需求导向和供给侧改革都是推进教学改革的重要手段和思路，一个是从学习端，一个是从教学端；一个主体是学生，一个主体是教师。两种改革思路和模式各有优点也各有劣势，要想持续、高效、高质量地实现思政课教学，必须将两种改革思路合二为一，通过系统、专业、高效的教学设计，使需求供给达到平衡、高频互动，才能在满足学生需求的同时，解决学生怠学的根本问题，发挥供给的最大效能。

1.加强教学设计的系统性

系统论作为一种认识复杂事物的综合性思维方式，它侧重于强调事物的整体化、综合化和最优化特征。教学系统内，教学主体、教学组织与技术、教学内容与方法、教学设施与条件等各教学要素之间存在很强的关联性，需要从系统论视角来加强教学设计，形成育人合力。一要加强各教学要素的关联性。这种关联性的核心是教育内容，以教学对象为中心、以教学内容为主线，将教学组织、教学方法、教学设施等要素连接起来，形成一个教育链条。二要加强教学要素的互动性。在强关联性的基础上，加强教学要素间的互动，可以增强教学内容的传递效果，拉近教学主体之间的距离，推动需求与供给走向均衡，形成更好的教育共识。三要加强教学要素的目标一致性。要素之间协同、一致是实现教学组织目标的重要前提，师生目标一致，设施支撑力强，组织运行高效，方法运用得当，各要素均围绕核心目标、支撑核心目标。强调教学要素的关联性、互动性和目标一致性，目的就是要强调整个思政课的整体化、综合化，并寻求课程教学质量最优化。

2.提高教学设计的专业度

教学设计的专业度主要指向是要将教学设计推向更高层次的专业化水平，主要方式是通过顶层设计来推动各个教学环节、过程和主体之间的协同、联动，加强教学设计、教学互动、教学方法、教学评价、教学团队、教学条件与教学内容之间的联动，彼此适度、前后适应、互相支撑，指导形成一套专业的教学体系。高校要加强师资队伍建设，加强师资研究和设计能力建设，以高水平的师资团队来推进和实现高水平的教学设计、教学组织和教学质量。一要加强师资队伍的教学能力建设。推动师资队伍深耕课堂教学，找准教学各个要素之间的互动关系，把握教学主体之间的协同效应，为开展课程设计找准一个适度的空间、建立一个严格的逻辑体系。二要建立教学设计团队。思政课的团队建设越来越重要，教师之间互相学习、相互协同，可以更好促进教学质量提升。教学设计团队要参考课程门类、教师教学和研究能力等适当搭配，并严格按照教育教学的基本规律去设计教学、开展教学、评估教学。

3.以教学设计引领供需均衡

供需均衡是教学双主体之间的均衡，也是教学价值实现的关键。供需不匹配导致学生怠学现象的普遍发生，一方面是因为学生需求得不到满足，影响学习动力激发，另一方面也抑制了供给的效能，进而使得怠学现象越发显著，因而推动教与学匹配、供与需均衡既是解决怠学现象的关键，也是提升教学质量的重要基础。以教学设计引导供需均衡是一种理念的变革，是将教学实践的均衡提前到教学设计阶段。一是教学设计具有前瞻性。教学设计是对整个教学的前瞻设计，必须对教学各环节、要素有充分的把握才能实现比较好的教学设计。这种前瞻性可以帮助教师提前掌握教学实践的各种可能情况，为制订应对方案奠定基础。二是教学设计具有应变性。教学设计具有系统性和应变性双重特点，系统性在于对整个教学方案和实践的前瞻设计、沙盘推演，应变性在于对各种随机情况的主动发现和推演，能够提前对各种需求给予针对性的引导、设计乃至解决方案。三是教学设计引导供需均衡。供需均衡一方面在于双主体之间的适应和妥协，以及各自目标的达成；另一方面还在于教学前期的主动介入，积极引导，以争取最大限度的教学共识，有了厚实的教学共识基础，供需均衡就成为可能，甚至更加便捷。

## 二、供需主体的教学连接

教学活动，是教与学的互动，是供与需的互动。教学连接是推进教学活动的重要方式，好的教学连接需要供需均衡、各有所获。要明确需求，关键是内容；要设计供给，关键是技法；要推动供给互动实现供给均衡，关键看成效。因此，供需互动活动的主要目标是实现教学相长，各有收获。

### （一）加强内容链接

教学的核心是内容。以内容作为连接教学双主体是必然。内容应由两方面构成：

1.教材内容，即国家规定的、学校设置的以教材为基础的教学内容

教材内容是规定的教学任务，是供的主要组成。教师要将教材内容传输给学生，必须将其转化为教学内容，实现教材体系向教学体系的有效转化。这种转化可以使得内容连接更加契合教学双主体的状态，也更能满足教学双主体的需求。

2.现实内容

思政课的一个重要特点就是实践性，强调关照和呼应学生现实需求。学生的思想困惑、日常生活乃至心理矛盾、社会焦点问题，都是思政课教学需要解答的问题，自然就成了课程的重要内容。现实内容需要会比教材内容设计更加随机、更接地气、更能反映学生的真实状态和想法，在思政课中弥补学生现实内容需要是解决学生怠学的重要路径之一。教材内容要比现实内容更有逻辑、更成体系、更有深度。现实内容和教材内容的综合连接将能更好融合教学关系，优化师生互动。

### （二）加强技法链接

技指技术，法指方法。具体而言，技法就是思政课的教学技术与方法的总称。加强技法链接，指向就是加强技术和方法的创新、灵活运用。将技术、方法与内容、对象有效匹配，形成有效连接，借以推进教学连接。

1.加强技术连接

当前科技发展日新月异，很多新技术可以被用于日常教学之中，成为助力教学发展的重要支撑。从以往的教育技术发展历史来看，幻灯片、投影都是比较成功的技术应用，为教学发展提供了强力支撑。当前新媒体技术发展日新月异，许多教师开始运用新媒体技术开展需求调研、推动供给方式变革。技术已经成为教学供给的臂膀。

2.加强方法连接

好的教学方法是获得学生认可的重要手段。教学方法得当，一可以吸引学生注意力，提高学生学习积极性；二可以减轻教师教学压力，提高教学效率；三可以更好连接供给需求，弥合两者沟壑，实现教学有效连接。

### （三）实现成果链接

教学成果既体现于课程价值认知与目标达成、学生学习投入与支持、学习成效与评价，也体现于教师任务和价值实现，教学成果是双方面的成果，要得到教学双主体的共同认可。因为教学双主体的成果导向会有差异，教师偏向于教学任务的完成和职业价值的实现，学生有好成绩、教学有好评价、课程有好成果是教师追求的成果；学生偏向于学习投入和学习成效的实现，成绩获得认可、主观感受好、成长进步显著是学生追求的成果。师生追求的成果目标并不矛盾，但也不完全统一。教师需要以供需匹配来引导成果共识，推动教学设计变革。

供需是教学双主体的关系协调、价值实现、成效体现的重要路径，供需匹配与均衡是双方共同利益、共同收获、共同价值认同的重要支点，也是解决学生怠学、提升思政课教学质量的关键。教学设计要充分考虑供需双主体的角色诉求，探索解决供需矛盾、均衡供需诉求的路径，并以此来指导教学设计改革。这就要求既要注重供给的导向作用，也要注重供给的教学链接，只有这样才能提高教学设计质效，引领和推动教学设计改革，进而推动思政课教学质量提升。

## 第二节 组织与技术：瞄准教学过程加强教学互动

根据前期量化和质性研究结论，思政课教学的组织实施与技术运用对思政课教学质量影响显著。表面上看，大班额教学是导致思政课教学组织创新不力的关键原因，但国外的大班额教学解决经验告诉我们，事实并不尽然。大班额教学有诸多难点，在生师比一定的前提下，组织形式的创新是解决大班额教学问题的重要方式，同时也是提升思政课教学质量的重要方式。

实证研究中，学生对思政课教学质量评价在五大影响因素中处于中间水平，表明学生对思政课教学的质量评价中，对教学互动与组织基本满意。从质性访谈和文献研究中发现，教学互动与组织等方面存在的问题依然不少，尤其是大班额的教学组织创新与技术应用方面还有许多可以优化、改进的地方。鉴于"00后"大学生普遍善用新技术，这为开展教学互动改革提出了新的要求。创新课堂组织形式既是课堂教学的现实需要，也是教学双主体的互动需要，运用新技术助力组织创新则是推动教学互动改革的重要举措。

当前课堂教学还存在组织设计不合理、形式不丰富、推进不高效、建制不创新、领导不健全和技术运用不灵活、创新不给力以及组织技术联动性差等问题。这些问题导致思政课教学僵化、呆滞，缺乏生机，没有灵气。要尝试以科学的组织和技术协同创新，建设高质量的教学团队、创新的课堂教学组织，推进思政课教学互动改革。

## 一、科学的组织和技术管理

科学的组织指教学实施时保证了教学内容、活动、策略、秩序的合理性、科学性，尤其是教师对教学活动的有效安排。正常的教学活动需要借力技术，认真组织实施，才能取得实效。非正常、突发性的教学挑战更需要发挥技术优势、认真组织应对，才能妥善处置。

### （一）科学的组织形式

1. 科学组织有共同的特点

主要包括循序渐进、有条不紊地推进教学实践、引导学习活动，合理地分配教学讲授、课外实践、学生轮讲、参与思考的时间，激发学生学习兴趣、引导学生投身学习，解决学生学习疑问，处理教学突发事件，减少或者杜绝外界因素对教学的影响，保障教学的正常有序推进。

2. 教学组织形式

随着科学技术的发展，教学组织也在不断变迁，形式不断增多。传统的教学组织形式有大班额教学、中班额教学、小班额教学，甚至有书院制、一对一教学等，这主要是按照教学规模来分。传统的教学组织形式科技含量不高，推进教学也多以传统的讲授为主，因教学对象多寡而采用不同的教学方法。比较新颖的教学组织形式有网络教学、远程教学，两者有一个显著的特点就是运用互联网技术，解决时空问题，使教学得以实现。这是课程教学的组织形式，还有教师教学组织形式。传统的教师教学组织多以教研室为代表，随着时间的推移，教研室的功能和作用越来越受到局限，更新的教学组织得以出现，即教学团队。教学团队有着共同的目标指向，稳定的人员组成，科学的团队架构，能够帮助教学组织快速成长。

### （二）有效的教学安排

1. 注意教学推进的节奏

教师应该按照学生认知和学习能力分层分类设计教学进度，稳步推进教学。教学推进节奏是学生学习效果的重要保障条件。教学节奏，一方面指教学活动的推进速度快慢，是教学活动整体的进程性标志；另一方面又指知识点的精讲与粗讲，讲练结合、分层分类教学等，是局部性的教学活动控制。教学活动的整体与局部都需要教学适度控制，都需要师生之间达成一致，和谐互动，否则思政课教学组织效能难以提高。

2.提高教学组织的效能

提高组织效能是达成教育目标的重要路径。提高组织效能需要统一教学组织成员的共识，推动教学组织成员的一致行动，以及在整个教学组织框架下相互协作达成高效的运作。组织效能既包括教学班中的教学组织管理，即在一定技术支撑下，教师指导学生组建各种团队、小组并在负责人的带领下按照一定的规范、要求和形式开展学习实践，也包括教学团队中的教学组织管理，即通过一定的技术运用，在团队负责人的带领下，教师按照既定分工开展教学实践。只有充分发挥技术优势，将两种组织的效能一并提升，才能实现教学组织效能的整体提升。组织效能提升是在优化组织结构和运行机制的基础上实现的，如同解决大班额教学问题一样，任课教师通过组建多达20人的教学团队，形成一种科层制的组织体系，在任课教师的领导下发挥教学支撑作用，提升组织效能。

## 二、建设高质量的教学团队

### （一）提高教学团队的整体水平

要提高教学团队的整体水平，必须不断提高教师个体的水平，因为整体水平是以个体水平为基础的，具体包括教学水平、研究能力、教学组织管理能力、技术运用能力和协作能力等。要重点加强如下两方面的培养与建设：

1.加强教师个体培养

学校可以通过国内外访学、课程教学或者研究培训、学习沙龙或者研讨班、教育技术培训班等多种形式，推动教师参加各类学习实践活动，不断提高教师业务能力和技术水平，使其能够适应新时代学生学习和发展的要求。

2.加强师资队伍整体建设

在加强个体培养的基础上，学校应该通过更加扎实的团队训练，构建更加有力的协作机制，强化更加高效的管理技术，来加强师资队伍建设，使其能够成为一个整体，相互协作、共勉共进。

### （二）建设高质量的教学团队

高质量的教学团队既是个体的，又是整体的。高质量体现在个体教学的全过程，也体现在整体教学的实效性。高质量的教学团队应该有以下几个方面的特点：

1.成员稳定、专业相近

成员稳定是指在同一教学团队内的成员长期共事、变动较小，具有可持续性和稳定性；专业相近是指教学团队应由同一或相近专业的教师组成，相互之间能够有普遍共识和协同能力。

2.目标明确一致

高校教学团队的目标在于提高某一专业或课程的教学质量，在实现团队目标的过程中，可以促进和在一定程度上满足教师个体的专业发展的需要。整个团队在追求高质量的教学的同时实现教学的高质量发展。

3.密切合作、高频互动

密切协作是团队的重要优势和内涵，没有密切协作，无法推动团队的融通、发展，更无法保障实现教学目标的实现。高频互动是推动团队深度交流、深度合作的关键，团队之间保持经常性、深入性的交流互动，可以准确、快速查找问题、发现问题、解决问题，实现成员互相促进、共同发展。

4.构筑学术共同体

团队是围绕同一目标开展工作的教学实践组织，团队成员必须协同构筑学术共同体，以加强和提高教学研究能力和水平，这样才能使得团队拥有可持续发展的可能。

高质量的教学团队虽然不能全面解决师资数量不足、生师比失衡的问题，但可以通过教学效能的提升、团队协同的增强、学术共同体的构建来弥补数量不足的缺憾。质量提升代表着教学能力和水平的提升，会从一定程度上缓解当前大班额教学质量问题和教师职业倦怠问题，优化教学过程，增强教学互动，进而推动思政课教学质量提升。

### 三、创新课堂教学组织和技术运用

#### （一）优化传统课堂教学组织形式

1.优化大班额教学

大班额教学是时代特征，也是现实所迫。大班额教学的关键症结在于生师比的失调以及时间的冲突。一方面高校思政课生师比普遍较高，以至于大部分高校的思政课班额都超过了120人，大班、大教室成为大班额教学的显著特点；另一方面时间的冲突也成为显著特点，学生课程排布密度大，教师数量少，难以平衡两者的时间安排，如果一定要将大班额改为中小班额教学势必会导致教师工作量剧增、学生时间冲突加剧的情况。要解决大班额教学的矛盾和问题，必须在现有基础上对大班额教学进行适当优化：一是优化大班内部组织形式。借鉴国外大班额教学管理经验，变传统大班额教学内部一个教师对所有学生的组织形式（如1：120）为一个老师对若干个骨干再分别对一定数量的学生的组织形式（如1：10：110），中间加一个课程骨干层级，通过课程骨干来加强教学组织管理。二是优化大班教学组织形式。变传统大班讲授为主的教学组织形式为分组讨论、组间横向竞争的教学组织形式，加强小组内部的互动参与，激活组间乃至整个课堂的竞争性学习的积极性和创造性。三是优化大班实践教学组织。实践教学是思政课的必须环节，传统实践教学容易陷入形式主义的怪圈，学生积极性不高、走过场情况时有发生。教师可以因实践需要而临时组建一定的实践教学组织，如组建临时班委、临时团支部、临时课题组等多种形式，激发学生骨干的主动性、积极性和创造性，并通过骨干影响带动更广大的学生参与实践教学。

2.普及中班额教学

随着高校思政课师资队伍建设的加强，部分高校思政课教师队伍、数量、质量、层次均在不断发展提升，且呈现一种全国普遍意义上的发展趋势。思政课教师数量的增加为普及中班额教学奠定了扎实的基础。中班额教学的优势在于人数适度、组织便捷、易于实施。中班额规模一般在60—80人，相对大班额教学有一定的数量优势，这个规模的班级相对容易组建、便于分类、易于管理。不管是常态下还是变化情况下，中等规模的班级组织起来更加便捷，教学实施也更加简易。普及中班额教学，一要增加师资数量。通过增加师资数量，摊薄师均教学工作量和教学班人数，既可以缓解教师疲劳程度，又可以为教师发展赢得更多学习时间。二要适当降低招生人数。与教师增加不成比例的是，学生扩招超额，以至于扩招成为教学质量下滑的重要诱因，反之则有可能不断提高教学质量。当前中国高等教育已经进入大众化阶段，随着人口出生数量下降，高等教育扩张的主要压力将有所减弱，适当减少招生指标、提高生源质量，不失为一种恰当举措。三要调整教学时间跨度。思政课作为一门必修课、基础课，绝大部分高校都将其排在一、二年级进行，无形中压缩了教学时间区间。根据人口统计学因素中的年级因素数据，三年级的学生对思政课教学质量的评价最低，可能与三年级学生的思政课程少且又比四年级学生需求度低所引起的。实际上，高校可以根据实际适当调整思政课的教学布局，使其分布在不同学期、不同年级，跨度可以由当前两年区间发展为三年甚至四年区间，延长教学时间区间意味着教学机会的增加，在人数不变、课时不变的情况下，延长教学时间区间可以显著降低课程班人数，以达到中班额教学的目标。

3.争取小班额教学

小班额教学是理想的教学组织形式，一般课程规模在30人左右。小班额教学可以显著改善教学关系，拉近师生之间的距离，提高师生互动频率。争取和发展小班额教学可以有如下多种形式：一是开设实验班。实验班是开展教学改革实践的重要思路，在不确定教学效果，或者短期内无法提供更多教学资源的情况下，在一定范围内设置实验班，在实验班内开展实验性、高质量的教学是必要选择。

二是柔性分割。在大班、中班的框架下，对教学班做适当的柔性分割，也会起到小班教学的效果。柔性分割是将大中型班级分割为若干个块，分割可以按照一定的标准（如相近专业、相近学缘），这样会有效聚集各块学生的共性特征，降低教学难度。柔性分割可以在课堂上，也可以延续到课下实践，只要有利于学生学习，柔性分割不失为一种好办法。三是开展分层分类教学。分层分类教学提高了教学的针对性和实效性，让不同类型、层次的学生都能获得相应的支撑和关注，容易获得学生的认可。同一课堂分层分类教学难度较大，需要教师做好、做足准备，以应对可能出现的教学冲突，满足不同层次、类型的学生学习需要。当前，受限于师资数量及其发展潜力，短期内推动小班额教学难度颇大，高校可以适当采用设立实验班、对大中班级进行柔性分割以及开展分层分类教学，来替代和实现小班额教学的质量要求。

### （二）强化组织与技术协同运用

#### 1.组织项目探究式教学

所谓探究式教学，就是以探讨和研究的方式推进教学，重视教师的引领和学生中心地位和作用。探究式教学被提出以来，获得越来越多的师生认可。探究式教学的重要特征有如下三个方面：一是以问题为中心。探究的核心是问题，教师带领学生围绕问题开展探讨和研究，尝试从多个视角、路径和技术手段寻求解决问题的思路和方案，在此过程中学生思维受到激发，得以快速成长。二是以学生为中心。问题设定是老师，也可以是学生自己，但是解决问题必须是学生，以学生的思考、研究为中心，老师给予适当引导和技术支持。这样既能让学生感受到被尊重、有价值，又能够发挥学生的主观能动性，调动学生的参与感、增强学生的获得感。三是以项目为中心。项目是师生共同确认、共同参与的活动，此活动以促发学习投入、提高学生学习质量为目标，借助项目活动、平台和技术，增强师生互动、生生互动，实现教学目标。在项目探究式教学中，项目是平台也是组织，技术支撑组织高效运转，是以解决问题、培养人才为目标设定的平台或者组织。在项目中有团队负责人、小组长以及组员等若干层级和协作组织，这些组织是柔性的、暂时性的，当项目结束该组织便可自动解散，因此具有很强的灵活性、机动性和可操作性。

#### 2.组织兴趣小组式教学

目前学界对于兴趣小组的研究稍显不足，高校学者就更少。实际上兴趣小组比项目更加自由、容易切换，可以成为一种非常重要的教育组织手段，支撑思政课教育教学更好发展。兴趣小组的组建可以有多种方式，可以借鉴人口统计学因素来进行适当设定，比如专业型兴趣小组、交叉型兴趣小组、业余型兴趣小组；

一是专业型兴趣小组，主要是由专业相同或者相近的学生组成，研究内容也是以专业领域内的问题为主。二是交叉型兴趣小组，主要是由多个专业的学生组成，有鲜明的跨专业、跨领域特点，研究的问题多可以跨学科视角来解决。三是业余型兴趣小组，主要以业余兴趣为主导，不限专业、年级和性别等因素，学生围绕一个共同的兴趣开展活动。思政课有多种便利条件和技术手段充分利用和发展兴趣小组：一是大班额课堂。当前思政课课程班的学生基本都在100人以上，人员稳定、持续整个学期，思政课教师可以按照学生的专业背景，引导学生自发组建专业型兴趣小组，所研究的内容可以由学生自发提出后经老师确认，也可以由老师建议、学生确认，形成师生共识。二是混选课。当前思政课课程班多由全校学生自发混选而成，班级内的学生专业不尽相同，为学生提供了非常好的跨学科、跨专业组建兴趣小组的机会，研究问题的提出路径也更加多元，可以来自生活也可以来自研究。三是多元主体。即当前低年级学生多以"00后"为主，该群体学生个性更加鲜明、兴趣更加广泛、爱好更加多元，100余名学生汇聚在一个大课堂内，可以糅合成多个业余型的兴趣小组。业余型兴趣小组以群体兴趣为驱动力，假借思政课学习的机会和条件，开展基于兴趣的思政课教学实践活动。同时，当前教育技术和公共平台越来越普及，思政课教师可以充分运用问卷星、微信等各类新技术手段帮助和指导学生开展兴趣实践活动，既高效又节约资源。因此，兴趣小组既是发展学生兴趣爱好的机动组织，又是思政课开展兴趣导向教学的有效组织，更重要的是，兴趣小组可以将大班额教学的诸多不利因素转化为便利条件，可以助力提升思政课教学质量，值得深入研究。

3.组织开展融合式教学

与兴趣小组式的教学相似，融合式教学领域的研究并未获得应有的重视，相关的研究成果也较少、较浅。当前的研究尚停留在多种教学方法的融合上，例如遵义师范学院吴廷强、罗德莲总结提炼出了高校电工技术理论与实验课融合式教学的新方法，该方法是从理念更新、大纲修订到师资设施等方面进行改革，使电工技术理论与实验教学相互融合，从而全面培养学生实践能力、创新能力和科学探究能力。对教学组织融合也应该作适当探索。例如将传统的大班教学改为分组教学，将分组教学转化为分类教学，再将分类教学转化为大班教学，同一课程、同一课堂可以采用不同的组织形式和技术手段开展教学，并在不同组织和技术之间来回切换，使得课程活跃度、灵活性都能得以增加。因此，组织开展融合式教学可以着重从以下三个方面探索：一是探索教学组织融合教学。即如上述列举，大班、分组、分类等不同教学组织形式和技术运用来回切换，激发师生积极性和创造性，以达到教学目的。二是探索组织与方法融合教学。即在不同教学组织上嫁接不同教学方法，如分组教学中，可以采用案例教学法、沙龙教学法等多种教学方法，分类教学中，可以采用专题教学法。不同的组织与方法融合在一起，运用恰当会成为一个良性互动的整体，为教学质量的提升奠定良好的组织基础。三是探索组织与形式融合教学。即在一定组织形态基础上，通过变换形式以达成更好效果。大班教学的互动形式与中班、小班乃至分组分类的互动形式会有所不同，深度、广度也会有所区别。例如大班教学时，受限于时间、人数等客观情况，无法做深度互动和探讨，宜选用一些共识性强、操作简单的教学技术和形式，小班教学则空间更好，可以选择一些相对复杂、深刻的教学形式，灵活运用教育技术将教学内容深挖，引导学生走进深度思考甚至引发思维火花碰撞。不同的融合式教学有不同的思路和方法，也会取得不同的效果，值得教育工作者尝试。

### （三）大力创新课堂教学组织形式

随着互联网信息技术的发展，各种课程以网络为载体登上了在线教育平台成为网络课程。网络课程突破了时间、空间、规模等方面的限制，并具有无限次重复学习、开放学习等优越条件，一时间上网学习成为一种时尚。当代青年大学生是网络原住民，对网络有着严重的依赖，日常的生活、学习、娱乐等都离不开网络，或以网络为基础。由此可见，组织实施网络教学是一种必然。不同的是，思政课如何与网络结合成为受学生欢迎的网络课程，研究表明可以从以下三个方面着手：

1.思政课教师要开发高质量的网络课程

网络课程与线下课程具有不同的特点和要求，网络课程中，教师面对的是镜头，缺少常规的互动，难与学生开展即时的交流，这就需要思政课教师创新设计网络课程的互动形式，以弥补线上课程的互动不足问题。高质量的网络课程还应该有许多特征，比如趣味性和专业性。趣味性是吸引学生停留在网络课程重点重要因素，没有趣味、过于呆板，课程黏性不足，学生就会轻易放弃。专业性是促发学生学习动力的关键，课程内容、教学组织都要非常专业，能够让学生有获得感，这样才能留住学生。

2.高校要推动线上线下相结合的课堂教学组织

线上课程虽然有不少优点，但毕竟也存在着互动性差、进度难以把握等问题。思政课是大学课程，有充分的条件开展线下课程。线上线下相结合就成为一种可能的选择。在线上线下结合的尺度把握上，思政课教学应该以线下为主、线上为辅，线下是开展理论与实践教学的主阵地，线上是开展辅助性教学的重要平台。线下教学、线上教学并不一定是割裂的，线下的课堂教学过程中一样可以随机切换成为线上教学。教学组织形态的改变，也会带动学生调整学习状态和注意力，达到张弛有度的效果。

3.高校要推动建立线上学习与线下实践相结合的实践教学组织

理论讲解、简单互动等可以通过线上教学予以实现，教学效果也相对比较好。教学实践要求较强的体验和参与，在线上就很难实现，因此要将实践环节转移到线下。高校可以开发一些优质课程，放到网上实现教学资源共享，提高教学组织效能，再通过一定的线下实践丰富学习体验，激活学生学习投入度，提升思政课教学质量。

教学互动是一个贯穿于整个教学过程的重要命题，加强教学互动是师生共识，如何实现则是教师应该深入研究和探索实践的问题。研究认为，科学的组织管理、高质量的教学团队和创新课堂组织和技术运用是加强教学互动的重要路径，同时也是解决大班额教学质量不佳问题的重要路径，对于提升思政课教学质量有显著促进作用。

## 第三节　守正与创新：依循传统基础革新教学方法

改进教学方法是优化教学活动、提高教学质量的重要方式。大学教学方法随着大学功能与理念的演进得以发展。中世纪以来大学教学方法随着大学的发展经历过多次更迭，起先大学的主要功能是培养神职、教师等方面的人才，核心路径是知识的传授，主要方法是讲授、背诵和辩论。德国的洪堡大学成立以后，科学研究成为大学的重要功能，教学开始具有教育引导研究的任务，这种把研究引入教学的做法，导致了教学方法的更新与发展。以后，每逢大学的功能得以拓展、延伸，教育教学的方法也会有所发展、更新。

教学方法运用失活是高校思政课教学的现象级问题之一，表面上看是因为学生求新、赶时髦心理造成传统教学方法失灵，教师疲于研究和创新教学方法以迎合学生胃口。实际上，从质性访谈的结果来看，不少老师认为，造成教学方法失灵的关键原因并不是没用新方法，而是方法的使用不恰当、不灵活。教师不应该片面追求使用新方法，教学方法与内容的匹配运用、教学方法与学生的匹配运用是关键，如果方法运用不当，再好的方法也无济于事。学生也非常强调方法的运用，如果教师刻意使用一些新方法，把握不当反而效果大减。如若将内容与方法、对象与方法匹配起来，则效果定会大增。从本研究的思政课程评价结果来看，学生对思政课教学质量评价中教学内容与方法占比颇高，可以标示学生对教学内容与方法的重视，亦可横向对比该因素与其他四项因素之间的满意水平，为思政课教学改革提供参考依据。故本研究提出思政课教学方法的精妙之处在于灵活运用，要兼顾守正与创新，在传统的基础上鼎新教学方法，进而推动思政课教学质量提升。

## 一、传承优秀传统教学方法是基础

思政课教学活动中，教师对教学方法的选择，传承优秀的传统教学方法是基础，一方面是因为优秀传统教学方法是久经历史考验而沉淀下来的，使用得当效果会非常好；另一方面对老方法适当微调可以焕发出新光彩。

### （一）优秀传统教学方法久经考验

从辩证法的角度来看，凡事皆有两面性。传统的不一定是不好的，优秀传统教学方法，多是经历成百上千年的锤炼积累下来的，有厚重的历史基础和实践经验，不仅适应过去，还可以满足未来。当前推进教学方法的变革，不能一味求新、求变，反将优秀传统教学方法弃之不顾。毕竟，老方法是新教学的基础，应该发挥老方法的作用。

1.强化记忆式教学

朗诵、背诵等记忆性教学法是最为传统的教学方法，对于学生丰富知识储备、构建知识体系具有显著的促进作用。朗诵可以锻炼学生表达能力、提高学生记忆效果，背诵可以加快学生记忆、增加学生知识获取。两种方法都可以促进学生记忆、增加知识获取。思政课教学中，有大量需要记忆的内容，不少教学内容通过朗诵表达也会更加记忆深刻，教师在学生记忆基础上，给予适当引导就可以达到比较好的教学效果。

2.强化辩论式教学

辩论式教学从中世纪就开始使用，直到现在依旧深受广大师生喜爱，究其原因是因为辩论式教学可以激发师生互动积极性和思维创造性，可以引导学生就某一焦点问题开展讨论。真理越辩越明，学生在激烈的辩论中不断修正自身观念、观点，实现知识、理念的共同发展。思政课是一门具有强思辨性的课程，引入辩论式教学恰如其分。尤其"概论""思修"等课程，分别具有理论的思辨性和实践的思辨性，引导学生参与辩论，必将激发出更多更好的学习成果，在师生、生生的互动性辩论中，发现问题、解决困惑，提升学习投入度。

### （二）优秀传统教学方法历久弥新

优秀传统教学方法久经考验，更可以历久弥新。如同大学的主要功能虽然在发展、扩充，但是培养人才这一职能始终占据首要位置。教学方法也是一样，讲授法、朗诵法、背诵法时至今日依旧是值得推崇的教学方法。所不同的是，讲授的方式在发生变化，朗诵的要求在不断提高，背诵的技巧也在不断发展。

1.固根本

活用教学方法的根本目的都是培养人才，不同的教学方法适用不同的对象和范围，从不同的理念和出发点，来推动教学实践。固根本就是坚守传统教学方法的优秀本质，不轻易摒弃、不随波逐流，只有这样才能焕发优秀传统教学方法的生命力。重点可以做好以下几方面工作：一要坚持因材施教。因材施教是中国历史上最为传统、最得人心，也是最有生命力的优秀传统教学方法。因材施教强调以学生为中心，根据学生的兴趣、秉性、志向开展针对性的教学，引导学生追求个性化发展道路。这一方法和理念的本质是尊重学生、发展学生，学生在其中能够拥有极高的自主权和选择权，其积极性和主动性也得以很好的保护。二要坚持以文化人。中国优秀传统文化中拥有非常深厚的德育、智育的文化基因，儒家讲究德、礼、仁等传统文化，法家讲究平等、法治等传统文化，道家讲究无为而治等传统文化，不同的传统文化视角不一、理念有异，但也恰是这样的不同，可以为思政课大课堂所有，成为分类教学的重要依据和教学共识。以文化人，是文化育人的重要内涵，是优秀传统文化复兴的实践平台和重要机遇。从实践角度来说，优秀传统教学方法具有诸多优秀特质，值得传承发展，所不同的是许多优秀传统方法的适用范围和对象有其特殊性，如果运用到时下的教学实践中就需要适当的革新。

2.新传统

所谓新传统，就是要将优秀传统教学方法传承下来，并根据现实发展的情况给予适当调整、更新，以达到新时代思政课教学的目标。新传统并不是否定传统、改变传统，而是在尊重传统优秀基因、理念的基础上，适当调整传统中的不良因素，增加更适合当代教育教学要求的因子，使其能够获得更多师生的尊重和支持。新传统是传承、是守正，更是创新，是对优秀传统教学方法的继承、发展，可以使得优秀传统教学方法在新时期发挥新功效。新传统，既富含传统基础上的创新、更新，又饱含阐发优秀传统、复兴优秀传统教学方法。当前不少高校开展具有浓厚传统教学方法的新实践，例如复旦大学将新生统编进入复旦学院，探索以书院式的教学打开新时期高等教育的建设路径。经过多年的实践，"书院制"重归教育界，成为当前重要的教育方法之一，是名副其实的新传统。

## 二、革新思政课教学方法是关键

创新教学方法是一个永恒命题，重要原因有二：一是因为新是一个相对概念，任何一件新事物、新方法问世之后，经过一段时间的发展，都会成为一种相对旧的方法；二是因为学生对新事物的好奇心是教师激发其学习行为和动力的关键，教师要通过新方法的运用，营造学生学习新氛围、新气象。革新教学方法，可以是创新方法的理念引领，也可以是旧理念上嫁接新方法，不管是哪一种创新，只要其能够为学生所接受、认同，就达到了教学目的。

### (一) 新理念引领新方法

访谈中有老师表示,不少新的教学方法都是在教学理念的转变中实现的,教学理念的发展会激发教学方法的变革。

**1. 第一种理念转变是"以教师为中心"向"以学生为中心"转变,教学方法也发生根本性转变**

"以教师为中心"强调的是教师在教学过程中的中心地位,教学进程由教师掌控,教学方法由教师掌握,课堂教学是教师"独角戏"。在"教师中心"时代,比较有代表性的教学方法就是讲授法。讲授法是教师通过口头语言向学生描绘情境、叙述事实、解释概念、论证原理和阐明规律的教学方法。讲授法的核心是讲解、讲述和讲演,教师是主讲者,学生是聆听者。教师运用讲授法,一可以解释有关知识、概念,是书本语言的有力补充,二可以讲述过程、故事,引人入胜,是吸引注意力的重要路径,三可以宣讲政策、理论,增强课程感染力。随着教育的发展,讲授法的灌输性越来越浓,被误解为单一的"教师讲、学生听式的灌输式"教学法,随着教育理念从"教师中心"转变为"学生中心",讲授法被冠以不尊重学生主体地位的"罪名",受到越来越多的苛责。要改变这种局面,教师必须对讲授法加以改变、革新,以适应新时代、新环境的要求。主要可以通过四方面的举措,使讲授法重新焕发新的光彩。教师可以在提高讲授艺术性、使内容直观化、增加讲授的感情色彩和开讲之前提供先行组织者的基础上,通过控制讲授时间、结合问题讲授、预留理解时间、多元方法运用等方式推进讲授法变革。

**2. 第二种理念转变是发生在互联网时期的"中心化"与"去中心化"**

不管是"以教师为中心"还是"以学生为中心",都旨在明确教学的中心点,以便围绕中心开展方法设计、推进教学实践。随着互联网的兴起,"去中心化"成为一个新的趋势,对传统教学方法形成显著的影响。"去中心化"是网络时代的产物,强调均等发言权,指教学中应该去除学生中心、教师中心的思想,或者树立教师、学生多中心的思想,不应该将中心集中于任何一方,而应该随着教学、学习的需要将中心适当平行转移。比较有代表性的教学方法是对分课堂法。对分课堂由复旦大学张学新老师于2014年提出,他结合传统文化,融汇心理学四大学习理论和教育学三大教学理论,发展出对分课堂新型教学模式。形式上,对分课堂把大约一半课堂时间分配给教师讲授,另一半留给学生讨论,师生对半分割课堂时间。实质上,其关键创新是突出了讲授和讨论之间对学习至关重要的内化过程,强调了教师、学生以及学习之间的平行转移。对分课堂的主要操作过程由三步组成:第一步是讲授。对分的讲授原则主要是精讲和留白,精讲是告诉学生学什么、为何学和如何学,将学习框架、重点、难点——可以比喻为骨架、脉络与关节——讲清楚,目标是促进学生随后的学习。留白是留给学生自我学习和钻研的空间。讲授要注意时间控制、要点把握和作业布置。第二步是内化吸收。内化吸收是指课后（或当堂）给予学生一定时间阅读教材、完成作业，根据个人的兴趣、能力、需求，以最适宜自己的方式方法，深入理解，进行个性化的内化、吸收。内化吸收可以是当堂，当堂吸收适用于比较简单的、容易吸收的知识；课后吸收则是针对教师布置的作业进行深入学习，提高理解的层次和内化的水平。第三步是讨论。讨论分五个环节，分别是小组讨论、组间讨论、教师抽查、自由提问、教师总结，次序重要，不能变动。两种教学方法的革新折射出的是教学理念的发展与革新，正是因为教学理念发生革命性的变化，才有可能促发教学方法也发生巨大变化，取得新的进展。

### （二）新技术支撑新方法

访谈中有教师指出，随着新技术的发展和应用，一系列新教育方法应运而生。现代教育技术是教育发展和改革的制高点，已经成为推动教学改革的重要动力。现代教育技术是发展着的，是以新技术应用为基础的，并在新技术基础上推动教学改革创新、教学方法创新。比较有代表性的有传统电化教学法、现代远程教学法、微课、慕课等。传统电化教学法是以视听为主要路径的教学法，以投影、录音和电视技术运用为主要特征，通过硬件、软件和潜件的综合运用，构建成为传统电化教学法。随着时代的发展，电化教育的理念、内涵不断发展，逐渐发展为现代教育技术、信息化教育等多种形式，可以从名称的发展折射出教育方法的革新。近年来教育方法革新的显著特征就是信息技术与教学方法的融合，促发多种信息化教育的创新与发展：

1.现代远程教学法

现代远程教学法是将课程通过发达的信息网络技术传播到各个学习终端的教学法。现代远程教学法具有时空上的灵活性、受教育权的平等性、内容传播上的无限性等特点，可以方便学生在学习终端上随时、随地、随机学习。

2.慕课教学法

"慕课"是一种大规模开放式的在线课程（Massive Open Online Courses, MOOCs）。其显著特征是大规模、开放式和在线，也就是说慕课的课程门类数非常之巨，学生可以在慕课平台上选择多种课程进行学习，自主、自发，兴趣可以占据主导地位。开放式说明慕课是一个开放的学习平台，只要通过一定的端口，就可以享受平台内所有的教育资源。在线是指所有的课程都是通过网络传播的，学习者是通过网络来学习的。慕课是信息化的产物，是信息技术发展到一定程度与教育教学交叉所形成的新型教学法。慕课教学法从早期的在线课程逐渐增设了在线互动、在线考核等多种形式的教学方式，这种升级使得慕课的使用范围越来越广。

3.翻转课堂法

"翻转课堂"（Flipped Classroom 或 Inverted Classroom）是指学生在家里观看教师事先录制好的或是从网上下载的讲课视频、再回到课堂师生面对面交流和完成作业的一种教学形态。翻转课堂是慕课与传统教学法的集成创新，将慕课的在线学习方法与传统教学的讲授法等结合在一起，从而实现学生根据视频课程学习、预习，再回到课堂交流学习的过程。翻转课堂要求学生在课外通过视频自学、思考，视频是老师事先录制好的课程教学内容，学生依靠视频指导和自学思考实现初步学习，之后回到课堂与师生交流互动，发现问题和不足，并在教师的指导下完成作业，实现整个学习过程。翻转课堂的优点在于提高了学生的参与度，激发了学生的思考，学生更有成就感和获得感。

从单向传授的传统电化教学法，到适当互动的慕课教学法，再到线上线下交互的翻转课堂教学法，可以看出，新技术引领下的教学法改革创新呈现出一种回归的趋势，即由原来的纯粹的追求线上教学模式，逐渐改变为一种线上线下交互的教学模式。究其原因，主要是因为纯粹的线上模式存在一些弊端，比如互动性差、检验性差、体验性差等问题，学生单位时间内的学习效率、质量较低。不过，将新技术运用于教学，甚至催生出新方法，是当前课堂教学方法发展、革新的重要路径之一。不少老师认为这种创新方式有利于提高思政课教学效率，缓解思政课教师职业倦怠，提高学生参与积极性和学习投入度，所需要注意的是，如何将新技术运用于实践，这既有成本限制的因素，又有培训的因素，需要假以时日、假以培训、假以投入。

**（三）国际化提供新方法**

教育国际化是当代高等教育的重要方向，也是全球化的重要内容和形式。教育国际化不仅体现在人才培养、文化交流、知识传输、科研合作等领域，还体现在教学方法的互通方面。古有苏格拉底"产婆术"，今有探究式教学法、案例教学法。这些方法都是从国外引进而来，在国内教育实践中广泛运用，获得师生的普遍好评。

1.苏格拉底"产婆术"教学法

苏格拉底"产婆术"教学法的基本规则是使自以为知者知其不知，使自以为不知者知其所知，它的运用从教育者不自以为知出发。通过不断的诘问，引发学习者主动思考，并最终在这种反复问辩的过程中实现学习目标。中国古代也有与苏格拉底"产婆术"相近的教学法，那就是孔子的启发教学法，"启发"艺术的规则是以自以为行者知其不行，再使自以为不行者知其行，它的运用从受教育者不自以为行出发。两种教学方法的共同之处在于对"知"的探索、对"人"的关注，以及对学习者思考的重视。苏格拉底"产婆术"发展至今，已经成为比较成熟的谈话式教学法，为教师广泛使用。其优点是有助于增强学生的主体意识，有助于阐释课程教学的主体内容，有助于激发学生的思维互动。其不足在于对教师、学生的水平要求都很高，教学范围不能大，小班额教学效果更佳。

2.探究式教学法

所谓探究式课堂教学，就是以探究为主的教学。具体说它是指教学过程是在教师的启发诱导下，以学生独立自主学习和合作讨论为前提，以现行教材为基本探究内容，以学生周围世界和生活实际为参照对象，为学生提供充分自由表达、质疑、探究、讨论问题的机会，让学生通过个人、小组、集体等多种解难释疑尝试活动，将自己所学知识应用于解决实际问题的一种教学形式。探究式教学就是将科学作为探究过程来讲授，让学生像科学家进行科学探究一样在探究过程中发现科学概念、科学规律，培养学生的探究能力和科学精神。探究式教学是以探究活动为参考的，学生探究活动与科学探究活动的基本路径和要求是相通的，通过探究活动可以引导学生更好更快地理解和掌握科学探究的技能和方法，能够更好地培养和激发学生的研究思维，从而深化学生对知识的深度理解和融通。总结已有的探究教学实践（Su Gang, 1995; Harrison, A.G., Grayson, D, J., &. Tresgust, D.F., 1999, ect），可以得出探究教学主要有以下两种基本的模型，分别如图8-3，图8-4所示之模型A.模型B。

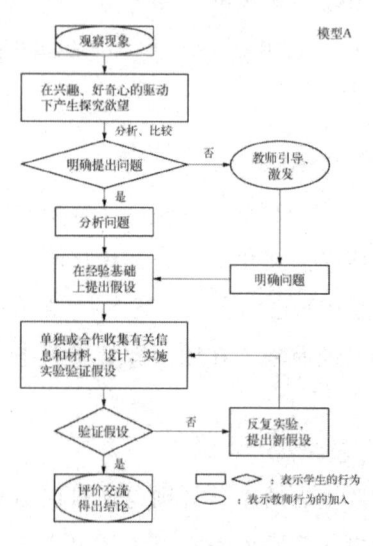

图8-3 探究式教学模式A

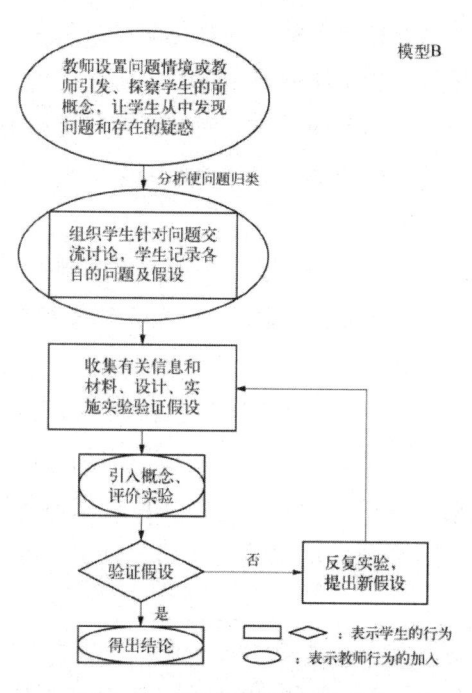

图 8-4 探究式教学模式 B

模型 A 强调从现象到问题，模型 B 侧重从启发到问题，然后都在学生的发现与思考中，提出问题，分析问题，提出假设，验证假设，最终得出结论。探究式教学相较于传统教学，能够极大地解放学生、调动学生、鼓励学生，也能够破除教师自我中心感，使其能够在探究中与学生一起互动发展。张崇善认为探究式教学应该遵循学生的认知规律，以素质教育思想为指导，学生主动参与为前提，自主学习为途径，合作讨论为形式，培养创新精神和实践能力为重点，构建教师导、学生学的教学程序。

3.案例式教学法

案例教学法起初是英美法系国家法学院的主要教学法，1870年前后，哈佛法学院克里斯托弗·哥伦布·郎得尔开始在法学教育中使用。案例教学法是教师根据课程教学的内容和目标，引导学生积极参与课前精心设计的案例的分析、讨论和交流的教学互动过程。操作模式是：教学内容提炼、案例选编、论题设计、案例呈现、课堂讨论、点评总结，以及案例分析报告的撰写与教学反思等，各个教学环节逐次递进、环环相扣。案例教学法的核心内容是案例，主要对象是学生，教育要求要连贯，教学过程要引导。因为案例具有生动性、实效性和代表性，运用案例开展教学可以让学生融入其中，换一种视角来思考问题，使得学习更有趣味性、参与感，不仅可以培养学生的创造性、主动性，还可以增强教学的实效性和现实性。不过案例教学法的实施要求非常高，需要注意以下几点：

一要精编案例。案例选择很关键，既要与课程相关度高，又要易于学生分析掌握，这就要求教学尽量选择学科领域相关的、比较有代表性的、有一定现实意义的、学生容易接触到或者熟悉的经典案例。此外还要精编案例，要将案例中的核心要素、教学观点、重要内涵都能够清晰地传达出来，引导学生分析掌握，实现教学目的。

二要组织严谨。课前准备充分，要在选编案例基础上做好教学准备，包括内容准备、教具准备以及材料准备；课堂讨论、辩论也要指导适当，建立分析逻辑；最后结论要科学合理，有学习意义。

三要分析透彻。案例分析必须透彻准确，教师要在开始阶段将案例信息准确无误地阐述出来，并提出一定的问题，让学生沿着案例问题讨论、思考。同时教师还要营造一个宽松的、头脑风暴式的讨论环境，鼓励学生沿着主题畅所欲言、互相交流、认真分析，引导他们由"学会"到"会学"再到"应用"，真正达到"教是为了不教"的目的。

四要深入对话总结。对话就是要讨论，师生讨论、生生讨论、组内讨论、组间讨论，自主讨论、引导讨论，各种讨论相结合，逐步形成一致的意见或者结论，通过多轮、多方、多次辩证讨论之后形成的结论，会给学生以启迪。因为结论是学生讨论出来的，观点是学生自主形成的，学生的自我认可感会增强，同时在对话交流和探讨中查找自身理解问题、分析问题的不足，学习不同视角、不同方法看待问题，学生的获得感也会增强。

苏格拉底"产婆术"、探究式教学法、案例式教学法等均是由国外提出、引进国内并运用于思政课教学的。苏格拉底"产婆术"尤其强调诘问引领，促发学生主动思考，不断深挖问题本质以思深想透。这种教学法的魅力在于积极关注学生、呼应学生需求、以学生为中心，不足在于，由于思政课教学班额普遍过大，导致其在教学中的适用性不强。探究式教学法与苏格拉底"产婆术"有共同特点，即关注学生，不同在于探究式教学强调教师引导、学生分组探究，这在一定程度上回避了大班额教学障碍问题，相对而言，其在思政课教学中的适用性更强。案例式教学法比前两者有更强的适用性，因为它不受大班额等问题的影响，主要依靠讲授、分析，引发思考，效果一样显著。随着国际化的发展，还会有更多教学法被引入国内，引入思政课教学，只要教师们适度加以改造、中国化、思政化，一定会使其更加适用于思政课教学，更加有助于推动思政课教学质量提升。

**（四）新主体要求新方法**

访谈中有老师认为，随着教育主体多元化，不同的主体会对教学方法有不同的诉求，需要予以应对。这是教学方法创新的倒逼机制。

### 1.新主体

新主体是多元的,教学双主体,一是教师,二是学生,教师、学生都随着时代的更迭不断变化更新。同时还有更多与教学有关的主体,如国家和区域教育主管部门、高校、社会、家庭等也是与教学有关的主体。这些人群既是教学主体的一分子,又是教学的重要利益相关者。不管是占据主要地位的教学双主体,还是对教学影响较大的相关主体,都对教学方法有着非常高的期待,要求不断发展创新教学方法,以提高教学质量,其中尤以学生、主管部门和社会为最。

第一是学生。学生是学习主体、需求方,是变化着的未来。随着时代的发展,"00后"开始进入大学校园。"00后"大学生是"网络原住民",对传统范式的学习积极性不高,对网络学习的热情和期待都非常高,因此要依据这种学习方式选择取向的变化,转变教学方法,适当增加网络和新媒体教学,以便增强课堂黏性,吸引学生持续学习。第二是主管部门。近年来,教育部持续要求提高高等教育质量,提倡打造"金课",这就要求思政课教师加强教学探索,创新教学方法,让"金课"闪放金光。第三是社会。社会是人才的需求方、使用方、检验场,要求高校培养出合格人才为社会所用。这就要求高校教师夯实教育质量,活用教学方法,让学生在校学习期间能够学到本领、学会研究、学通技能。

### 2.新方法

不同主体对思政课教学方法创新都会有强烈的诉求,思政课教师必须不断创新教育教学方法才有可能赢得学生、主管部门和社会等主体的普遍认可,针对主体需求而创新出来的教学方法也有多种,其中包括抛锚式教学法、体验式教学法、项目教学法等典型方法。

抛锚式教学法是指通过现实生活中存在的宏观背景,或利用交互式计算机、影碟光盘和互联网技术创设、虚拟逼真的学习情境,并从学习情境中引出能够引起学生兴趣的问题、故事、情节或情景,即"锚点"问题,围绕"锚点"组织学习和教学活动的一种教学方式。抛锚式教学法对情境创设要求很高,既要求景物、场景和环境的真实性或者高仿真性,又要求人物、情节,以及由场景、景物所唤起的人的情绪和内心境界。因此,抛锚式教学法又常被称为情境教学法。抛锚式教学法以建构主义理论为基础,强调引导学生完成知识学习的意义建构,要求教育者通过创设真实的问题环境、情感环境让学生去感受、认知和学习,以达到教学的目的。抛锚式教学法的教学过程大概可以分为四步,第一步是创设情境。情境要尽可能真实,且要以思想境界为前提,以知识为基础,以教师的业务素质和技能为条件,以教学设施为硬件基础,以了解学生为先决条件。创造情境可以通过语言、试验和参观、设问等不同方式进行。第二步是确定问题。问题是抛锚式教学法的核心,是引导和启发学生思考的关键,也是"锚"之所在。问题的确定应该与课程内容、知识点和目标密切结合，问题的解决过程就是知识的学习和反思过程。第三步是自主与协作学习。抛锚式教学法营造了比较真实的学习情境，学生的求知欲和主动性将被大大激发，学生自主学习、协作学习的意愿和能力也将进一步提高，对于学习的意义也将进一步明确。第四步是效果评价。抛锚式教学法引导学生通过认知建构来深化认知学习，强化知识理解和融会贯通，学生学习效果会更有深度。

体验式教学法是指教师利用各种手段和方法、精心创设一种适宜的情境和情感氛围，通过置身于特定情境的实战演练，让学生亲自参加实践活动、在活动中以自主独特的方式感受、认知、思考、体验和感悟，从而获取新知识、新技能，同时激发学习者的生命活力和内在价值感的一种教学方式。体验式教学法的理论基础是杜威的经验学习理论，该理论认为学习来自经验，要在做中学才能获得比较好的学习成效。该方法与"知行合一致良知"的传统心学领域的教学方法有异曲同工之妙。体验式教学法突出实践的重要性，重视学生的主体地位，要求以学生体验为中心，推动"实践—认识—再实践—再认识"的哲学思维，要求过程循序渐进、学生独立思考、教学民主参与。在具体教学中要注意把握时机、发掘素材、注重体验等三个方面。首先要把握时机。把握时机的关键是要适时适度，辅以适当的活动，流程化的预设可以处理得更柔和，衔接得更合理。随机性的处置可以结合学生发言以及相关的表现给予适当的引导，这样就更贴实际、更有针对性。其次要发掘素材。要充分运用视频、图片、语音等各种媒体情境拉近距离，在通过阅读、对话、表演、辩论等多种活动增强体验、感悟和思索。最后要注重体验。体验来自学习、生活和实践的方方面面，生活化的实践是最好的思政课实践教学内容，既真实又贴近现实，学生学习获得感很好。

项目教学法主要是以学生自主探索为基础，采用科学研究及实践手段，充分发挥学生的主体性和创新精神，促进学生主动接受知识的一种教学方法。以"项目教学法"为关键词在中国知网中检索发现，该教学法的运用和研究成果大部分落在了职业教育领域，普通本科教学中应用较少。究其原因可能是因为项目教学法是以为社会培养实用性人才为直接目的的一种人才培养方法。随着社会的发展，越来越多的地方院校、普通本科高校在向应用型本科转型，人才培养定位开始转向甚至与职业教育交融，而职业教育也开始探索培养本科生甚至研究生。因此，项目教学法的适用范围不应被局限于高职院校，普通本科甚至是双一流高校的部分学科、专业、课程都可以适当运用项目教学法开展教学实践。项目教学是教与练的过程，包括项目选择与设计、项目展开与讨论、项目总结与提升等程序。项目选择与设计要与学生实际认知能力和实践水平相称，要与课程内容相关、贴近生活实际，要具有实践性、启发性、典型性、目的性，以实现教学目标。项目展开与讨论要紧扣教学主题，以项目问题为中心，分析、讨论项目的相关要素，要注重练习和互动学习的过程把握，教师要激励学生投入实践、参与讨论。项目总结与提升是对学生项目学习与实践的总结、评价与反馈，既是学生的学习总结，也是教师的教学总结，通过总结性评价给予学生更多针对性的指导和分析，帮助他们重温项目过程、分析项目得失、把握项目关键。

新主体新在人，新在人的思想、价值观和需求。如前文所述，思政课教学领域的新主体，主要是学生、政府和社会等三个方面，其中又以学生最为核心。坚持学生中心，就要积极关注和呼应学生主体的思想、价值观和需求，在教学方法的创设和使用上，以主体需求为重要导向。在实践中，抛锚式教学法、体验式教学法、项目教学法等方法被提出并广泛运用。虽然上述三类教学法各有限制和不足之处，但其可取之处更多，尤其是强调学生主体、学生中心、学生感受、学生需求，并能够通过一定的设定将有关内容传授给学生。抛锚式教学法的"锚"、体验式教学法的"实践体验"、项目教学法的"过程"从不同侧面展现了教学法的魅力。具体到思政课教学领域中，上述三种教学方法均有其价值和意义，"锚"能够帮助教师和学生锁定关键信息，为学习目标设立和达成奠定基础。"实践体验"可以让学生更好融入学习，更加切身地感受思政课教学内容的本身。"过程"可以让学生更加系统地参与学习，了解项目学习的全过程，以增强对相关学习内容的整体认知。因此，随着"00后"大学生逐渐成为思政课教学的主要对象，加强针对"00后"思想、价值观和需求去设计思政课教学方法越发显得重要，因新主体创设新教学方法，既必要又急需。

## 三、当前创新思政课教学方法的新路径

### （一）协同式创新

有受访老师认为，协同育人是一种趋势，也是一种选择。协同创新是以知识增值为核心，企业、政府、知识生产机构（大学、研究机构）、中介机构和用户等为了实现重大科技创新而开展的大跨度整合的创新组织模式。协同创新已经成为当前国家科研、教学创新活动中非常重要的范式。福建师范大学"大格局思想政治理论课协同创新的探索与实践"项目获得2018年福建省教学成果特等奖，就是思政课协同创新探索的典范。可见，思政课的协同创新平台逐渐走上舞台，其特点也非常显著：第一是主体协同。从教师、学生双主体，到政府主管部门、高校、企业等相关主体，协同一致推进思政课教学方法创新和资源整合，形成学习新气象。第二是利益协同。从各利益相关者视角出发，夯实思政课育人的共识基础，尽可能多地推动目标一致化、长期化、常态化。第三是环境协同，要协同校内联

动、校内外联动两个方面，实现思政课教学的内环境、外环境协同一致，为思政课教学法的创新营造更好的环境。

### （二）融合式创新

有受访老师认为，融合创新是思政课教学方法创新的重要路径之一。融合创新是一种通过采用模块化集成策略，按照创新路线图，将政府、企业、科研院校、社会组织等不同主体聚集，将技术创新与社会创新（包括组织结构、社会进程、金融管理、制度机制方面的创新）相结合，利用跨学科跨部门方法，寻求应对创新活动中复杂性挑战解决方案的创新。相对于协同创新、传统创新，融合创新更加强调跨学科、跨部门，技术集成、组织集聚，强调模块化的集成创新路线，着力点在目标融合、主体融合、学科融合。思政课教学方法创新实践中，运用融合式创新，可以更多地从技术集成和组织集聚的视角来探索。例如当前上海高校中普遍开展的课程思政教学改革就是跨学科、跨部门的成功实践，课程思政将专业课程、通识课程中的思政资源挖掘出来，开展针对性的思政教育，与思政课教学形成同向同行，效果显著。慕课、微课可以视为已有的技术集成和组织集聚的创新实践。未来还可以运用大数据、人工智能等新技术探索思政课教学方法创新的新实践。

### （三）原始创新

原始性创新是指通过科学实验和理论研究探索事物的现象、结构、运动及其相互作用规律，或者运用科学理论解决经济社会发展中关键的科学技术问题的过程。与协同创新和融合创新不同，原始创新强调原创，不是集成型创新，要求创新主体提出原创理论、路径和方法，得出原创成果。所以相对而言，原始创新难度最大，影响也最大。自然科学、社会科学都可以进行原始创新。社会科学领域的原始创新强调逻辑、理论和实效。陈雅兰等通过调查研究总结出原始创新的影响因素，认为内在和外在两方面因素会影响原始创新。内在因素有原始积累、核心人物、团队协作、原创技巧、科研兴趣，外在因素包括创新氛围、激励机制（包括经费支持、合理的立项审查和成果评价体系、待遇等政策体系及相应制度）等。他们提出了原始创新的演化机理模型（图8-5），认为原始积累和项目选择是诱发因子，核心人物、创新文化、激励机制、原创技巧、科研兴趣、团队协作是创新研究的强动力，原创研究成果需要保护以及做好评价。

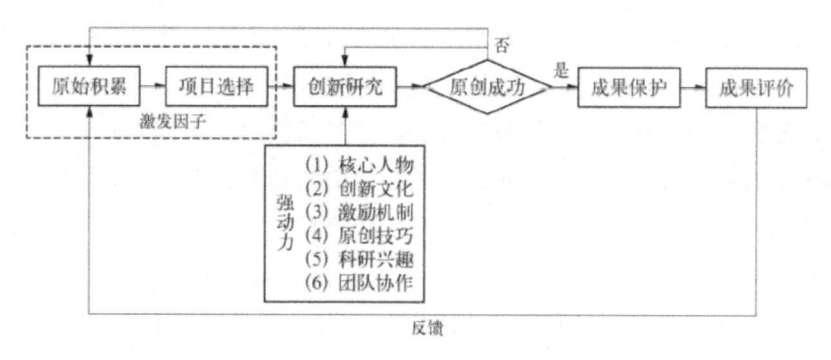

图 8-5　原始创新的演化机理模型

具体到思政课教学法的原始创新领域而言，首先要注重对现有教学方法的研究分析，萃取和积淀优秀教学方法的特质与共性，然后选择切入视角和内容匹配，然后在学科领军人才、教学杰出人才的带领下，开展创新研究。如能实现原创突破，则应该及时提出成果保护与评价。思政课教学法的原始创新应该更多扎根于中国传统文化，将其与思政课内容、价值结合在一起，萃取、形成新的教学方法。

综合前文所述，与质性访谈中诸多老师的切身感受相应，思政课教学方法之于提升思政课教学质量无比重要，从实证评价的数据来看，教学方法之于学生的质量判断也非常重要。过去一段时间，曾出现过于强调创新而忽视传统教学方法有效性的思想。实际上，这种思想不准确。一些受访老师提出，传统教学方法在一些教学环节中，作用依旧突出，做好守正和创新兼顾，灵活运用教学方法，才是提高方法与内容、方法与学生及其需求匹配的关键，也是通过教学方法推动思政课教学质量提升的关键。

## 第四节　成效与评价：遵照学习投入鼎新教学评价

学习成效是学习行为的综合学习结果与实现这一学习结果所付出的综合学习成本之比，即单位学习成本的综合学习结果。学习成效是学习投入的成果体现，也是学习评价的客观反映。学习成效与高等教育质量关系密切，有学者认为高等教育质量与学生发展质量密切相关，认为"学生质量是高校质量的根本体现，大学生应该成为质量的主体"。因此，判断思政课教学质量高低的重要依据应该是学生学习成效，学习成效高低的关键则是学习投入。在传统的思政课教学中所呈现的教师中心化、学生边缘化，教材中心化、实践边缘化，课堂中心化、现场边缘化等几个方面的问题可能是造成学生投入度低的原因之一，即学生在教学中没有被需要、被尊重的感受，是被边缘化的。学生需求没有被满足也是造成其学习投入低的重要原因。评价是检验学生学习成效的主要方式，随着评价工具的发展，评价越来越强调客观、公正，但正如前文所述，评价容易陷入工具理性的怪圈，反而造成忽视学生的主体情感、内在需求和价值认可，评价一旦不能获得学生认可，则评价的内在价值、精神价值和多元价值将大大降低。

在实证研究中，学生成效与评价位于五大因素第四位，足见学生对于该项内容并不满意。其原因可能如前文所析，在教学评价领域中，学生的主体性没有体现，被边缘化、被忽视、缺少价值认同。学生学习投入与支持位于五大因素第五位，同样体现学生对该项内容并不满意，与学生学习成效与评价结论基本一致。因此，引导学生正式评价、认可评价、参与评价不仅对判断学生学习成效有用，对提升学生学习成效和学习投入都会起到促进作用。因此发挥评价引导和激励的作用，推动和提升学习投入和成效，是提高思政课教学质量的有效路径。

## 一、研究学习投入的影响因素

大学生学习性投入作为一个多维度的概念，既包括学生为主导的学习投入，即个人努力质量和人际互动，也包括院校为主导的学习投入，即课程要求和校园环境支持。前期不少研究表明，学生学习性投入对学生成长具有正向的中介作用，这种作用在不同类型院校中存在着差异。可见研究和提高学习投入的重要性。学习投入受到哪些因素影响？一般认为，学习投入受到学校教育因素、学生主观因素以及学习背景因素等方面的影响。显然，这不足以支撑学习投入研究做出结论判断，必须深刻研究相关影响因素，甄别主次、确定内涵，才能为思政课教学改革提供更加有针对性的支持。有研究认为，学习投入的影响因素可以分为两类：

（1）个体变量，包括人口统计学变量（如个体的性别、种族、家庭收入等）和个体特征变量（如倦怠、专业承诺等）。

（2）环境变量，包括家庭和学校等变量。

在本研究设计中，将人口统计学因素作为重要的教学质量评价参考要素，也是基于上述相关研究的判断。所不同的是，综合前人研究成果和本研究假设、验证，本研究将有关因素进行类聚，认为人口统计学因素、心理因素和外部教学因素是影响学生学习投入的主要因素。高校思政课教师要根据这些因素，对教学进行调整，对学生学习行为进行教育牵引，提高学生学习投入度。课程评价是做好牵引、确立价值导向的关键，为提升学习投入必须倒逼思政课教学评价改革。

### （一）人口统计学因素

根据有关研究结论，人口统计学因素与学生学习投入和学习质量相关度极高。人口统计学因素与学生成长背景、心理行为、认知基础、价值观念密切相关，具体包括性别因素、年级因素、专业背景等，这些因素与认知基础、认知背景极为相关，对学生学习投入影响显著：

1.性别因素

因为男女在学习行为、思维习惯和知识转化方面存在着显著差异，男性多好动、女性偏文静，男性偏向于线性思维、女性偏向于感性思维，男性敏于计算、逻辑推演，女性擅长联想、归纳演绎。

2.年级因素

年级因素中包含年龄因素和认知基础因素两个部分，低年级的学生年龄偏低，认知水平和能力相对较低，对思政课中辩证性强、推理性强的知识理解能力偏弱，而高年级的学生随着年龄的成长，心智越发成熟，厚实的知识基础为后期开展思政课学习提供了扎实的基础。当然也会存在部分学生学习态度不端正，年级越高，越不重视思政课，这是另一种因素，与人口统计学因素不同。

3.专业背景因素

学科专业对于学习思政课影响体现在三个方面，一是高中阶段的选科与高考，高考科目考政治的学生与未考政治的学生对思政课的理解、认知水平会有显著不同；二是高中阶段偏理科与偏文科的学生，对思政课学习也会有显著不同；三是大学阶段的学科专业方向与思政课学习也会有显著影响，部分学科专业之间的学生思政课学习投入也会存在显著差异。

显然，人口统计学因素还包括家庭经济条件、生源地、学校所在地等，这些因素都从不同角度影响学生学习投入乃至教学质量提升。第一是家庭经济条件因素。经济条件作为基础性条件之一，对学生学习影响显著，最为直接的是一个家庭经济收入制约对教育的投入，从而影响该家庭中子女的学习投入和学习质量。第二是生源地因素。生源地对于学生学习的影响非常具体，教学设施、学生眼界、周边环境都会因不同生源地发生变化，尤其在城市、乡镇和农村之间存在显著差异。第三是学校所在地因素。很多年来，高考填志愿时学校、专业和城市是学生和家长重点考虑的三个要素，可见以学校所在地城市为代表的区域因素对学生学习影响之大。学校所在地会给学生带来显著的文化影响、经济影响、政治影响等，并通过对其学习态度、学习积极性的影响对学生学习投入产生显著影响。

### （二）心理因素

在过去的研究成果中，有不少学者提出，学生的学习动机、学习习惯、第二课堂参与情况等对学生学习投入影响显著：

1.学习动机

大学生的学习动机分为内部动机和外部动机，内部动机以自我成就感为代表，外部动机以升学和就业压力为代表。大学生的内、外部动机不存在显著的相关，也并非截然对立，是相互影响、相互作用的；大学生的内部动机与学习成绩之间存在极其显著的相关，外部动机与学习成绩存在负相关，即过于强烈的外部动机对学习成绩会产生消极作用。

2. 学习习惯

学习习惯既是学习的养成过程，也是学习的习惯性行为。良好的学习习惯对于学生学习的促进具有显著的正向影响。学习习惯具有生成性、固定化、自动化和情感依赖等几个特点，即习惯不是天生的，是学习过程中养成的，具有固定的惯性特征，有一定的自动化特征和典型行为反射系统，有情感依赖性。

3. 第二课堂参与行为

第二课堂是第一课堂的重要补充，是学生学习投入与支持的重要影响因素。孙睿君等人通过研究认为，第二课堂活动参与对学生的学习成绩的影响不显著，但对其知识技能收获具有显著的积极作用。即虽然第二课堂参与情况对实际学业成绩影响不显著，但对学生以后的人生成长可能有更深远的影响，这说明思政课教师不能完全按照学习成绩来衡量学生学习成效与评价，还要关注课堂和实践教学对学生未来发展产生的影响。

### （三）外部教学因素

外部教学因素主要指教师教学内容与方法、教学互动与组织和学习成效与评价等多个教学方面的因素，还包括校风、学风乃至社会风气等。根据前期调研可以得出结论，教学内容与方法、教学互动与组织和学习成效与评价都是影响思政课教学质量的关键因素。

1. 教学内容与方法

在教材内容基本设定的基础上，教学方法尤为重要。教学方法对课堂教学、实践教学效果影响显著，好的教学方法会活跃课堂气氛、激发学生学习兴趣、培养学生学习探索精神，激发学生学习投入积极性，进而提高思政课教学质量。

2. 教学组织

当前思政课教学组织的核心问题是大班额，动辄100~150人的教学班额与专业课、基础课30~50人教学班额形成鲜明对比。如此高的生师比使得教学组织形态过分单一、难以变化，组织灵活度降低，学生感受度低、学习成效随之降低。

3. 师生互动

师生互动是以教师水平和学生态度为基础的，需要教师以极强的责任心、良好的教学方法、高尚的人格魅力来吸引学生、激励学生，使学生以积极的学习态度投入到思政课的学习中去。师生互动应该是由教师主导、学生积极参与的，如果教师主导不当或者学生主导性太强，则容易使课堂失去秩序，反而不利于教学。在教学实施过程中，还要注意整个教学系统的协调、有序推进，整体性教学对学生学习投入影响明显。四是学习成效与评价。教育界普遍认为，教学中正向激励和引领比强迫压制灌输的效果要好。适度运用评价激励手段，激发学生学习兴趣、提升学习动力，会产生良性循环，不断引领学生加强学习投入、提升学习质量。

人口统计学因素、心理因素和外部教学因素是影响学生学习投入的重要方面。在教学实践中，鉴于学生学习投入与学校教学支持、与学习成效与评价均有一定的积极关系，思政课教师应该更多关注上述三方面因素对学生学习投入积极性的影响，通过各种方式刺激学生增强学生学习投入度。

## 二、实施课程评价引领思政课教学科学分段

教学实施是一个系统性工程，是将教材体系转化为教学体系的重要路径。教学实施是影响学生学习成效的重要因素，分为教学前段、教学中段，教学后段。教学前段主要指教学设计、开发和教案制订等教学开展前的阶段；教学中段是指课程教学的过程，每节课都还包括课前、课中、课后三个部分；教学后段是考核、评估、反馈和调试阶段。整个教学实施前中后段缺一不可，缺少任何一个环节，教学系统都不完整。教学实施的前段、后段是教师占据完全主导地位的部分，教学实施中段是学生能够主观感受、形成学习成效的核心环节。因此在教学实施中段对于学生体验来说更加重要，也是教学效果评价的重要依据。

### （一）推动课前准备的协同评估

课前准备是教师的本分，也是学生的义务。课前准备对于教师来说是备课，包括重新熟悉教材、撰写完善教案、更新教学内容、预判教学进展等各种教学的前期内容。教师备课充分会提高教学掌控力，增强学生的认可度，从而激发学生学习热情，提高学生学习成效评价。对于学生来说是对前期学习的温习、对即将学习内容的预习，主动寻找学习的难点和问题，以便于在课程教学中寻找解决答案。学生加强温习与预习势必会提高学习成效。可见，课前准备对于学生学习投入、学习成效评价均有一定的正向作用。

1.教师课前准备的评估

备课是教师教学的日常行为。课前，教师应该认真备课，这既是职业要求也是教学需要。不过，教师备课作为教学的必须环节，并没有受到教学管理部门和质量评价部门的重视，该环节被认为是教师的个人业务基础性内容，是教学细节，应该是教师个人重视，教学主管部门和质量评价部门缺位。殊不知，备课质量直接影响教学质量。教师备课质量高，准备充分，教学质量就会显著提高，反之备课质量低则会直接导致教学质量低。这就要求教学主管部门加强对教师备课和其他课前准备的评价、评估。至少可以从以下三个方面开展教师课前准备评估：一

是教案的完整度。教学主管部门可以定期抽查教师教案，要求教师将有关章节的教案提交审核，或者有督导随堂听课时检查教师教案撰写情况，作为课前教学准备的重要评估内容。二是要求教师给学生布置课前作业。布置课前作业，一方面可以推动学生课前预习落地，另一方面可以让教师主动思考后一阶段课程的主要内容、任务和重点。三是要求教师开展适当课前辅导。教师开展适当的课前辅导与布置课前作业异曲同工，一样可以促发学生主动预习，促使教师主动部署。

2.学生课前准备的评估

预习同复习一样，是学生学习的重要路径和方式，是学生课前准备的重要组成。对于学生而言，预习是自行熟悉陌生的知识的过程，是自主学习的重要方式，更是开展知识建构的重要方式。因此，于学生而言课前准备是重要的学习任务，不可忽视。不过，当前不少大学生对于思政课的学习态度消极，对思政课的重要性认可度低，这就导致不少大学生学习积极性不高、学习懈怠感增强。对于学生课前准备情况要准确评估，且这一任务的主要落实方应该是任课教师。可以通过以下方法落实：一是布置预习内容。要求学生在课前完成规定的预习内容。二是适当的学习检测。可以通过布置一定的课前预习作业，检查学生的预习情况，也可以通过课中的提问环节检查学生的课前预习情况。三是适当调整教学安排。预习是学生的重要学习任务和方式，检验预习情况是教师了解学习情况的重要手段，在此基础上对教学安排进行合理的、适当的微调也就成为必要的教学安排。

### （二）完善课中教学的质量评价

课堂教学、实践教学都是课中的主要部分，是以单位时间计时开展的课堂教学活动。课堂教学是教学活动的主要环节，是学生开展学习活动、提高学习质量的主要路径。一般而言，高校普遍采用90分钟大课制的方式开展思政课教学，90分钟内包括两小节课，每节45分钟，两小节间有短暂休息，时间约为5分钟。思政课教学均是由两小节、90分钟构成，并不断推进的。高校应该抓住思政课的"90分钟"做质量文章。

1.教师提高提问质量

提问是一种非常好的促发学生自我思考、引导学生开启辩证思维的重要教学手段。古希腊苏格拉底"产婆术"、孔子引导式教育均是以提问为上。提问之所以重要，是因为提问可以提高学生投入度、关注度和注意力，可以加强学生学习的主动性、积极性和创造性，可以启发学生开启思辨、引导学生开展论辩。教师要提高提问的质量必须从以下几方面设计提问：一是紧扣教学内容。教学内容是教学设问的主要依据，如果教学设问与教学内容无关，则无法对学生学习产生真正促进作用，更无法推动教学内容落地。二是贴近学生生活。思政课的教学内容容易产生"高大上"的感觉,教师要通过一些"接地气"的设问,使教学成为教材内容与学生理解之间的桥梁。三是紧跟时事热点。针对时事热点进行设问,绝不是"蹭热点""随大流",而是增强教学的针对性,及时呼应学生关切、提升学生学习投入度的关键举措。这既是思政课的课程精神要求,也是学生学习成长的需求。

2.教师评估学生学习成效

学生学习成效分短期、中期和长期三个阶段,课中教学的学习成效评价是一种短期的评价方式。课中教学评价是对90分钟的教学效果、学习效果的简单、直接、即时性的评价,这有利于教师及时掌握教学效果和学生学习情况。高校要开展教学评价就需要对90分钟的课堂进行重构,可以按照以下思路来进行:一是确定90分钟的教学结构。思政课是高校开展大学生思想政治教育活动的主阵地,每个90分钟都是重要的教学实施过程,应该认真设计。一个高效的90分钟教学体系至少应该包括前课回顾、本节教学和学生学习成效评估三个部分。二是确定90分钟的教学安排。三个部分的时间分布可视具体内容和实际教学情况来设定,一般而言,采用"5+80+5"的方式比较适宜当前的思政课课堂。三是确定90分钟的评价方式。教学评价是一种非常重要的、检测学生学习情况的评价活动。高校多采用以学期为单位评价思政课教学质量的方式推进教学评价,对于90分钟内的课程评价探索较少。高校可以借助新技术的发展和运用,探索新的便捷的课堂教学评价方式。

3.教师指导学生做好拓展性学习

拓展性学习是对日常学习的引申和拓展,是教师教育引导学生开展自我学习、指导学生学习方向的重要方式。当前大学生拓展性学习存在着专业课程学习的局限性、对拓展性学习认识的局限性以及对拓展性学习实践的局限性等三个方面的问题。现代教学观中,教师的启发作用要远大于教师的传授作用。因此,教师指导学生做好拓展性学习是重要任务之一。做好拓展性学习有如下具体的实践路径:一是坚持系统化教学。即将思政课教学目标、内容与专业教学乃至整个人才培养目标、内容融合一致、相互支撑,使之成为大学生人生成才的重要助力。思政课教师要紧密结合学生日常学习生活指导学生开展拓展性学习,而不是就课程教课程。二是点面结合。在具体章节及知识点的教学过程中,需要将教学内容加以拓展,指导学生自主开展相关内容的学习、体会。比如北京某高校开展的"时政述评",要求学生结合本节课的具体内容在前10分钟就某一时政或社会热点新闻开展述评,既要还原事件原貌,又要有个人分析见解。这就容易让学生进入课堂,由点及面、由浅入深地学习。三是留好接口。这个接口是课堂与课外的接口,可以是利用翻转课堂教学方式引导学生自主学习,在回归课堂时解决问题;也可以是教学与自学的接口,推荐学生阅读相关领域的书籍,引导学生将教学与自学联通,形成双学共育的良好局面。

### (三) 追踪课后长期的影响评测

思政课教学应该注重学生学习成效与评价,甚至是跟踪评价、长期评价。教学的主要目标是培养人才,培养人才的主要路径是课堂教学、实践教学,但是教学质量或学生学习成效的成果表现却不只是在课堂之中,更重要的是课后一段时期乃至学生过毕业后的整个人生。因此如何评判教学质量,追踪课程教学对学生的成长影响,就成为重要的问题。当前以"知识学习"视角而开展的课程考试的方式是普遍采用的短期教学质量和学习质量的评测方式,还有注重对学生未来发展影响的追踪式调查。

1.丰富短期考试方式

思政课作为思想政治教育类的课程,内含丰富的知识点,这些知识点是学生必须掌握的。考试是检测学生知识点是否掌握的重要方式。当前的考试主要是由闭卷和开卷两种方式进行,闭卷考试主要考查学生对概念、概况以及理论等知识点的掌握情况,开卷考试多注重考查学生对某一事件、观点、理论的理解、应用、分析、述评水平。开卷、闭卷考试各有优缺点,可以通过以下方法作适当调试、创新以增强考试的评测效力:一是增加课堂随机测试。即将每节课的内容作为评测目标,在课程即将结束的时候开展测评,观测学生当堂学习掌握情况。这种课堂随机测试有利于教师及时掌握学生学习进展情况,也有利于加大学生学习压力,使之全神贯注于课堂学习。二是灵活运用闭卷开卷考试。开卷、闭卷各有优势,思政课教师可以综合运用两者的优点,分别开展开、闭卷考试。比如一门考试分上、下试卷,上卷为闭卷,占时45分钟,主要考查概念、理论、观点等知识点的掌握情况,下卷为开卷,占时45分钟,主要考查知识点的应用情况。三是合理赋值。学生课程学习成绩应该是由出勤、课堂测试及表现、期末考试成绩等多个方面的成绩综合而成,其中出勤是学生学期整体进课堂情况的记录,侧面反映学生的学习积极性和学习态度,课堂测试及表现是学生在各个阶段的知识学习情况及学习活跃度,期末考试成绩是学生课程综合测试的结果。三个方面的表现均是学生课程学习的表现情况,思政课教师应该根据实际情况给予一定的赋值,最终形成课程学习的总分。总分可以客观反映学生整个课程学习的情况。

2.加强长期跟踪评测

长期跟踪思政课的教学质量非常难,难点在于三个方面:一是评判优劣的标准缺失,二是评判周期的长短认识不一,三是评判方式的选择及实施的主体难以客观。这三个方面的原因很容易造成长期跟踪测评的失败。不过既然要监测思政课教学质量，适当加强长期跟踪评测就是必要的。高校可以通过如下融合检测的方式推进相关评测落地：一是监测量化指标。如毕业生五年、十年之内的入党率、成为入党积极分子比例等，政治身份的进步可以较为直观地反映学生思想的进步，思政课是学生思想进步的前期基础。因此将政治身份的进步作为量化指标有一定科学依据。二是现实工作表现。如毕业五年、十年内的工作业绩、成效以及职务晋升的情况，作为其职业能力、态度、价值观的重要内容，这些要素是以思想为基础的。因此将工作表现作为衡量思政课教学质量的后续影响也有一定科学依据。三是生活态度。思政课的重要目标就是教育引导学生健康、积极地生活。如果在五年、十年内学生经历社会的磨砺能够保持一个阳光、向上的生活态度，那一样可以将其作为思政课教学质量依据。三个方面的内容有量化也有质性，可以比较客观地反映现状，将其作为思政课长期质量评测的依据是科学的、合理的，也是可操作的。

课程评价视角下的思政课教学改革探索，应该更加注重分段教学评价，其强调的是精细化、专业化，也是适应思政课教学规律的必然要求。通过分阶段的课程评价，可以准确把握思政课教学不同阶段的进展、情况和质量，并在此基础上开展针对性的调试。当前思政课教学中，学生课前准备普遍不足，这就要求思政课教师加强课前辅导，辅以一定的考核激励措施，提高课前准备质量。课中阶段，思政课教师更要积极调动学生学习积极性和创造性，借以提升学生学习投入、学习成效，具体可以通过教学方法革新、教学互动加强等多种路径与教学评价综合运用。课后阶段尤其要加强教学考核评价，通过评价结构、内容和方式的优化，提高学生参与的积极性，提升思政课学习投入度，进而推动思政课教学质量提升。

### 三、推动思政课教学评价改革

当前思政课教学评价、学生学习成效评价还有待进一步完善。教学评价既是评判教学质量的重要手段，也是评判学生学习成效的重要路径。在"以学生为中心"的教学价值观和质量评价观看来，以学生学习成效评价来推动教学效果评价改革成为一种重要选择。以此观之，教学效果评价就应该以学生为中心，通过学生学习成效评价来引导教学效果评价的导向、标准和方式变革。因此，高校要客观评价教学质量，就必须建立一套科学、公正、可操作的评价体系。

#### （一）重置教学评价的价值导向

价值观是人们基于生存、发展和享受的需要，在社会生活实践中形成的关于价值的总观点、总看法，是人们的价值信念、信仰、理想、标准和具体价值取向的综合体系。价值导向是以价值观为判断依据的基本取向。在以往思政课教学评价中，多"以教师为中心"开展教学评价，即观察教师教学能力、教学水平、知识阅历、方法运用等，并将这些要素的基本情况作为教学评价的重要依据。评价的焦点始终在教师身上。鉴于当前教育发展的现状，教学越来越关注学生，越来越倡导学生中心、学生为本，故教学评价的价值导向也应该调整。大学课堂教学的核心价值在于：一切为了学生的学习和发展。这既指出了教学的核心价值所在，也给出了判断教学价值的核心依据——是否为了学生的学习和发展，是否能够促进学生的学习和发展，是否能够激发学生的学习和发展。因此，建立以学生为中心的教学评价的价值导向，适当关注教师的主体作用发挥，兼顾思政课教学组织、管理等内容，形成新的思政课教学评价的价值导向——"以学生为中心"的多元价值导向，这种价值导向"以学生为中心"，兼顾教师、学校、社会、企业和国家等主要利益相关者的诉求。根据前文实证调研数据可以做出判断，以学生为本就要以提高学生学习成效与评价、学习投入与支持和教学质量为主要目标。

### （二）重构教学评价的标准体系

标准是进行评价和管理的必要条件，具有共识性、规范性、权威性、分类性、主体性、客体性。标准体系是标准的集成，是针对某一具体事务的流程、内容、要求构建起来的标准要求体系。重构思政课教学评价的标准体系，就是要重构思政课教学评价的主体内容，校核相关标准。即要"以学生为中心"、以学生发展为主要内容来构建教学效果评价的主要内容，重点突出有利于提高学生学习成效的要素，规避可能会降低或消解学生学习成效的因素。

1.要将标准内容进行重构

刘志军认为现代课堂教学质量评价标准应该包含基础层次、提高层次和体验层次。所谓基础层次包括激发学习兴趣，理解、掌握、会用，提高层次包括主动参与教学，充分、有效地交往，体验层次包括感受生活乐趣，体验创造的成功。这是以学生为中心的教学质量评价标准的分层概念，可以更好关注到学生学习成效评价，更好提升教学成效评价的真实度。2018年教育部颁发《普通高等学校本科专业类教学质量国家标准》（以下简称"国标"），首次在国家层面上提出了教学质量国家标准的概念：一是坚持"以学生为中心"，努力推动教学从"教得好"向"学得好"转变；二是坚持产出导向，主动对接经济社会发展需求；三是坚持突出持续改进，不断加强质量保障体系建设，推动质保工作落地落实。由此可见，推动标准内容结构的重构，首先要将确立多元主义价值导向，"以学生为中心"引领标准重构，更加重视学生学习成效的表现。其次要构筑多层次的标准内容，包括学生基本情况、学生课堂表现、师生互动、学习投入等一系列体现学生中心的评价内容，以及教师教学互动与组织、教学内容与方法等主导性因素的呈现。最后要适度关注学生成绩，学习成绩是学生学习成效的重要反映，是学生知识习得情况的主要指标，相关成绩判定应该在前文论证的基础上综合考量。

2.要重构标准比例

教育部"国标"确定了"以学生为中心"的多元主义价值导向，在标准比例的构成上，学生因素应该占据主导地位，即应该将学生学习成效、学习投入及相关因素列为标准的主要内容，占据一半以上的赋值。之后适当考虑教师因素以及学校因素、社会因素、政府主管部门因素等，关注不同利益相关者的主体需求，以实际情况给予一定赋值。这就构成了学生、教师及其他利益相关者为主要因素群的标准体系。其中学生是主体，学习成效和学习投入是其核心；教师是主导，关注学生是核心；其他利益相关者是重要的参与者，支撑教学是核心。不同因素有不同影响力，应该在标准体系中占据不同的位置。这就要改变以往"以教师为中心"的教学质量评价体系。学生学习成效和学习投入反映在学习成绩、学习态度、学习投入度等多个方面，要通过观测学生学习成效和学习投入的变化，来关联教学效果。这种关联是将影响学生学习成效和学习投入的教学因素与教学效果评价联系起来，如学生学习态度不认真，是学生本身不认可，还是教学方法运用有问题；学生学习课堂测试成绩不好，是因为上课没认真听，还是课程内容没得以消化吸收，或者教师没能将有关理论、概念讲清楚，导致学生未能学会、弄懂、会用。分析学生学习成效、学习投入及其影响因素，有利于教师分析和发现教学问题，有利于推进教学效果评价。在研究中，学生学习成效和学习质量受到人口统计学因素的诸多影响，受到教学互动与组织、教学内容与方法等方面的非人口统计因素影响。两类因素不同路径影响着学生的课堂表现、互动表现、学习成效、学习投入等，进而影响学习质量和教学质量。

### （三）革新教学评价的方式方法

教学评价的方式方法是提高评价质量的关键。当前落实教学评价的主要方式方法有学生评教、督导评教、同行评教、领导评教等，评教的重点在教师身上，不是"以学生为中心"的评价方法。按照新的"以学生为中心"的多元主义价值导向，推动教学评价方式方法革新应该从学生视角展开，即以学生学习成效好坏来推动教学成效评价设计。

1.以学生学习质量为主要评价内容

学习收获是学生学习质量的重要体现。学生收获的主要内容可以包括知识获得、心理获得和素养习得等。高校可以根据学习收获的主要内容设计相关的评价量表，测试学生学习收获水平。教师要重点发挥能够提升学生学习成效的教学要素作用，同样学校也要重视该评价视角的转变，即以能够提高学生学习成效的教学手段为评价依据。

2.改革教学评价的方式

有受访老师表示，教学评价方式不够科学。以前的评教重点在教师身上，评价方式也是"以教师为中心"的，革新教学评价的方式重点在于转教师中心为学生中心、学生评教为教师评学、督导评教为督导评学、同行评教为同伴评学、领导评教为学生自评，通过一系列的主体转换、视角转换，来推动评价方式方法的变化。试卷、问卷、访谈以及跟踪调查的方式是推进评价落地的主要途径。具体的评价方式改革创新可以通过以下几个方面实现：一是运用新技术。思政课教学可以引进多种新技术开展教学评价。例如运用新媒体互动技术，即时开展课堂测试，即时展示学生学习成效评价，反映课堂教学成效。二是贯彻新理念。变灌输式教学为互动式教学，中间以互动问答来监测学生知识习得情况，动态掌握学生学习成效的同时，判断不同教学手段对学生学习成效的影响，推动提高教学效果评价改革。三是增强学生主动性。设立多种反馈和评价渠道，让学生根据实际情况来做选择。如部分高校要求学生在查询期末成绩前开展教学评价，这样既保证了教学评价的覆盖面，也避免了学生出于讨好教师或不敢得罪教师而打高评价分值的情况。四是借鉴国际成果。在国际上已经发展出多种教学评价的方式方法，让学生成为评价的主角，学习成效成为反映教学成效的主要依据。

评价举措不力是导致学习成效不彰的关键原因，评价机制对于学生学习成效、学习投入的引导和激励都具有非常重要的促进作用。学生学习成效与评价、学习投入与支持都是反映学生学习情况的重要指标，从实证的数据来看两者均低于五大要素的平均水平，处于第四、第五位，这说明学生在这两个指标上的质量认可度不高、满意度不高，这也成为推动思政课教学评价改革的重要因素。本研究认为，新时期的思政课教学评价必须坚持"以学生为中心"，这既是"国标"的精神要求，也是课程评价的多元主义价值观要求，学生情况、学生需求、学生学习动力等都必须获得评价的高度关注，并且通过各种成效激励、投入引导、政策支持激励的评价任务来倒逼思政课教学评价改革，进而推动思政课教学质量提升。

## 第五节 素养与能力：始于教学实践建设教师团队

思政课师资队伍建设落伍于时代环境需要是导致思政课教学质量不佳的主要因素之一，体现在思政课教师队伍数量、结构、水平等方面存在一系列问题。在受访的20所高校代表教师中，绝大多数（全部校领导）都提到了教师队伍建设问题，其中数量问题尤其突出，成为高校普遍存在的现象级问题。

"百年大计，教育为本，教育大计，教师为本"，足见思政课师资队伍建设的重要性。国家高度重视思政课教师队伍建设，从师资培训、领军人才培养、专家讲师团建设、制度建设等各个方面开展了一系列富有成效的改革举措，思政课教师队伍质量得以显著提升。不过相对于实际需求而言，思政课师资队伍建设底子太薄、问题颇多，存在数量不够、结构不均、研究能力不足、责任感被消解等显著问题，并没有得到根本扭转，这些问题依然是制约思政课教学改革、教学质量提升的梗阻点。

研究认为，思政课教师队伍建设依然在路上，依然需要通过数量提升、质量建设、结构优化、水平提升、价值实现等四个方面来推动思政课师资队伍建设，进而推动思政课教学质量提升。

## 一、推动思政课教师数量提升

2014年，有学者通过调研发现高校思政课师资队伍建设存在重视不够、政策没有落实到位、师资队伍素质良莠不齐、培训力度不足、少数高校机构建设没跟上等问题。这与本研究在质性访谈中发现的问题基本一致，这一方面说明五年来思政课教师队伍建设没有发生根本性转变，另一方面也说明思政课教师队伍建设还处于低位徘徊。造成如此困境的成因可能与思政课的尴尬处境有关。从课程定位上，虽然思政课是必修课，但主课身份、副课地位的尴尬在日常教学建设中一直存在。学生认为思政课不是专业课程，考试基本靠背、基本都能通过，学校认为思政课是基础类课程，非专业教师也能上，导致师资队伍的数量建设、质量建设都出现一定问题。要改变这一现状，首先得从数量入手。

增加思政课教师数量的途径有很多，引进和培养是最重要的两种方式。

### （一）引进

从全国高校思政课教师总数增长来说，引进的主要渠道是国内高校培养的马克思主义、思想政治教育相关专业的博士毕业生。鉴于思政课的特殊性，国外高校鲜有培养和提供思政课专业教师，所以师资人才培养的重任就落到了国内少数具有马克思主义学科博士学位培养资格的高校。显然，这类高校数量少，每年培养的博士、硕士总量有限，不足以支撑全国高校思政课教师的刚性需求，这就必然导致"吃不饱"的情况。从高校个体来看，虽然全国高校的总需求难以从引进满足，但鉴于不同高校的吸引力和重视程度不一，人才招聘的投入力度不一，会造成各高校人才引进的实际情况存在巨大差别。经济发达地区、财力雄厚的高校会受到博士毕业生的青睐，这类高校可以引进质量优异、数量足够的思政课教师。一些偏远地区、财力单薄的高校情况则相反，引进的数量、质量都会受到很大限制，思政课教师队伍建设则会继续处于低位徘徊的阶段。要从面上解决所有高校思政课教师数量不足的问题，仅靠招聘引进显然不行，还得发挥内部培养的作用。

### （二）培养

高校对思政课教师的需求总量与供给总量之间存在显著的不平衡，需求总量明显大于供给总量，培养是解决差额的重要路径。高校思政课教师来源本就多元，有不少是从其他专业岗位分流而来，虽然思政课教学水平不高，但一定程度上弥补了数量的缺陷。因此，加强内部师资队伍的流转，争取一些有思政课教学意向和热情的老师转岗到思政课教学岗位上来，先解决数量问题，再通过培训、带教、专业学习等多种方式培养、提升转岗教师的专业能力、教学水平。

师资数量是保障思政课教学秩序、教学质量的基础。思政课教师数量要按照350∶1的生师比配备，这是刚性要求，也是质量保证的基础。高校应加大人才引进和培养力度，从经费上加大投入、从政策上适当倾斜、从待遇上逐步提高，借以吸引更多、更优秀的博士毕业生、在职教师投身到思政课教学事业中来。解决师资数量问题，是解决超高生师比、超高班额、超强度工作、高疲劳持久战的主要路径，是消除思政课教师职业倦怠、提高思政课教师积极性，进而提升思政课教学质量的关键基础。

## 二、完善思政课教师团队结构

数量是基础，结构是关键。对于师资队伍建设而言，不管数量是否达到配置要求，结构优化都是必要工作。优化教师团队结构，必须从优化师资队伍总体结构开始，进而优化课程教学团队结构。增加师资队伍数量本身起到优化结构的作用，同时如果能够在增加数量的同时，兼顾学科、专业、研究领域和年龄、职称等结构问题则会起到更好的作用。

### （一）优化师资队伍总体结构

高校思政课教师队伍主要以马克思主义学院专职教师为主，辅以适当的兼职教师，专兼职教师队伍构成了思政课教师的总量，形成了思政课教师的基本结构。当前思政课教师队伍主要存在学科专业背景不强、分流教师过多、年龄职称分布不均等问题，要解决这些问题必须从优化学科结构、优化工作结构、优化来源结构等三个方面着手。一要优化师资队伍总体学科结构。引进、培养一批以马学科背景为主，心理学、历史学、教育学、政治学背景为辅的专兼职思政课教师队伍，这将有利于师资之间形成交叉融合的团队合作，有利于激发教学创新。二要优化教师工作结构。专兼职协同既可以缓解教师数量不足的压力，也可以优化教师队伍结构；同时加强激励保障，可以更好调节师资队伍工作模式，提高师资工作积极性和主动性，加强相互补位。三要优化师资来源结构。社会招聘、校招等引进模式、内部轮岗、选拔等培养模式，都是优化师资来源结构的重要路径。优化来源结构是优化师资总体结构的主要方式。

**（二）优化课程教学团队结构**

优化课程教学团队结构是师资队伍总体结构的再优化，是构建在整体思政课教师队伍基础上的局部优化。尽管当前思政课师资队伍总体优化存在一定困难，但是局部优化、教学团队优化却可以实现：一要培养团队负责人。团队负责人是思政课教学队伍建设的关键，选拔培养一批教学业务出众、教学热情高涨的骨干教师，使之逐渐具备团队负责的能力水平，这将为优化教学团队打下坚实的基础。二要搭建教学团队。一个优秀的团队应该具备职称、年龄和性别等方面的梯队和协调属性，有一定的共同学科基础和差异学科能力。因此，优化思政课教学团队必须从学科、支撑、年龄甚至性别等方面搭建一个团结协同、学科交叉、能力互补的优秀教学团队。三要加强团队交流。一方面要注重内部团队交流，定期开展业务研讨、团队团建，提升业务水平的同时，增强团队凝聚力、战斗力；另一方面加强团队之间的交流互动，互相学习先进经验、做法，探讨解决教学中出现的实践问题，为团队教学水平的总体提升互学互鉴、集思广益。

在思政课教学越来越受到重视的背景下，教学团队建设无疑是最为重要的。教师数量不足是导致师资队伍建设不力的关键原因，队伍建设反映在不同层面，整体师资队伍数量、课程教学团队以及研究能力等是重要内容。课程教学团队是落实课程教学、开展师生互动、落实人才培养、坚持立德树人根本任务的基础，因此高校应该大力加强课程教学团队建设，以团队建设促进教学质量提升。

**三、提升思政课教师研究水平**

职业危机是教师产生职业倦怠的重要原因之一。思政课教师教学能力一方面基于多年的实践锻炼，另一方面就是科研反哺。从质性课程评价的有关结论来看，思政课教师教学任务量巨大、班额巨大、精力消耗巨大，这不仅容易造成教学倦怠，同时也挤压了思政课教师的科研时间。时间、意愿、能力、水平都是制约思政课教师开展科研工作的主要因素，时间是前提，如果大部分的时间被教学占据，科研时间必然受到挤压，而产生力不从心的感觉。同时，思政课教师开展科研也有如下诸多障碍：一是思政课教学的期刊较少，科研成果难以被期刊收录；二是思政课教师职称晋升标准基本参照人文社科标准，没有体现思政课教师的特殊性和重要性；三是高校教师考核体系中普遍存在"重科研、轻教学"的情况，但实践中却因巨量的教学任务挤压了科研的空间，导致考核与实际呈现完全相反的导向。在师资数量、整体教学环境短期无法转变的情况下，要破解如上问题，提升思政课教师科研能力水平，本研究认为应该从以下两方面入手。

### （一）加强师资培训

高校可以优化教师精力和时间配比，在完成基本教学工作量的情况下，将原来教研室活动以及有关会议时间进行重新整合，引进思政课教学科研领域的专家学者进校与思政课教师们开展互动，指导教学和科研实践。寒暑假中，高校要积极倡导和推动寒暑假培训和科研活动，引导教师积极参与寒暑假的各类学术研讨班、培训班，开阔视野的同时能够调节心境，缓解教学压力和职业倦怠问题。

### （二）加强科研团队建设

一般而言，科研活动可以由个人开展，也可以是团队协同，尤其在思政课领域，思政课教师可以选择个人独立开展科研。与此形成对应的是，成立团队开展科研会有更多好处。首先是团队更容易出成果。科研团队可以集中优势力量攻坚具体研究领域，团队能力、水平均要显著高于一般意义上的个人，成果水平也会更高一等，发表机会也会更多。其次是团队智慧更具优势。研究观点、路径、方法都是在思想的激烈碰撞中产生的，团队头脑风暴可以从更多视角、更多领域开展探讨、研究，以便形成更有价值、更加先进的科研成果。最后是要以制度支持团队建设。高校可以借助体制优势，在校内成立相关研究所、研究院，并在此基础上，搭建和推动若干科研团队的建设，在人力、财力、物力上给予支撑。

培训是教师借助外力提升能力水平的重要路径，科研是教师自发投入提升能力水平的重要路径。培训和科研都有多种路径可以支撑思政课教师提升研究能力和水平，实现职称提升、促进教学质量提升。

## 四、引领思政课教师价值实现

思政课教师的价值实现是解决职业倦怠的根本方式。思政课教师的价值实现可以表现在多个方面：一是实现在给学生浓厚人文关怀中。教师的天职是培养、启迪和关爱学生，思政课教师尤其具有这方面的优势和属性。思政课的课程内容具有深厚的文化底蕴，涉及中国传统历史文化、马克思主义文化等，以文化人、文化育人是思政课教师最有可能推动、实现的育人活动。二是实现在师德师风建设中。无论是从教师的职业性质还是思政课内容特点来说，高校思政课教师都应该具有良好的职业修养和高尚的道德情操。师德师风建设一直被党中央高度重视，高校普遍设立的教师工作部也是为加强师德师风建设所专门推动设立的。思政课教师是德育工作者，这就对其自身的师德师风要求更加高。

### （一）激发教师传道授业动能

师者，传道授业解惑也。这是作为老师能够给予学生最大的支持和帮助，引导学生开启认知、辨析和求学之路，帮助他们树立正确的世界观、人生观和价值观。在此过程中，如何推动教师与学生共同成长成为关键。长期、高强度的教学工作使得教师职业倦怠现象问题频发，如何调节教师工作节奏、调动教师工作积极性、激发教师工作动能，是新时期思政课教育教学管理与运行的关键内容。激励和保障都是优化教师需求供给的重要手段，都是肯定教师职业价值的重要方式。高校可以通过优化保障措施、强化激励政策等两种路径来激发教师工作动能，提高教师教学积极性和创造性。保障措施包括教师的基本待遇、适度的工作压力、匹配的考核制度等。激励措施包括良好的培训和发展机会、适度的精神和物质奖励等等。只有协同落实保障和激励的各项政策，才能更好激发思政课教师工作动能。

**（二）提高教师职业价值认可**

价值认可是提高思政课教师工作积极性和创造性的重要方式和长效保障。价值认可是从思想理念、工作机制和实施路径等多个方面实现的，既包括对思政课教学内容的认可，也包括对思政课教学指向的认可，更包括对思政课教学成果的认可。即办好思政金课，坚持立德树人根本任务，把思想政治工作贯彻到教育教学的全过程。要提高思政课教师的价值认可，必须引导教师提高职业自豪感、工作认同感。习近平在全国教育大会上要求教师"要执着于教书育人，有热爱教育的定力、淡泊名利的坚守"。执着于教书育人就是职业使命的要求，将教书育人作为教师这个职业的光荣使命。肩负使命，就要有热爱教育的定力和淡泊名利的坚守，热爱教育，不只是热爱教学，更是热爱学生，学生是教学的根本，是目的，是意义，是一切的总和。热爱学生就要与学生交朋友，成为学生的知心人，获得学生的充分信任，并在此基础上开展教学、传授知识。履行使命是教师的价值所在，也是国家、社会和学生对教师的核心要求。教师在履行使命的过程中，实现自身价值，培养学生成才，获得学生认可。增强教师职业使命感，要明确职业定位、担当职业责任、树立职业自信。首先是明确职业定位。思政课教师是"传道"者，要将"道"传给大学生，帮助大学生澄清思想困惑，坚定马克思主义理想信念。"培养担当民族复兴大任的时代新人"就成为思政课教师的职业定位。其次要担当职业责任。不管社会上拜金主义或者迷信之风如何流行，学校管理或者考核有何偏颇，思政课教师都应该坚守本职、本岗，竭力帮助学生树立正确的世界观、人生观和价值观，关注和建设学生的精神世界，用马克思主义世界观和方法论武装学生的思想和头脑。最后是树立职业自信。思政课教师是解决学生思想困惑的人，是引导学生构建正确三观的人，是培养人才的人，其功能定位和价值实现都体现了思政课教师的重要性。思政课教师应该坚持职业自信，提高职业认同感。

引领思政课教师价值实现，既是教师个体的价值实现，也是教师团队的价值实现。高校要通过增加师资数量、优化师资结构、提高师资水平、促进价值实现等路径，为他们拓展发展空间、提供学习机会，解决教师职业倦怠问题，提高思政课教师的自我认同、价值认同，引导他们开展团队建设，构建集学科领军人才、教学骨干、基础队伍于一体的、层次结构分明、数量质量均衡的思政课教师队伍。以队伍建设推动教学、学科和科研建设，不断提升思政课教师团队的能力水平，为提高思政课教学质量奠定坚实基础。

## 第六节　服务与保障：依照教学需求改善教学条件

思政课教育教学目标，需借助一定媒介才能实现，而要使这种效果更佳，除了上述在教学设计、互动组织、方法创新、评价改革和团队建设等方面进行改进之外，还需要一定软硬件条件的支持。从全国思政课教学的条件支撑情况来看，基本只有基础的教室、音响和电脑配备，阶梯教室限制了活动形式，硬件缺失降低了教学效率等现象普遍存在。由质性课程评价得出的结论可以看出，思政课教学条件会在很大程度上影响思政课教学的实施效果。因此要从加强条件支撑、优化服务保障方面推动思政课教学条件改革。

教学条件包括直接条件、间接条件两个方面，直接条件指直接与教学发生关系的支撑条件，包括教学经费投入、教学设施建设和教学基地建设等，间接条件指间接与教学发生关系的支撑条件，包括教育政策支持、社会参与支撑和教学管理支持等。教学条件是保障教学正常开展、实现教学目标的前提和基础，没有一定的教学条件保障，教学目标难以实现，教学改革难以落地。思想政治理论课承担着对大学生进行系统的马克思主义理论教育的任务，是巩固马克思主义在高校意识形态领域指导地位、坚持社会主义办学方向的重要阵地，是全面贯彻党的教育方针、落实立德树人根本任务的主干渠道和核心课程，是加强和改进高校思想政治工作、实现高等教育内涵式发展的灵魂课程。高校要高度重视思政课的重要功能及其作用发挥，不断加强教学条件保障，推动思政课教学创新、改革和发展。

### 一、以直接条件建设激活思政课教学改革内生动力

近年来，国家教育经费投入均占GDP的4%以上，高等教育随之进入快速发展阶段。随着高等教育规模的不断扩大，经费问题再次凸显出来。教学经费是教育经费的重要组成部分，也是推进教学发展改革的重要前提和基础。要加强教学内部条件建设，一要加大教学经费投入，二要加强基础设施建设，三要加强教学基地建设。

### (一) 加大教学经费投入

有受访老师表示，加大教学经费投入是提高思政课教学质效的基础条件。教学经费是开展教学活动的保障性条件、必备条件之一。2001年，《普通高等学校本科教学工作水平评估方案（试行）》曾将本科教学经费大致划分为本专科业务费、教学差旅费、体育维持费、教学仪器设备维修费等四大类。张学敏等人研究认为，教学经费应该指在教学过程中直接发生的费用或对教学产生重要促进作用的经费，主要包括教学人员经费、专业与课程建设费用、教学设备设施费用、实验实习经费、图书资料费用以及用于教学研究的费用。这是指所有教学经费的总和。思政课教学经费主要由学校通过从教学经费中划拨而来，分别由教学主管部门和马克思主义学院两方面负责，其中实习三项经费多由教学主管部门划拨至二级学院，教学业务费、学科建设费等直接划拨至马克思主义学院。上海高校思政课均教学经费基本在40~60元，加上思政课教学改革、研究和实践等相关经费，思政课教学生均经费总额在100元左右。这是当前思政课教学经费的主要结构、调配方式和金额区间，相对于实际需求，存在着教学经费总体不足和管理使用过于分散的情况。解决总体不足，必须依靠高校加大资金投入力度，提高生均教学拨款；解决过于分散，必须依靠行政力量，将资源往马克思主义学院聚集，这样可以提高资金使用效益。

### (二) 加强基础设施建设

有受访老师表示，教学基础设施建设对思政课教学有重要影响。教学基础设施包括教室、教学设备、配套设施等。高校通常没有专门针对思政课教学而设置的专门教室，基本上都是使用阶梯教室以解决大班额课堂教学的容量问题，相关的设备设施一般也只有电脑、投影、话筒等，基本是当前教室的基本配置。智慧教室、多功能教室尚未成为思政课教学的主阵地。要丰富思政课教学组织形式，充分发挥各类教学方法的作用，加强基础设施建设和升级成为必然。一要引入新技术设备支撑新教学方法的实现，尤其要加强智慧教室的建设和普及，推动多种教学技术手段在课堂上的应用，以提高教学质量。二要以增强互动为着眼点，大力加强互动教学设施的建设，使得课程教学能够更加灵活、精准。三要"以学生为中心"，增强人文关怀，尤其在教室及其周边要尽可能多配一些人文关怀性的设施，增强文化育人。

### (三) 加强教学基地建设

有受访教师认为，思政课是理论性与实践性相统一的课程，加强教学基地建设非常必要。思政课教学基地主要指实践教学基地，包括校内、校外两方面的实践基地。思政课实践教学基地是大学生接触社会的窗口，也是进行思政课实践教学的有效平台。教学基地建设路径有多种，大致有校内学习活动平台，以及爱国主义教育基地、志愿服务基地、社会实践基地、校企合作基地、网络平台基地等六种主要形式。校内学习互动平台品类多样，可以是理论学习型社团，也可以是辩论赛、沙龙互动等。爱国主义教育基地是较好的思政课实践教学基地，其中包含诸多红色资源、科普元素，是学生瞻仰历史、提高修养的重要资源。志愿服务和社会实践基地是学生走进社会、接受教育、增长才干、做出贡献的重要平台，也是经受各种历练、提高思想修养的砥砺平台。校企合作基地是学生接触社会经济生活、提高生存和发展能力的重要平台，学生可以直面社会生产、了解经济发展。网络平台则是网络技术与实践教学的融合产物，是新时代思政课实践教学的必备渠道，教师可以利用网络平台随时随地开展触手可及的思想政治教育活动。

加强思政课经费投入、设施建设以及实践基地建设是优化教学直接条件的重要举措，增加经费投入、规范经费使用可以拓展思政课教学资源，夯实基础设施建设可以支撑教学技法创新，拓展实践教学基地建设可以丰富学生实践认知渠道，随着资源的丰富、技法的创新、渠道的拓展，思政课教学的内部改革动力将不断提升，形成自内而外的改革局面。直接支撑条件是学生能够切实感受得到的教学条件，是对学生学习投入与支持的重要组成部分。直接条件还是各种教学方法、教学互动、教学评价等各种改革举措得以落地的关键基础，有经费投入、设施支撑才有可能实现上述各类教学改革的目标。因此，改善教学条件是思政课教学综合改革的基础。

## 二、以间接条件建设倒逼思政课教学改革走向深化

教学间接条件是指不直接参与教学，但对教学效果有重要影响的支撑条件，主要包括各类教育教学政策、社会思潮及社会参与以及教育管理的能力水平等。间接条件建设多由思政课教学的利益相关者推动，这些利益相关者也多是思政课程评价的参与主体。不同水平的间接条件对思政课教学实效影响颇大，良好的间接环境及条件可以倒逼思政课教学改革走向深化，实现内外互动的改革局面。

### （一）加强教育政策支撑力

政府主管部门是教育政策制定者，是思政课教学的顶层设计者，也是思政课教学评价的重要参与者。教育政策是教学发展的重要条件，教育政策影响教学的方方面面，就思政课教学而言，思政课教学领军人才建设政策直接影响思政课学科建设、科研发展以及教学成效。领军人才政策包括各类经费投入、人才称号及待遇落实、科研条件和项目支撑等。思政课学科建设政策包括确定思政课的政治地位、资源匹配以及发展导向等，涉及队伍建设、课程建设、科研发展等各个领

域。思政课教学改革政策则是要确立导向,明确党委书记一把手负责制,提高思政课教学地位和水平。随着以全国双一流、省域高水平为代表的高等教育发展政策的推进和落实,实施高校分类管理、学生分类教学必将成为新的政策趋势。分类管理,是遵循高等教育发展规律和办学规律的体现,有利于激发高校自主办学主动性。分类教学,是遵循学生认知和发展规律的前提下,有利于提高学生学习积极性和投入度。

### (二)提高社会参与支撑力

社会力量是思政课教学的参与主体之一,也是思政课程评价的重要利益相关者之一。改革开放和社会主义现代化建设的新阶段,要求明确高等教育利益主体的权力关系和职责,提高高校面向社会自主办学能力和质量。思政课的社会参与包括以下多个方面:一是社会思潮潜移默化的浸入。社会思潮从未间断,也不曾消解。思政课教师要面对包括西方普世价值观、极端宗教价值观以及各类拜金主义、利己主义思潮和观念的影响,并在这种社会环境下开展大学生思想教育。二是家庭和用人单位的要求。家庭希望高校能够培养出品格优秀、素质良好、专业过硬的孩子,用人单位也希望高校能培养出业务能力突出的人才。家庭和用人单位的需求既有相近也有不同,需要高校居中平衡,并尽可能培养出德才兼备的社会主义合格建设者和可靠接班人。三是社会投入。一方面,有以思潮为代表的文化价值观的潜移默化,也有以实际发展需要为代表的人才诉求,还有以责任与使命促发的社会投入影响;另一方面,以校友捐赠、科研合作伟代表的社会力量支持教学发展创新逐渐成为高校事业发展的重要支撑力量。

### (三)汇聚教学管理支撑力

教学管理者既是思政课教学秩序的维护者,是教学活动的积极参与者、推进者,也是思政课教学评价的主要实施者。教学管理者拥有课程建设和管理权,是课程质量建设标准的重要制定者。质量建设是当前高等教育建设的重大工程之一,教学管理是支撑教学质量建设的重要力量。现代化、精细化和协同化既是教学管理发展趋势和方向,又是支撑教学质量建设的重要方式。教学管理现代化是要求理念现代化、管理手段现代化、人员素质现代化和管理机制现代化。教学管理精细化是对教学管理程序、服务和质量的一种追求,要求以人为本、管理科学、简洁高效、细致入微、精益求精。教学管理协同化是要求教学管理部门与相关人员协同一致,提高管理服务水平,包括教务处、教学质量办公室、教师发展中心、二级学院等部门及负责人,以及教师、学生和教辅人员等,力求达到"心往一处想、劲往一处使"的良好协同局面。教学管理现代化、精细化和协同化是对教学质量建设的最好支撑,是促进教学改革的重要推动力量。

高校思政课教学改革是一个极为重要的真命题，诸多现象级问题是思政课教学质量不佳的具体体现，也是开展教学改革的直接动力。将思政课放在整个教育大环境下，可以发现国家越来越重视思政课的教学发展，习近平强调要把思想政治工作贯穿教育教学全过程，开创我国高等教育事业发展新局面。与此同时，思政课教学所面临压力也越来越大：一是政府主管部门、高校对思政课教学要求也越来越高，二是全球化及其泛起的多元价值文化与马克思主义文化和中国传统文化激烈交互，三是"00后"进入大学成为新时代高校大学生的生力军，意味着教育对象及其需求发生空前变化，四是思政课本身的理念、方法、技术、实施、过程等各种因素存在着与现实不适配的情况，教学质量徘徊不前。这一系列因素与现象级问题一样，标示着推动思政课教学改革势在必行。

本研究通过实证评价和质性访谈，发现思政课教学质量与学生性别、年龄、专业等人口统计学因素密切相关，与学生价值认知与目标实现、教学内容与方法、教学互动与组织、学生学习投入与支持、学习成效与评价以及师资队伍建设、教学条件支持等方面密切相关，研究认为，在兼顾人口统计学特征变量的前提下，可以借力课程评价技术，诊断问题与需求、提出改进对策与建议，即高校应该通过需求供给协同、创新组织技术、兼顾守正创新、引领学习投入、激发师资动能、优化服务保障等六项措施推动思政课教学设计、教学互动、教学方法、教学评价、教学团队和教学条件等六大领域的持续改革，借以推动思政课教学的全面改革，最终实现思政课教学质量的全面提升。

总而言之，思政课改革是一项综合性工程，单纯依靠一项或几项工作是无法彻底实现预定目标的。我们不仅需要从课程本体推进改革，如教学设计与组织、教学方法、教学评价等，而且还需要相应条件的支持，还有很多其他方面配套才能更好地实现思政课教学目标，比如，教材组编创新、教学管理规章制度的配套、师资队伍建设，等等。限于水平和篇幅，本研究仅选取我们认为对思政课教学影响较大的几个方面进行分别论述，其他方面将希望在以后的深化研究中继续跟进。

# 参考文献

［1］孙苓，孙天罡，金明兰.高校思想政治理论课实践教学创新研究［M］.北京：北京工业大学出版社，2023.

［2］王旭东.新时代高校思想政治理论课教学研究［M］.哈尔滨：哈尔滨工程大学出版社，2023.

［3］林蕾，杨桂宏.高校思想政治理论课教学研究［M］.北京：中华工商联合出版社，2022.

［4］孙武安.高校思想政治理论课教学质量提升研究［M］.杭州：浙江工商大学出版社，2022.

［5］徐玉钦.新媒体时代高校思想政治教学模式研究［M］.长春：北方妇女儿童出版社，2021.

［6］陈丽萍.新时代高校思想政治理论课教学改革研究［M］.湘潭：湘潭大学出版社，2022.

［7］随新民.高校思想政治理论课教学创新研究［M］.郑州：河南人民出版社，2021.

［8］沈大光，张高臣.高校思想政治理论课"三循环"教学改革研究［M］.北京：中国政法大学出版社，2021.

［9］韦世艺.高校思想政治理论课教学过程论［M］.天津：南开大学出版社，2020.

［10］王东，陈先.新时期高校思想政治教育理论与实践［M］.北京：九州出版社，2019.

［11］顾永新，刘萍丽.高校思想政治理论课实践教学案例研究［M］.西安：西北工业大学出版社，2019.

［12］史凤萍，边和平，刘薇.高校思想政治理论课教学课程论［M］.徐州：

中国矿业大学出版社，2019.

　　[13]陈胜国.新时代高校思想政治教育创新发展研究［M］.北京：印刷工业出版社，2019.

　　[14]肖国香.新媒体时代高校思想政治教育十论［M］.长春：吉林文史出版社，2019.

　　[15]李芳.高校思想政治理论课教学方法科学化研究［M］.北京：中央编译出版社，2019.

　　[16]徐原，陆颖，韩晓欧."互联网＋"时代高校思想政治教育创新研究［M］.燕山大学出版社，2019.

　　[17]代黎明.高校思想政治教育实效性研究［M］.北京：北京理工大学出版社，2018.

　　[18]奚冬梅，胡飒.高校思想政治教育教学与实践研究［M］.北京：光明日报出版社，2018.

　　[19]徐茂华.高校思想政治教育的时代主题［M］.长春：东北师范大学出版社，2018.

　　[20]岳云强.高校思想政治教育理论专题研究［M］.北京：九州出版社，2018.

　　[21]何孟飞.新时代高校思想政治理论教学研究［M］.厦门：厦门大学出版社，2018.

　　[22][13]魏榛.高校思想政治与心理教育研究［M］.世界图书出版西安有限公司，2017.

　　[23]胡飒，奚冬梅.高校思想政治教育教学与实践研究［M］.北京：光明日报出版社，2017.

　　[24]陈虹，孟梦，李艺炜.新媒体视角下的高校思想政治教育创新研究［M］.天津：天津社会科学院出版社，2017.

　　[25]余勇编.高校思想政治理论课实践教学 实践与创新［M］.成都：电子科技大学出版社，2017.

　　[26]汤雪峰.高校思想政治教育多元化发展［M］.长春：吉林大学出版社，2016.